Über dieses Buch Theologen und Moralphilosophen, Ärzte und Pädagogen haben die Onanie als Sünde und Laster, als Krankheit und Seuche verfolgt – und dies in einem Ausmaß und mit einer Brutalität, die an die Ketzer- und Hexenjagden erinnert. Die vorliegende Sammlung des Freiburger Literaturwissenschaftlers Ludger Lütkehaus enthält zentrale Texte aus der Geschichte der Onanie-Inquisition, vom alttestamentarischen (Pseudo-)Paradigma über den schweizerischen Arzt Tissot, der das 18. Jahrhundert nicht weniger prägte als sein literarischer Stellvertreter Rousseau, bis zu Sigmund Freud. Der Band umfaßt philosophische und medizinische, pädagogische und psychologische Texte ebenso wie literarische, aus denen die Schuld- und Einsamkeitshölle der Opfer, aber auch ihre verteufelte Wollust spricht. Zwei aufsehenerregende Erstpublikationen von Mark Twain und zu Nietzsche sind darunter, dazu überraschende Entdeckungen bei Kant und Schopenhauer, Hölderlin und Kleist, Diderot und Flaubert, Strindberg und Tolstoj, Wedekind, Stefan Zweig und Thomas Mann. – Die pointierte Einleitung des Autors umreißt die Geschichte der Onanie-Inquisition im epochalen Zusammenhang, diskutiert Ursachen ihrer Entstehung und kommentiert ausgewählte Texte so, daß aus der Perspektive des Onanie-Themas ein neues Licht auch auf die Biographie und das Gesamtwerk der Autoren fällt, besonders eindrucksvoll im Falle von Nietzsche.

Der Autor Ludger Lütkehaus, Jg. 1943, hat als Dozent für Neuere Germanistik und Visiting Professor für deutsche Geistes- und Kulturgeschichte an den Universitäten London, Freiburg, Siegen und an der Emory University in Atlanta USA gelehrt. Heute lebt er als freier wissenschaftlicher Publizist in Freiburg. – Zahlreiche Publikationen zur Literatur- und Philosophie-Geschichte des 18. bis 20. Jahrhunderts. – Im Fischer Taschenbuch Verlag sind von ihm »Dieses wahre innere Afrika; Texte zur Entdeckung des Unbewußten vor Freud« (Band 6582) und »Philosophieren nach Hiroshima; Über Günther Anders« (Band 11248) erschienen.

Ludger Lütkehaus

»O Wollust, o Hölle«

Die Onanie –
Stationen einer Inquisition

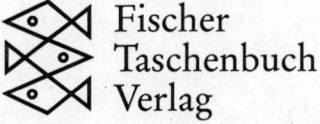

Fischer
Taschenbuch
Verlag

Geist und Psyche
Herausgegeben von Willi Köhler
Begründet von Nina Kindler 1964

Für Till, Mathis und Micha

5.–7. Tausend: September 1992

Originalausgabe
Veröffentlicht im Fischer Taschenbuch Verlag GmbH,
Frankfurt am Main, Mai 1992

Umschlaggestaltung: Buchholz / Hinsch / Hensinger
Abbildung: Lithographie von Rembrandt,
›Sitzender männlicher Akt
mit gefalteten Händen‹
Gesamtherstellung: Clausen & Bosse, Leck
Printed in Germany
ISBN 3-596-10661-3

Gedruckt auf chlor- und säurefreiem Papier

Inhalt

Einleitung
von Ludger Lütkehaus

> »Die Selbstbefriedigung ist der einzige Sexualakt, der
> etwas mit Kultur zu tun hat, weil er ganz aus der Phanta-
> sie kommt.«
>
> *Alberto Moravia*

Die Onanie ist kein Tabu-Thema mehr. So scheint es. Die Territo-
rien kirchlich verzögerter Aufklärung sind davon freilich von vorn-
herein auszunehmen: Eugen Drewermanns »Kleriker«[1], Georg
Denzlers »Verbotene Lust«[2], Adolf Holls »Fisch aus der Tiefe«[3],
Uta Ranke-Heinemanns »Eunuchen für das Himmelreich«[4] – Varianten des Psychogramms, die auf den Namen »Kleriko-« oder
auch »Eunuchogramm« zu taufen wären – haben das jüngst wieder
eindrucksvoll gezeigt.

Indessen ist dieses Ritardando nicht, wie der gesündere Menschenverstand wohl glauben möchte, auf den Bereich der ekklesiogenen Neurosen beschränkt. Wer zum Beispiel in einem universi-
tätsöffentlichen Vortrag über »Die Onanie in der Literatur« reden
will, macht merkwürdige Erfahrungen. Fachbereiche, die eigentlich
im Rufe der Liberalität stehen, fragen an, ob man nicht vielleicht
doch lieber über ein anderes Thema... Andere bitten wenigstens um
mildernde Umstände: Die in gnädiger Vagheit verschwimmende
»Autoerotik« oder, noch besser, weil noch unbestimmter, »narziß-
tische Libido« – das wäre doch akademisch sozialverträglicher. Und
ganz entschlossene Körperschaften – so geschehen 1988 in Freiburg – lassen nichts unversucht, eine sonst hochangesehene litera-
turwissenschaftlich-psychoanalytische Tagung, die sich mit diesem
Thema gemein machen will, aus allen verfügbaren Räumen hinaus-
zuwerfen.[5] Vielleicht folgen sie insgeheim der – leicht modifizier-
ten – Wittgensteinschen Maxime: »Wovon man nicht sprechen darf,
darüber muß man schreiben.«

Ja, wer auch nur über das Thema recherchieren möchte, hat mit
unerwarteten Schwierigkeiten zu rechnen. Vorarbeiten sind ver-

gleichsweise rar; ganze Reihen von Dissertationen, selbst volumi-nöseste Habilitationen kann man sich hier noch vorstellen. Aber man reiche erst einmal einer hohen sklerotisierten Fakultät eine Ar-beit über, sagen wir, »Das Onanie-Motiv in Sage und Dichtung« ein! Auch sonst hochdifferenzierte Sachkataloge überspringen es gerne: Zwischen O'Neill und Oman, wohlgemerkt dem Sultanat Oman am Persischen Golf, herrscht hier meistens bibliographische Stille. Und wenn man sich in der schon erwähnten Universitätsstadt die Dokumente der beiden zentralen psychoanalytischen Onanie-Debatten von 1912 und 1928 ansehen will, dann muß man sich ent-weder in die Obhut der Kriminologen begeben oder man darf auf-steigen in den Bücherhimmel der Theologen. Der Onanie-Forscher treibt sich also nach wie vor gezwungenermaßen zwischen Gift-schrank, Tatort und Beichtstuhl herum.

Dafür wird er allerdings nachhaltig von einem der anerkanntesten obszönen Dichter der deutschen Literatur ermuntert – Goethe, Faust I, »Wald und Höhle«:

Mephistopheles. Ein überirdisches Vergnügen!
In Nacht und Tau auf den Gebirgen liegen,
Und Erd und Himmel wonniglich umfassen,
Zu einer Gottheit sich aufschwellen lassen,
Der Erde Mark mit Ahnungsdrang durchwühlen,
Alle sechs Tagewerk' im Busen fühlen,
In stolzer Kraft ich weiß nicht was genießen,
Bald liebewonniglich in alles überfließen,
Verschwunden ganz der Erdensohn,
Und dann die hohe Intuition – (mit einer Gebärde)
Ich darf nicht sagen, wie – zu schließen.
Faust. Pfui über dich!
Mephistopheles. Das will Euch nicht behagen;
Ihr habt das Recht, gesittet Pfui zu sagen.
Man darf das nicht vor keuschen Ohren nennen,
Was keusche Herzen nicht entbehren können.
Und kurz und gut, ich gönn Ihm das Vergnügen,
Gelegentlich sich etwas vorzulügen (V. 3282 ff.).

Das Vergnügen, vor »keuschen Ohren« wenigstens indirekt das zu »nennen, was keusche Herzen nicht entbehren können«, ist hier offensichtlich beträchtlich – obwohl Goethe es dem Ausbund der Hölle zuschreibt, das andere, nur gezeigte, ungenannte – die »Intuition«, die der zur Gottheit aufgeschwellte »Erdensohn« auf der durchwühlten Erde empfängt, um schließlich davon überzufließen – Doktor Faust.

Die wollüstig-höllische Aufspaltung freilich hat eine durchaus weniger vergnügliche Tradition. Sie ist insgesamt charakteristisch für das Schicksal der sexuellen Selbstliebe unter den Bedingungen der christlich-puritanischen Moral, der wie keinem anderen uns bekannten Moralsystem die Verteufelung einer der harmlosesten, stupendesten und weitestverbreiteten menschlichen Vergnügungen gelungen ist. Mit der Doppelformel »O Wollust, o Hölle« hat Schopenhauer in einem seiner Jugendgedichte diesen Dualismus auf den lyrischen Begriff gebracht:[6] in Versen, die unter Tabubedingungen generell von der nicht zu befriedigenden und nicht zu besiegenden Sinnenliebe sprechen, aber vornehmlich die peinigende Lust des einsamen Lasters meinen. »In der Einsamkeit«, notiert Nietzsche später, »wächst (...) das innere Vieh«[7]; sie ist die »mater saeva cupidinum«[8], die »wilde Mutter der Begierden«. In den Versuchungen des Heiligen Antonius von Grünewald bis zu Flaubert nimmt denn auch die eremitische Wollust allemal ein viehisch-höllisches Gesicht an.

Dazu aber, wie zum gedeihlichen Wachstum des »inneren Viehs«, braucht es: Phantasie. Sie ist die zwiefältige Muse der viehischen Begierden. Die Wollust nährt sich aus ihr, wie erst die moralische Phantasie aus der Wollust eine Hölle, eine Schuld- und Einsamkeitshölle macht. Theologen und Moralphilosophen gehören folgerichtig zu deren bevorzugten Bewohnern und Installateuren.

Unter dem Einfluß einer verwissenschaftlichten, medizinisierten Moral gewinnt die Hölle des Lasters freilich bald die Konturen einer Krankheit und Seuche: Ärzte und Pädagogen ziehen mit den Moraltheologen und -philosophen samt ihren familiären Sachwaltern einträchtig an einem Wissensstrang. »Wissen und Macht«, »Sexualität und Wahrheit«[9] feiern eine Hochzeit, die der Zeugung eines neuen Typs von »Inquisition« dient: Der Teufelspakt, den die Hand mit dem Geschlecht schließt, die Gottes- und die Gesundheitsordnung verneinend, muß mit allen Mitteln der Untersuchung ans Licht, auf daß man – jetzt nicht mehr die Seele *aus* dem Leibe, aber die Seele und den Leib *vor* dem Leibe rette. Und auch diese Inquisition bedient sich der erprobten Mittel der Tradition: Sie zeigt dem einsamen, »heimlichen« Laster diagnostisch und prognostisch die tödlichen Foltern, die seiner mit dem immanenten Jüngsten Gericht der Krankheit harren. Wo aber diese »Instrumente« nicht genügen, sorgt sie selber – gegebenenfalls mit der nötigen Härte – dafür, daß das Laster auch wirklich von dem versprochenen Leiden getroffen wird: Wollüstige Freuden müssen zwar kommen – wehe aber dem, bei dem sie kommen…

So ist die »Onanie-Inquisition«, von der dieses Buch im doppelten Sinn des gewalttätigen »Willens zum Wissen« und der Verfolgung spricht, durchaus nicht metaphorisch zu verstehen; man geht keineswegs zu weit, wenn man sie angesichts ihrer bestürzenden Brutalität und ihres epidemischen Ausmaßes der Ketzer- und der Hexenverfolgung an die Seite stellt. Insofern aber die Mitgift der ekklesiogenen Moral erst von der bürgerlich-puritanischen Aufklärung radikalisiert wird – in einer Weise, daß die allzu beliebte Rede von der »Dialektik der Aufklärung« in bezug darauf zu einer gemütvollen Phrase schrumpft –, ist die Onanie-Inquisition noch vor der ihr folgenden Homosexualitätsinquisition die sexualmoralische Ketzer- und Hexenjagd des bürgerlichen Zeitalters zu nennen.

Selbst der zorn- und eiferlosesten Betrachtung muß es hier schwerfallen, die Distanz zu wahren. Gewiß gibt es mildernde Umstände: Die fatale Kontinuität der einschlägigen Familien-, Konfessions- und Erziehungsromane ist einer davon; und es ist nie aus dem Auge zu verlieren, daß der den andern angetanen Gewalt die *von* andern erlittene und gegen sich selbst verübte vorher- oder auch mit ihr einhergeht. Es bleibt aber durchaus ein Rätsel, was diese Inquisition der Neuzeit erklärbar, geschweige denn verstehbar macht.

Die folgende Sammlung dokumentiert unter der wollüstig-höllischen Doppelformel Schopenhauers signifikante Texte aus der Geschichte dieser Inquisition. Beginnend mit dem alttestamentarischen (Pseudo-)Paradigma, konzentriert sie sich auf die zwei Jahrhunderte zwischen dem Beginn der eigentlichen antionanistischen Bewegung und der Herausbildung der Psychoanalyse, die die brutale Selbstgewißheit der sexualmoralischen Tradition bricht. Von einigen Fortsetzungssymptomen selbst in der Psychoanalyse wird allerdings noch zu sprechen sein. Von anderen spricht die eingangs genannte ekklesiogene Literatur; wollte man sie angemessen berücksichtigen, so bräuchte man eine ganze neue Patrologie – *sit venia verbo*: eine »patrologia antionanistica«. Wieder andere, die sich trotz des allgemeinen Wandels der Sexualmoral, auch trotz der narzißtischen Tendenzen der Gegenwart und der frauenbewegten sexuellen »declaration of independence« erhalten haben, habe ich andernorts mit einigen Beispielen aus der zeitgenössischen Literatur zu belegen versucht.[10] Ob man sich im übrigen darüber freuen soll, daß neuerdings öfters die Aids-Angst wie in der Vergangenheit manchmal die Furcht vor den klassischen Geschlechtskrankheiten zur Schutzpatronin der Onanie wird, steht dahin: Selbstbefriedigung als Seuchenprophylaxe; das »heimliche Gemach« als Hygiene-Station?

Die ausgewählten Texte umfassen sowohl fiktionale Literatur wie nichtfiktionale – medizinische, moralphilosophische, psychologische, pädagogische – Diskurse. Dementsprechend ist die Sammlung an ein Publikum adressiert, das literarisch und psychologisch, philosophisch und theologisch, medizinhistorisch und pädagogisch, spezifisch sexualwissenschaftlich und allgemein kulturhistorisch interessierte Leser umfaßt.

Zwischen fiktionalen und nichtfiktionalen Texten keine Grenze zu ziehen empfiehlt sich deshalb, weil die Gestalten und Erlebnisse der Literatur samt einigen ihrer biographischen Entsprechungen oft nur fleischgewordene antionanistische Diskurse darstellen, wie die letzteren sich umgekehrt in höchstem Maße als »fiction«, »science fiction«, »moral fiction« entpuppen.

Die Manifeste der medizinalisierten Moral sollten freilich nicht überhandnehmen. Einmal weil die Lektüre dieser Texte eine nur schwer erträgliche Zumutung ist: Das Lustprinzip sollte nicht auch noch bei der Lektüre geopfert werden. Außerdem sind die literarischen Reflexe der Onanie-Inquisition, bei Autoren, die mehr ihre masochistischen Opfer als ihre sadistischen Exekutoren sind, öfters die aufschlußreicheren.

Andererseits bietet diese Sammlung keine Texte, die die voyeuristische Lust befriedigen könnten; keine virulenten Onanie-Szenen. An ihnen ist in der Gegenwartsliteratur, die nach einer leicht ironischen Feststellung von Norman Kiell nur noch selten ohne einen »masturbator in residence« auskommt[11], im Unterschied zu den meist verdeckten Szenen der literarischen Tradition kein Mangel. Statt dessen wurden Texte ausgewählt, in denen sich ein mehr oder minder distanziertes Verhältnis zur Onanie dokumentiert.

Diese Auswahl wurde nicht getroffen, weil der literarische Voyeurismus kein Recht hätte: Man zeige doch einmal eine Lektüre, die ohne voyeuristische Momente auskäme. Auch signalisiert natürlich jede handgreifliche Onanie-Szene indirekt ein Verhältnis zu den einschlägigen medizinischen und moralischen Diskursen. Der Rahmen der Sammlung sollte aber durch eine Perspektive bestimmt werden, die sich – man verzeihe die riskante Neubildung – als »metaonanistisch« bezeichnen läßt.

Terminologisch steht zur Beschreibung des Signifikates, das sich hinter der »Onanie« verbirgt, eine Vielfalt von Bezeichnungen bereit: von der »Onanie« über die »Masturbation« bis zur »Ipsation«; von dem »Laster«, der »Sünde«, der »Seuche« bis zum »Verbrechen« des »Selbstmißbrauchs«, der »Selbstschwächung«, »Selbstbefleckung«, »Selbstschändung«, »Selbstbesudelung« – das schöne deutsche Wort »Selbstbefriedigung« nur ein verheißungsvolles Gerücht. Die Texte sollen auch diese terminologische Vielfalt dokumentieren, weil die »Begriffswahl« (zu lesen wie Freuds »Neurosenwahl«) mit ihren unterschiedlichen Akzenten schon zur Symptombildung gehört.

Gemeinsam trotz aller Vielfalt ist freilich fast allen Termini die diskriminierende Absicht – wie bei jener anderen Möglichkeit, sich zu sich selber zu verhalten, die nur zu oft die perhorreszierte Nachbarschaft der Onanie bildet: dem »Suicid«, dem »Selbstmord«, der »Selbstvernichtung«. Wer sich selber tötet, der legt Hand an sich. Und Hand an sich legen heißt sich zugrunde richten [12]: Wer es fassen kann, der fasse es.

Auch in etymologischer Hinsicht gibt es bezeichnende Varianten. Zumal die »Masturbation« – leitet sie sich von der »manu-stupratio«, der »Schändung mit der Hand«, oder, wie wahrscheinlicher, von der »mas-turbatio«, der »Aufreizung des Männlichen« (sc. Genitales) ab? Historisch durchgesetzt hat sich eher die »manu-stupratio«, die freilich weder in technischer noch in moralischer Hinsicht größeren Einfallsreichtum verrät. Die »mas-turbatio« wiederum zwingt wie die »Onanie« die Frauen, sich in jedem Fall in einem männlichen Sprachleib zu befriedigen.

Vielleicht am heikelsten schließlich die Definition der »Sache selbst«. Ihre konzeptuellen Tücken nämlich sind beträchtlich. Definiert man »Onanie« etwa mit dem prägnanten Begriff Wilhelm Stekels als »asozialen Geschlechtsakt«[13], dann wird man sofort darauf gestoßen, daß es auch kooperative onanistische Akte gibt, ganz zu schweigen von den begleitenden »sozialen« Phantasien, vorab den inzestuösen, die die Onanie zu einer weiteren »via regia« ins Unbewußte machen. Man muß also entweder zugestehen, daß die Grenze zwischen dem dominanten Autoerotismus: der Befriedigung des Selbst in, mit und durch sich selbst, und dem, was sich in Anlehnung an Freuds Begriff des »Alloplastischen« der »Alloerotismus« oder auch mit einer Anleihe bei der Ethnologie die »Exophilie« nennen läßt, durchlässig ist. Oder man muß die Konsequenz ziehen, die Freud in der Auseinandersetzung mit Wedekinds »Frühlings Erwachen« gezogen hat (s. S. 237 dieser Sammlung): Da läßt er den »Bilderonanisten« im strikten Sinn nicht als Autoerotiker gelten – was freilich zur Folge hat, daß bei der Onanie nicht mehr sehr viel an Autoerotismus übrigzubleiben droht.

Schließt man wiederum zum Beispiel die »mutuelle Onanie« unter dem Begriff mit ein, dann weiß man nicht mehr so recht, wo die Grenze zur ordnungsgemäßen Kohabitation verläuft. Und gerät man mit Wilhelm Stekel gar in das große Reich der »larvierten Onanie« – mit der unabweisbaren Konsequenz seines Satzes: »Alle Menschen onanieren« (s. S. 247) –, dann ist eigentlich kaum noch zu sehen, was nicht Onanie wäre. Die Gegenreaktion wäre absehbar: Die tautologische Weisheit Gertrude Steins stiege auch hier im Kurs – »a rose is a rose is a rose ...« Man tut also prinzipiell gut daran, den Begriff wie die Moral elastisch zu halten.

Eine Dokumentation hat es hier allerdings einfacher: Sie hält sich wieder an die Varietäten der psychohistorischen Objektwahl. Sie gewinnt ihren Stoff aus dem, was definitorische Bedürfnisse zur Verzweiflung bringen müßte: daß nämlich so gut wie nichts an der »Onanie« außer ihrer Diskriminierung klar und entschieden ist, fängt doch schon bei dem namengebenden biblischen Paradigma die Konfusion an.

Der Stifter des einsamen Lasters ist nach populärer Legende Onan, der Bruder Ers, der Schwager und Gatte Thamars aus dem 38. Kapitel der »Genesis«. Im antiken Kontext steht er freilich einigermaßen isoliert da. Die ägyptische Religion zum Beispiel kennt einen Mythos, demzufolge die Geschöpfe aus einem Akt göttlicher Selbstbefriedigung – Atums – entstanden sind, auch wenn dabei der Onanie wieder das zugeschrieben wird, dem sie sich gerade versagt: die »*schöpferische* Gotteshand der Selbstbegattung«[14]. Wilhelm Stekel trägt dieser onanistischen Theologie in reziproker Weise Rechnung, wenn er den Selbstbefriediger einen »Autotheos« nennt, der keinen Herrn über seine Lust anerkennt und sich von der Last der Abhängigkeit befreit.[15] Bringt man diese originelle patriarchale Variante der Parthenogenese mit dem spezifischen Anfangsproblem strikt monotheistischer Religionen in Verbindung, denen im Begriff der »causa sui« zweifellos eine schöne philosophische, besser: theolosophische Sublimation geglückt ist, so stellt sich womöglich die interessante Frage: »Am Anfang war – nun was?« Auf jeden Fall kann man feststellen, daß das solitäre Laster auch göttliche Ahnen hat.

Das gleiche gilt für die griechische Kultur[16]: Der Hirtengott Pan etwa, dem von seinem Vater, dem Wegfinder Hermes, auch in dieser Hinsicht die Wege gewiesen werden, treibt besonders gern in der Mittagsstunde sein panisch-selbstbefriedigendes Wesen. Und dessen Ort ist keineswegs nur die Einsamkeit einer ländlichen Idylle und schon gar nicht die Tristesse des »heimlichen Gemachs«, sondern gegebenenfalls der »locus communis« der Agora: Unter den vielen Anekdoten über den Kyniker Diogenes zum Beispiel ist unter anderem die überliefert, daß er sich in aller Öffentlichkeit auf dem Markte selber befriedigte, wünschend, daß man auch den Hunger durch inständiges Reiben vertreiben könne. Man sieht: Dieser Philosoph steht im Gegensatz zu den meisten anderen Vertretern seiner Zunft auf einem konsequenten triebökonomischen Standpunkt. Einige der wesentlichen Bedingungen der Moral: Privatheit und schlechtes Gewissen, erfüllt er nicht.

Die positive philosophische Bedeutung seiner kynischen Onanie, kurz: Kynanie, wiederum liegt im Konzept der Autarkie und Autonomie: Dieser Selbstbefriediger will sich selbst genug sein und seine Triebschicksale nicht an heteronome Bedingungen, an fremde Triebobjekte und die damit einhergehenden Komplikationen binden. Gleichwohl kommt er nicht bei einem triebbereinigten Selbst, sondern eben bei der Selbst-*Befriedigung* an. Und siehe: Es ging ihm gut dabei, und er lebte lange und zufrieden auf Erden: fast neunzig Jahr.

Daß unter solchen Umständen auch die griechische Ikonographie in aller Offenheit ganze Serien satyr- und silenenhafter Selbstbefriedigungen darstellen kann, und zwar mit einer Drastik, die jede einschlägige Sammlung für ein christlich-puritanisch geschultes Auge zum Porno-Shop macht, versteht sich.

Gewiß wäre es falsch, aus diesen Beispielen verallgemeinernd zu schließen, daß die vorchristliche Antike im ganzen der Selbstbefriedigung wohlgesonnen gewesen wäre. Schon die Diskriminierung des Kynismus durch einige der konkurrierenden Philosophenschulen steht dem entgegen. Die großen antiken Ärzte – Hippokrates, Galenos – äußern sich unterschiedlich. In Martials Epigrammen taucht im Zusammenhang mit der Bevölkerungspolitik Kaiser Domitians bereits jenes demographische Argument auf, das dann in der Onanie-Inquisition des 17. und 18. Jahrhunderts öfters wiederkehrt: Hochzeit nur mit sich selber zu halten heißt, einen möglichen Menschen, am Ende gar einen Helden, »mit den Händen vertun«. Und so wie Martial argumentieren auch etliche andere Autoren.[17]

Aber selbst er hat sonst nichts grundsätzlich gegen die Masturbation einzuwenden. Artemidor rechnet sie zu den »natürlichen, rechtmäßigen und allgemein üblichen Arten sexueller Betätigungen«. Die Ärzte, wenn sie wie Hippokrates gegen die exzessive Samenverschwendung sprechen, haben dabei keineswegs nur, nicht einmal in erster Linie, die Masturbation im Auge. Galenos lobt entschieden die kynischen Methoden der Entlastung. Der stoische Philosoph Zenon verwirft sie bei aller gebotenen Leidenschaftslosigkeit ebensowenig wie der – darob von dem heroischen Moralisten Plutarch gemaßregelte – Stoiker Chrysipp. Und noch im sechsten nachchristlichen Jahrhundert singt der Epigrammatiker Agathias der selbstgenügsamen und komplikationslosen Selbstliebe und ihrem kynischen Protagonisten, der so etwas wie der unheilige Patron des philosophischen Lasters wird, ein enthusiastisches Loblied.[18]

Wie anders nimmt sich demgegenüber die Geschichte des biblischen Onan aus (s. S. 63 f.)! Dazu verpflichtet, die Leviratsehe zu vollziehen, ließ er seinen Samen zur Erde fallen. Sein Tun aber mißfiel dem Herrn, und der Herr ließ ihn sterben.

Nun ist oft genug festgestellt worden, daß diese Szene weit eher auf einen »coitus interruptus« als auf eine Selbstbefriedigung deute. Dem ist so. Und das heißt zunächst, daß es die Onanie als »Onanie« gar nicht gibt: Mit einer denkbar zugespitzten Paradoxie trägt sie, obwohl das Selbst in ihr eine so große Rolle spielt, nicht einmal ihren eigenen Namen.

Gleichwohl wird in der Genesis-Szene mit ihrem »Vielzweck-toten«[19] eines der zentralen Stigmata späterer Onanie-Inquisition fixiert: die – vom ägyptischen Atum nicht geteilte – Verweigerung der Zeugung. Beim biblischen Onan ist es die Weigerung, im Namen seines Bruders zu zeugen. Dieser »Onanist« will kein Stellvertreter sein: Selbst ist der Mann!

Bei Thomas Manns Onan im Josephs-Roman wiederum, der diese Verweigerungsgeschichte fortsetzt (s. S. 65 ff.), ist es die Verneinung »des Lebens nach ihm und durch ihn« überhaupt. Dieser jugendliche Negativ-Patriarch hat offenbar seinen Schopenhauer gelesen.

Zwar ist Thomas Manns Onan, der wieder eher interruptiv als »onanistisch« den Schoß seines Weibes zum Narren hält, keineswegs seinem »persönlichen Leben« abhold. Ganz im Gegenteil: Die Selbstverliebtheit bestimmt ihn; Onan und Narziß sind Zwillingsbrüder. Aber bei ihm regiert die »Eigenliebe dessen, über den es nicht weitergehen« soll. Im Gegensatz zu den üblichen generativen Fortsetzungsgeschichten, in denen aus der selbstliebenden Eitelkeit die Selbstvermehrung resultiert, an ihrem Ursprung die Geschichte eines Gottes, der den Menschen-Mann »nach seinem Bilde« schafft, verweigert dieser Narziß gerade aus seinem Narzißmus heraus die Fortsetzung des Schöpfungsaktes. Die Applikation auf die Kunst im Gegensatz zum Leben ist hier natürlich wie stets bei Thomas Mann mitgemeint.

Das Ende dieses Onan wiederum ist traditionsgemäß unbefriedigend: Wie der neurasthenische Bruder Er stirbt er in den Armen seines verschmähten »astartischen« Weibes; das Gottesurteil hat sich jetzt in einen plötzlichen Gehirnschlag verwandelt.

Diese Konstellation ermöglicht es auch, eine symptomatische Schlußsequenz aus den »Buddenbrooks« zu verstehen, nun in Tat und Wahrheit eine onanistische Deckphantasie, und zwar im pianistischen Gewande (s. S. 69 ff.). Der fünfzehnjährige Hanno, der fast anagrammartige Bruder Onans, lebt sie nach einem fatalen Schultag, an dem er schon mit der Übersetzung lateinischer Eicheln ins Deutsche scheiterte, und einem unbefriedigenden musikalischen Symbiose-Versuch mit seiner Mutter am Flügel aus. Hinter dem heftig vorgezogenen Türvorhang, der den Salon ins »heimliche Gemach« verwandelt, beginnt er mit »verschwimmendem« Blick zu phantasieren. Zwei konträre Motive treffen dabei aufeinander: ein von kindischer Furcht bestimmtes choralartiges Versagungs- und ein Verheißungsmotiv, das unter Hannos »arbeitenden Fingern« die Oberhand gewinnt, bis es sich schließlich in der »vollkommenen Befriedigung« einer »zügellosen Orgie« »lasterhaft«-maßlos »schäumend« »durch alle Oktaven ergießt«. Was die antionanistische Ikonographie für den Zustand danach bis ins Detail vorschreibt: Erschöpfung, Ekel und Überdruß – alles das läßt nicht lange auf sich warten. Die »Hände im Schoß«, sehr blaß im Gesicht, kraftlos in den Knien, streckt Hanno sich auf der Chaiselongue aus, ohne noch »ein Glied zu rühren«. Schon mit dem Beginn des nächsten Kapitels trifft ihn der Urteils-, der Hinrichtungssatz: »Mit dem Typhus ist es folgendermaßen bestellt«, und Hanno, der hier wieder Johann heißt, der letzte derer aus dem Hause der Buddenbrooks, bei dem die Kunst zur Selbstbefriedigung wurde, stirbt.

Diese Fortsetzungsgeschichte des alttestamentarischen durch den Thomas Mannschen Onan-Hanno-Johann scheint auf eine erstaunliche Kontinuität wollüstig-höllischer, wenigstens tödlicher »Onanie«-Motive zu deuten. Aber sie beginnt eben mit einem Pseudo-Paradigma. Die eigentliche Onanie-Inquisition ist erst eine Schöpfung des 17. und 18. Jahrhunderts.

Nicht, daß das einsame Laster nicht auch schon vorher befehdet worden wäre. Die eingangs zitierten Kleriko- und Eunuchogramme haben jüngst wieder demonstriert, welch hochwürdiger Tradition sich seine moraltheologische Indikation erfreut. Papst Leo IX. etwa erklärt schon im Jahr 1054, daß die Masturbation zum Ausschluß aus dem Klerikerstande verdamme. Die Scholastik, Thomas von Aquin und der Pariser Studentenpfarrer Juan Gerson (1363–1429), bekämpfen die »mollities«, die »Verweichlichung« als »vitium contra naturam« und »maximum peccatum«, als Todsünde also und schwerwiegenden Verstoß gegen das Gesetz der Natur. Der Jesuit und Kardinal Francisco Tolet (1532–1596) erneuert in seinen Kommentaren zu Thomas von Aquins »Summa theologiae« diese »naturrechtliche« Argumentation. Auch medizinisch mildernde Umstände – Selbstbefriedigung als gesundheitsförderliches oder -erhaltendes Purgativ – läßt er nicht gelten. Die Päpste Alexander VII. und Innozenz XI. tun desgleichen. Dementsprechend wird ein nachsichtigerer Autor wie der spanische Zisterziensermönch Caramuel von Lobkowitz als Höllenfürst der Wollüstlinge geschmäht, 1679 wegen der Leugnung der antionanistischen Glaubenssätze vom Heiligen Officium verurteilt.

Der in Rom lehrende Bibelgelehrte Benedicti (gestorben 1600) stellt auch schon die direkte Verbindung zur Sünde Onans her. Er identifiziert die bei ihrer Begehung etwa anfallenden inzestuösen, sodomitischen, ehebrecherischen Phantasien mit den Akten selber. Warum auch nicht, da der allwissende Gott doch auf die Herzen sieht! Jedenfalls rekrutiert sich schon bei dem benedeiten Benedicti die Hauptpopulation der Hölle aus dem Stamme der Onaniten. Danach taucht der Ausdruck »onanistische Sünde« 1642 in Arnold Mengerings »Scrutinium conscientiae catecheticum, das ist Gewissens Rüge und Sündenregister«, 1643 in Johann Konrad Dannhauers »Katechismusmilch« auf; 1677 folgt ihr in S. von Butschkys »Pathmos« die »Onaniterey«[20]. Diese Kontinuität der moraltheologischen Tradition ist wichtig, weil die Onanie-Inquisition in der Forschung der letzten zwei Jahrzehnte öfters einer unvermittelt einsetzenden bürgerlichen Neuzeit ohne die Mitgift der kirchlichen Tradition zu entspringen schien.

Andererseits bleiben die theologischen Buß- und Lasterkataloge in Selbstbefriedigungsfragen doch relativ moderat. Die kanonische Klugheit erfahrener Zölibatäre ist in dieser Hinsicht weit gnädiger als bei der Verfolgung kohabitativer, bestialischer oder sodomitisch-homosexueller Vergehen. Die Exerzitien des Ignatius von Loyola schweigen gar gänzlich darüber. So wird das kapitale Laster der Onanie alles in allem in der Tat erst eine Kreation des heraufkommenden bürgerlichen Zeitalters, genauer: des west- und mitteleuropäischen Puritanismus.[21]

Zunächst rückt der Oxforder Prediger Richard Capel 1640 den »Tentations, their Nature, Danger, Cure«, und dabei besonders der widernatürlichen »self-pollution« energischer auf den Leib. Wie der Selbstmord den Mord überbietet – so die wegweisende Analogiebildung –, ist die Selbstbesudelung schlimmer als die noch natürliche Hurerei oder Ehebrecherei. Außerdem weiß Capel: Die Schwächung und Verderbnis, die neben der Seele auch der Leib erleidet, ist Teil eines antizipierten Gottesgerichts.

Noch 1708, mit dem »Traité contre l'Impureté« des Schweizer Calvinisten J. F. Osterwald, scheint die Versuchung relativ fest in der angestammten Theologenhand, bis 1710 in London der Arzt Bekkers anonym die »Onania« als »the Heinous Sin of Self-Pollution« unters heilungsbedürftige Volk bringt – mit der schönen Titelformulierung der deutschen Erstausgabe von 1736 gesagt: »Onania, oder die erschröckliche Sünde der Selbstbefleckung, mit allen ihren entsetzlichen Folgen, so dieselbe bey beyderley Geschlecht nach sich zu ziehen pfleget« (in einer Titelvariante ist mit Bezug auf Onans älteren Bruder von »Eronania« die Rede – das darf man auch deuten als die »irre und irreleitende Onanie«). Zwar verdient Bekkers im Blick auf die schon erwähnten terminologischen Vorgänger nicht den Ehrentitel eines Erfinders der »Onanie«. Aber er ist doch die in der Folgezeit immer wieder zitierte Primärquelle der Onanie-Verschmutzung.

Nach den Vorstößen einiger deutscher Juristen[22], die die »mastupratio« schon kriminologisch verfolgt sehen wollen, wird 1724 dann in einer wieder anonymen Publikation aus Bekkers' »heinous sin« explizit »the Crime of Onan«: Von der »Versuchung« über die »Sünde« zum »Verbrechen« führt die frühe Karriere der Onanie. Die großen Lexika der Zeit – Chambers, James, Zedler – spiegeln dieses Spektrum in eingehenden Artikeln wider. Ihren ersten Höhepunkt erreicht die antionanistische Bewegung freilich erst mit dem Autor, der zugleich zu ihrem unbezweifelten Klassiker wird: dem Schweizer Arzt Simon-André-David Tissot. 1760 erscheint seine »dissertation physique« »De l'Onanisme«, Untertitel: »sur les maladies produites par la masturbation«[23], der 1758 sein »Tentamen de morbis ex manustupratione« voraufgegangen war (s. S. 76 ff.). Man sieht: Die Krankheit reicht über die Latein sprechenden Gebildeten hinaus.

Weniger extensiv als bei Bekkers (Tissot scheut die kommunikative Pollution mit den Übeltätern), aber doch noch in beträchtlichem Umfang finden biographische Zeugnisse Eingang in den Text: in erster Linie natürlich, um Authentizität zu verbürgen und

21

die Appellstruktur der Texte zu intensivieren; aber den von Einsamkeit und Unproduktivität geschlagenen Onanisten wird so auch eine koproduktive literarische Öffentlichkeit, wenn man will: die Chance eines als Warnung drapierten Exhibitionismus gewährt. Auf jeden Fall: Ein neuer Typ von wissenschaftlich-moralischem Briefroman entsteht.

Im Vergleich zu Bekkers wird der medizinische Gesichtspunkt freilich massiv betont: Krankheit, nicht Laster oder Verbrechen, soll das Thema sein. Von Tissot wird die Medizinalisierung der antionanistischen Moral endgültig vollzogen. Die aufgeklärte Wissenschaft übernimmt die Meinungsführerschaft.

Symptomatik, Ätiologie, Therapie werden fachgerecht systematisch abgehandelt. Das Krankheitsbild des Onanisten wird porträtiert. Für diesen vorurteilsfreien »Onanie- und Nymphomaniedoctor der Mannspersonen und Frauenzimmer«[24] kann es im Zeichen der Gleichheit und Brüderlichkeit auch eine Onanistin sein. Nur wird sich bei ihr vermöge der bekannten Minderwertigkeit der weiblichen Sekrete nicht alles ganz so dramatisch wie bei den männlichen Verschleuderern darstellen.

Den wissenschaftlichen Rahmen liefert die Säftelehre der antikynisch gewendeten medizinischen Tradition in Verbindung mit dem Harveyschen Modell der Blutzirkulation. In einer staunenerregenden Parforcetour demonstriert Tissot, daß der nicht verschleuderte Samen den Reichtum der an sich geschlossenen Zirkulation mehrt. Menge und Güte der Säfte gehen diesem medizinischen Haushälter über alles. Das klingt gelegentlich keineswegs prüde: Tissot kann sich sogar eine Eloge auf einen wohlverstandenen Epikureismus leisten.

Auch seine Therapievorschläge bleiben im Verhältnis zur Schwere der Krankheit und den therapeutischen Exzessen seiner Nachfolger erstaunlich moderat. Nichtsdestoweniger trieft die Moral diesem Arzt aus allen Poren: Die Strafen tarnen sich als Folgen. Das Ende des Buches markiert das böse Ende des onanistischen Lebenslaufs.

Vielleicht ist es diese Verbindung einer medizinalisierten Moral mit dem Gestus des aufgeklärten Menschenfreundes, aus der sich der spektakuläre Erfolg von Tissots stilistisch so wenig spektakulärer »Dissertation« erklärt – beim heutigen Leser wird sie mit ihren

»zu häufigen Übungen im Handspiel« eher unfreiwillige Lacherfolge erzielen.

Die historische Bedeutung Tissots freilich steht außer Frage. Bei ihm geht alle Welt in die Schule, von Rousseau bis zu Voltaire, von den deutschen philanthropinischen Pädagogen Salzmann, Campe, Oest, Villaume über den Makrobiotiker Hufeland bis zu Kant und Schopenhauer, Hölderlin und Kleist. Tissot etabliert die Onanie als epocheprägendes Thema – so sehr, daß die Geistes- und Mentalitätsgeschichte des 18. Jahrhunderts ohne die Kenntnis dieses Hintergrundes nicht adäquat zu analysieren ist. Für die Melancholie-Forschung etwa gilt das, so fortgeschritten gerade hier die psycho-historische Forschung zu sein scheint, oder auch in bezug auf die Geschichte der Einbildungskraft; jedenfalls nicht nur auf dem Terrain der »schwarzen Pädagogik«, deren Ausmaß von Katharina Rutschky dokumentiert worden ist.[25] Wenn wir heute nicht von einer Art geistesgeschichtlicher Alzheimerscher Krankheit geschlagen wären, dann wüßten wir noch: Mit demselben Recht, mit dem wir das 18. Jahrhundert als das der Heroen der Aufklärung seligpreisen, könnten wir es als das Tissots maledeien. Von einem förmlichen »Tissotismus« analog und mit demselben Nachdruck wie vom »Rousseauismus« zu sprechen wäre keineswegs übertrieben: »De l'Onanisme – c'est le Tissotisme«. Ja, Rousseauismus und Tissotismus bilden *ein* Syndrom.

Rousseau höchstpersönlich, Briefpartner Tissots, der ihn seinerseits wieder als Protagonisten der Natur und der Aufklärung hoch verehrt, ist der Statthalter Tissots auf dem Gebiete der natürlichen Moral und der widernatürlichen Onanie. Seine Rolle als einflußreichster aller Propagandisten des Tissotismus ist gar nicht zu überschätzen.

In der »Nouvelle Héloïse« (s. S. 94 f.) schreibt er Julie die tiefe Sorge zu, der abwesende, zum Triebverzicht unfähige St. Preux könne sie »aus zu großer Liebe« mit dem namenlos »traurigen«, »unschmackhaften« und »verächtlichen« Vergnügen beleidigen: Einsame Lust ist tote und auch zum Tode führende Lust. Die einsame Lust aber wächst aus »zu lebhafter Einbildungskraft«.[26]

Das vierte Buch des »Emile« (s. S. 96 ff.) attackiert die Onanie als das gefährlichste aller Laster und als die tödlich-verführerische Muse der Selbstbegegnung wider die Imagination: Leichter noch ist es, den Jüngling den Frauen zu entreißen als sich selber, wenn er das Vakuum seines Soliloquiums mit den Gestalten seiner Phantasie füllt. Freilich ist es wichtig, daß der Erzieher auch die eigenen Kämpfe zeigt, wenn er seinen Zögling heilen will. Und Rousseau weiß, wovon er redet, finden doch in der Jugendgeschichte der »Confessions« (s. S. 104 ff.), bei der Madame de Warens, der »maman«, die Rousseau den »Kleinen« nennt, in dem Bett, in dem auch sie geschlafen, sein Selbst und seine omnipotente Einbildungskraft befriedigend zusammen – die bei der eigenen Geburt gestorbene leibliche »maman« hatte in dem Fräulein Lambercier und ihrer mütterlichen Liebe schon zuvor eine zärtlich-flagellantische Statthalterin von größter Erregungsintensität gefunden.

Diese Art der Begegnung hat der eigentümlich widersprüchlichen Aussage dieser Passage zufolge sogar den Vorzug, mit der phantasierten Verfügung über das »ganze Geschlecht« der Frauen vor dem realen Kontakt mit ihnen zu bewahren. Nichtsdestoweniger bleibt der solcherart gewonnene Reichtum lebensgefährlich. Und so straft Jean-Jacques sich und alle Welt mit der entfremdeten Zerrform der Imagination: dem Wahn. Ebenfalls in der Jugendgeschichte der »Confessions« (s. S. 101 ff.) zeichnet er das Bild eines Onanisten – bezeichnenderweise ist es ein Fremder, ein »Maure« –, der sich »epileptisch« vor ihm windet: Die Wollust der Selbstbefriedigung endet in der Hölle der Raserei, wenn die unter dem »Schein der Unabhängigkeit« verinnerlichte Selbstbeherrschung dem nicht zuvorkommt. Übrigbleiben wird unter der Maskerade weißer Taufgestalten, toleriert von einer fahrlässigen Laxheit, die noch nicht auf der Höhe Tissotscher Erkenntnis ist, eine jener saft- und kraftlosen menschlichen Ruinen, wie sie die antionanistische Ikonographie der Epoche immer wieder zeichnet: widernatürliche Siechformen von Geschlechtscharakteren, die die »Natur« zum männlich-selbstbeherrschten Mann, zum weiblich-züchtigen Weib und zum liebendzeugenden Paar bestimmt hatte. Kurz: Rousseau, der Freund der Natur, der Kritiker der Gesellschaft, der große Befreier des Gefühls, der geniale Kommunikator der Subjektivität, wird zum Propagandisten einer Moral, wie sie fremdbestimmter, naturferner, zwanghafter und vereinsamender nicht sein könnte.

In Deutschland findet das Tissot-Rousseausche Syndrom schon in den siebziger Jahren des 18. Jahrhunderts ein überwältigendes

Echo; und, wie gewohnt, geht man hier noch gründlicher zu Werke. Wenn die Dokumente der »schwarzen Pädagogik« unser Bild der bürgerlichen Aufklärung nicht schon einschneidend verändert hätten – die intensivere Bekanntschaft mit dem antionanistischen Terror hätte für weitere Verdunkelung zu sorgen. Es geht um ein bürgerliches Trauerspiel ganz eigener Art, das die Dimensionen des literarischen, auch dessen Phantasiearsenal, bei weitem überbietet.

Am Anfang stehen wieder einige Ärzte, unter ihnen der »rathende Arzt«[27] Börner und der berühmte Leibarzt Friedrichs II., Johann Georg Zimmermann. Er weiß, daß die Ketzerjagden der Theologen nicht mehr up to date sind. Statt dessen macht er sich in seiner »Warnung an Aeltern, Erzieher und Kinderfreunde wegen der Selbstbefleckung«[28] besonders als Therapeut der weiblichen Onanie verdient. Anders als der sonst über alles geschätzte Tissot hält er sie nämlich für schlimmer als die männliche. Und ihm gelingt es auch, das Verfallsdatum erheblich vorzudatieren: auf die früheste Kindheit. Das Gerücht, daß erst die Psychoanalyse die Sexualität des Kindes entdeckt habe, wird von diesem Onanie-Doctor auf seine Weise widerlegt. Diese paradoxe Tatsache ist nicht genug zu betonen: Die Onanie-Inquisition wird zur Entdeckerin der frühkindlichen Sexualität!

Dafür freilich muß selbst ein kgl. Leibarzt büßen. Einer seiner Kollegen wendet sich mit respektlosem Sarkasmus gegen die neue antionanistische Geisterseherei.[29] Und Lichtenberg höhnt, Zimmermann habe in der Sprache der erzürnten Impotenz den Gefahren der solitären Potenz eine derart detaillierte Beschreibung gewidmet, daß man das Ganze auch als Handreichung lesen könne.[30] Das muß man nicht als bloße Revanche von seiten Lichtenbergs verstehen: Zimmermann, der als Philosoph mit einem vierbändigen Opus magnum über die »Einsamkeit« bekannt geworden war, thematisierte unter diesem Titel wohl auch eigene Versuchungen.

Vor allen Brüdern im antionanistischen Geiste aber ist es der Pädagoge und Schriftsteller Christian Gotthilf Salzmann (nicht zu verwechseln mit Goethes Straßburger Bekanntem dieses Namens), der die Position eines deutschen Tissot erwirbt. Sein sechsbändiger Briefroman »Carl von Carlsberg oder Über das menschliche Elend« (Leipzig 1783 ff.; s. S. 108 ff.) porträtiert unter anderem einen männlichen Onanisten, der ganz aus der männlichen Art seiner Familie

25

mit dem sprechenden Namen derer »von Brav« schlägt. Die Bravheit zeigt denn auch, daß sie eher militärische Schlachtfeste mit zerspritzenden Gehirnen als die Verschleuderung des generativen Erbes erträgt. Selbstbefleckung ist die Sünde wider den heiligen Geist der Familie; onanistischer Autismus zerreißt den Liebespakt. Eine langfristige Kur, die die Freuden der Ehe als Therapie annonciert, wie umgekehrt die Onanie das Ehehindernis par excellence ist, wird immerhin von einem Teilerfolg gekrönt – nur daß der Kandidat letzten Endes aus den Fängen des einsamen Lasters in die Arme der Herrnhuterei wandert.

Natürlich gewährt der Pädagoge Salzmann in seinem Roman auch Raum für eine pädagogische Generaldebatte. Über die Vertreter einer laschen Sexualmoral wird ein unnachsichtiges Standgericht gehalten, das sich zu einer generellen Verurteilung des gelehrten Neuhumanismus mit seiner Bindung an die onanieverdächtige Antike erweitert. Spürbare Irritation geht allerdings von der Tatsache aus, daß ebendieser Antike die Symptome der Selbstschwächung kaum anzusehen sind: Offenbar gab es einmal so etwas Paradoxes wie männlich-tüchtige Selbstschwächer. Auf keinen Fall will die selbstbeherrschte Bravheit unter diesen Umständen mit Prüderie verwechselt werden. Im Gegenteil zeigt sich die ganze Widersprüchlichkeit der Situation, wenn Salzmann zugleich *für* sexuelle Aufklärung, *für* eine unverkrampfte Naturnähe votiert. In der Parallelaktion um eine weibliche Adeptin des einsamen Lasters werden nicht umsonst die ungesunden religiösen Erregungen gegeißelt, wie Salzmann sich auch andernorts gerade aus Onanie-Perspektiven kirchenkritisch äußert: Die Kirche wird als einer der Hauptverschmutzer ausgemacht.

Die gesunden Gefühle repräsentiert demgegenüber ein eschatologischer Traum, in dem Salzmann »in der Sprache der alten Propheten« nichts Geringeres als eine Apokalypse der Onanie entwirft. Die französierenden Völkerscharen der Onaniten gehen unaufhaltsam ihrem verdienten Ende entgegen, während ein einig Volk gesündester Väter, männlichster Männer und weiblichster Weiber sich der blühenden Zukunft der Selbstbeherrschten erfreuen wird: so das Positiv einer gegen alle Versuchungen abgehärteten, körperlich und seelisch ertüchtigten Nation. Bei aller Verbundenheit mit dem antionanistischen Internationalismus sind hier bei Salzmann die deutschtümelnden und antifranzösischen Implikationen der moralischen Aufrüstung schon deutlich spürbar.

Salzmanns Hauptwerk in Sachen Onanie-Pädagogik ist dann das in der Folge immer wieder zitierte Elaborat »Ueber die heimlichen Sünden der Jugend« (s. S. 125 ff.). Der Delikatesse des Themas, bei dem schon die Verwendung der deutschen Bezeichnung namenlose Gefahren birgt, ist er sich voll bewußt: Wie über die Onanie schreiben, ohne womöglich eben damit zu ihr anzustiften, wenn die Delinquenten, unter ihnen unerhörterweise ein professoraler Onanist, es fertigbringen, mit der Bibel Tissots in der Hand sich dem Laster zu ergeben? Die antionanistischen Manifeste teilen offenbar die Dialektik aller »Indices rerum prohibitarum«: das Übel, das sie bekämpfen, zu verbreiten und sich deswegen womöglich selber indizieren zu müssen – so selbstbezüglich wie die Sache, um die es ihnen geht. Doch kein Risiko kann verhindern, daß die mitleidige Liebe die Sterbenden küßt, um die noch Lebenden zu retten.

Dabei aber hat sie alle Hände voll zu tun: Wie schon bei Tissot und vorher in Bekkers' »Onania« belegen zahlreiche Briefzeugnisse das epidemische Ausmaß des Übels aller Übel und die Schwere der mit ihm einhergehenden Leiden. Ebenfalls wie Tissot betont Salzmann, daß allein von der unnachsichtigen Aufklärung über die Folgen durchgreifende Änderung zu erhoffen ist. Eine Art von onanistischem Kausalitätsgesetz herrscht: Die lasterhafte Krankheit zum Tode wird von dem gerechtesten und wirkungsvollsten, weil immanenten Gericht ereilt. Sieht man sich indessen die Briefe der Betroffenen genauer an, so macht man seltsame Erfahrungen; etwa die, daß der eigentliche Ausbruch der körperlichen und geistigen Leiden erst auf die Tissot-Lektüre zu datieren ist – als ob die Briefschreiber schon wüßten, daß es auch »iatrogene« Krankheiten gibt; vorher lebten sie nicht schlecht... Damit aber weist der antionanistische Diskurs wieder genau die Charakteristik auf, die er dem einsamen Laster zuschreibt: Er ist selbstbezüglich, »autoreferentiell« strukturiert.

Schon vor Salzmanns »heimlichen Sünden« hatte Joachim Heinrich Campe in seiner »Allgemeinen Revision des gesammten Schul- und Erziehungswesens« ein Preisausschreiben ausgelobt über die Frage: »Wie man Kinder und junge Leute vor dem Leib- und Seele verwüstenden Laster der Unzucht überhaupt und der Selbstschändung insonderheit verwahren, oder, dafern sie schon angesteckt seyn sollten, wie man sie davon heilen könne?«[31] Ein »im Verborgenen Gutes wirkender edler Menschenfreund« hatte für die beste Beantwortung »dieser wichtigen Frage« einen Preis von sechzig Ducaten ausgesetzt; und der Herausgeber hatte vierzig weitere Ducaten hinzugefügt, so daß den mit seinen Kräften und Säften glücklich wuchernden Gewinner die runde Summe von einhundert Ducaten erwartete. Man sieht: Die Menschenfreundlichkeit wie die Askese ist auf eine solide Geschäftsgrundlage gestellt.

Zur Freude des Herausgebers liefen gleich mehrere Preisschriften ein, die dann, um symptomatische Zusätze von seiner Hand bereichert, in zwei voluminösen Bänden der »Revision« erschienen; unter ihnen die mit dem Hauptpreis ausgezeichnete Schrift des philanthropinischen Pädagogen Johann Friedrich Oest mit der »wahrhaften Geschichte eines unglücklichen Selbstverderbers« (s. S. 137 ff.). Erzählt wird der katastrophale Lebenslauf eines von Gott und den Menschen verlassenen jugendlichen Onanisten, der nur noch zum abschreckenden Beispiel taugt. Und damit man auch weiß, was man an diesem gutbürgerlichen, allerchristlichsten Philanthropinismus hat, wird der sichere Todeskandidat nichts anderem als dem Pesthof überantwortet.

Womöglich noch eindrucksvoller in seiner lakonischen Barbarei ist ein Zusatz Campes (s. S. 147 ff.): des Kinderfreundes und Reformpädagogen Campe! Im Anschluß an die Infibulationschirurgie Börners gibt er, wahrscheinlich aus eigener Erfahrung schreibend, en détail die nötige Handreichung, wie man selbsttätig oder auch mit kastrativer väterlicher Hilfe der Selbstschändung Herr werden könne. Das Instrumentarium spricht für sich; Strumpfbänder als Handfesseln oder auch halbierte Betten mit elastischen Wänden zwischen Ober- und Unterleib, die die Grenzlinie der puritanischen Halskrause seligen Angedenkens in die Mitte des Körpers verlegen, sind noch das Mildeste. Mit Nagel und einem zum Hammer umfunktionierten Buch zeigt indes ein einsichtiger Pädagoge, daß er Manns genug ist, sich nötigenfalls auch auf Zeit zu entmannen. Nadel und Faden aus dem Nähkästchen des bürgerlichen Sexualhaushalts kommen hinzu: Ein hurtiger Schnitt mit der Schere wird schon wieder ehe- und geschäftsfähig machen. Und damit neben dem Nutzen die Freude an der präzisen, übersichtlichen und ästhetisch befriedigenden Information nicht zu kurz komme, liefert Campe gleich auch noch mit der zur Infibulationsanweisung pervertierten Hogarthschen »line of beauty« das graphische Handlungsmodell. Die öfters zu lesende Unschuldsvermutung, daß erst das 19. Jahrhundert von der Kur zur Verfolgung, von der Therapie zur sadistischen Chirurgie fortgeschritten sei, wird hier ins Reich der gnädigen Legenden verwiesen.

Aber selbst in den vergleichsweise moderateren Texten dieser Pädagogen wird eine »Erziehungsorgie« (Katharina Rutschky) programmiert, die jeder Beschreibung spottet. Daß jedem sadistischen Impuls dabei ein masochistischer entspricht[31a], jedes Onanisten-Porträt ein indirektes Selbstporträt ist, das die eigenen Abwehrkämpfe heraufbeschwört, macht die Sache nur wenig besser.

Hinter dem Liebes- und Tränenvorhang der aufgeklärten Menschenliebe wird ein förmlicher antionanistischer Totalitarismus entfesselt. Die unbotmäßigen Genüsse werden überall gewittert, bis ins Absurde hinein. Die Mäntel sind zu lang, die Tische zu groß, die Betten zu weich, die Schlafräume zu dunkel, die »heimlichen Örter« viel zu separat; denn aller Laster Anfang ist die Einsamkeit. Jedes räumliche und zeitliche Für-sich-Sein wird inkriminiert. Der Erzieher, der in seine Recherchen die Mysterien der Leibwäsche ebenso einbezieht, wie er die Türen öffnet, hinter denen sich im Schutze der Defäkation die Ejakulationen ergießen, ist Lügen-Detektor und Schnüffler zugleich. In der Rolle des Fahnders entwirft er förmliche Steckbriefe, so vieldeutig auch die Zeichen bleiben mögen, an denen man die Übeltäter erkennt. Von der Antriebsschwäche bis zu allgemeiner Entkräftung, von der Zerstreutheit bis zu Sehstörungen, von Augenringen bis zu Hautpickeln, vom Heißhunger bis zu Verdauungsproblemen, vom Kniezittern bis zum Lidzucken, von Kopfschmerzen bis zu den Geschlechtskrankheiten (auf welchem Wege auch immer), vom Haarausfall über die Schwindsucht bis zur Rückenmarksdarre gibt es kein Übel unter der verdüsterten Sonne, das nicht mit der Onanie in Verbindung stünde. Ganze Symptomlitaneien entstehen, deren unfreiwillige Komik angesichts des prüfenden Blicks der Inquisitoren vergeht. Doch alle wollen ja nur das Beste, wenn sie die Onanie auszurotten versuchen.

Dieses medizinische, moralische und pädagogische Syndrom verlangt nach Erklärungen. Warum, mit dem französischen Onanie-

Forscher Théodore Tarczylo gefragt[32], die Erfindung einer Krankheit, die zugleich ein Laster, eine kapitale Sünde und ein Verbrechen ist? War es am Ende schlicht die objektive Zunahme der Onanie in den kulturell dominanten Bevölkerungskreisen, wie die Sexual- und Familienhistoriker erwogen haben?[33] Aber wie sollte ein solches Faktum alleine, ohne die Wertungen der kulturellen Sexualmoral, eine Obsession dieses Ausmaßes erklären können! Plausible Hypothesen sind hier nur von einer Verbindung psycho-, sozio- und kulturhistorischer Faktoren zu erwarten. In der hier nötigen Abbreviatur nenne ich einige davon.[34]

Das vordergründigste ideologische Motiv, das die ganze antionanistische Moral auch schon vor dem Ausbruch der eigentlichen Onanie-Inquisition bestimmt, liefert die sexualtheologische Tradition, die im Kampf gegen die Onanie ihren Höhepunkt erfährt: Wenn schon Sexualität an sich, selbst die eheliche, stets der Rechtfertigung durch außer ihr liegende Zwecke bedarf – der »Hinordnung-auf«, wie noch die aktuelle sexualdogmatische Prosa so sympathisch sagt –, welches Skandalon muß dann die Selbstbezüglichkeit der solitären Lust sein! Wie an der Kontinuität von der Urszene der Genesis bis zu Thomas Mann schon ablesbar, ist die Onanie gleichsam Schöpfdienstverweigerung.

Indes steht ja die auf den Zeitraum zwischen Capel, Bekkers und Tissot datierbare Geburt der eigentlichen Onanie-Inquisition aus dem Geist des heraufkommenden bürgerlichen Zeitalters zur Frage. Und der weiß: »Homo homini lupus«, sehr wohl; niemanden aber sollst du mehr fürchten als dich selbst. Offenbar fühlt sich das bürgerliche Subjekt in einem bisher unbekannten Maße sich selber, seinen Trieben, dem fatalen Reichtum seiner Einbildungskraft ausgeliefert. Und das nicht ohne Grund. Die Auflösung der traditionellen Kontrollsysteme im Zuge der bürgerlichen Revolutionen hat in der Tat eine bis dahin unbekannte Intimisierung und Individualisierung des Lebens mit sich gebracht, die allein mit der Erektion *innerer* Autoritäten (René Spitz), mit dem »Zwang zum Selbstzwang« (Norbert Elias) kompensierbar scheint. Hier hat Rousseaus »Schein der Unabhängigkeit« seine Wurzeln. Und dieser »Zwang zum Selbstzwang« ist natürlich dort am dringlichsten, wo Lusterfahrungen drohen, die fast alle Zeit verfügbar, ohne Fremdhilfe möglich und von außen nur begrenzt kontrollierbar sind.

An einigen alltagsgeschichtlichen Beispielen läßt sich dieser Zusammenhang sinnfällig demonstrieren.

Die beim häuslichen »Strukturwandel der Öffentlichkeit«, der Auflösung des »ganzen Hauses« gewonnene räumliche Privatheit und Intimität etwa wird zum Gefahrenort par excellence, sei es nun das einzelne Zimmer, das einsame Bett oder das »heimliche Gemach«. Die stupende Karriere des »locus horribilis« als eines pädagogischen und moralphilosophischen Themas erklärt sich daraus. Und welche Gefahrenquelle die Einsamkeit von Bett und Zimmer für eine Aufklärung darstellt, der die Nacht ohnehin nicht geheuer scheint, ist an einer der symptomatischen Neuerungen im »Prozeß der Zivilisation« (Norbert Elias) ablesbar: Wie man nicht mehr mit den Händen ißt, sondern sich, mit Messer und Gabel im eigentlichsten Sinn bis an die Zähne bewaffnet, sowohl von der unvermittelten Lust wie vom Objekt der kulinarischen Begierde distanziert, so verwehrt sich das Subjekt der sexuellen Begierde mit dem aufkommenden Schlafanzug den direkten Hautkontakt, zu schweigen von den Hand- und Fußfesseln, die es sich in der Folgezeit anlegt, um sich die handgreifliche Selbstbegegnungsmöglichkeit ganz zu nehmen.

Die Auflösung des »ganzen Hauses« und die Herausbildung kleinfamilialer Intimität wiederum, die die ganze erotische Wunschproduktion auf den privaten Rahmen konzentriert, hat zur Folge, daß die primäre Bezugsperson, für die Kinder die Mutter, in jedem Sinne näherrückt. Mentalitätsgeschichtlich spiegelt sich das in dem entstehenden Mutterkult, der Konzeption der »Mutterliebe« wider.[35] Je größer aber die Nähe, um so rigider unter den Bedingungen des fortdauernden Inzesttabus auch die Repression; und um so unausweichlicher der im historischen Double-bind zugleich *gebotene* wie *verbotene* Ausweg in die Kompromißbildungen der inzestuösen Onanie-Phantasien, die – wie schon Rousseaus Bekenntnisse vermuten lassen und noch die Diagnosen der Wiener psychoanalytischen Vereinigung behaupten – eine Hauptquelle »verschobener« onanistischer Schuldgefühle sind.

Hinter dem Mutterkult, der mit dem Paternalismus der moraltheologischen Tradition: der Fixierung auf die Schöpfer- und Zeugungsideologie, durchaus kompatibel war, stehen indessen natürlich auch die »hard facts« der Bevölkerungspolitik. Es ist kein Zufall, daß die Anfänge der antionanistischen Bewegung mit den

Bemühungen um die Wiederbevölkerung des nach dem Dreißigjährigen Krieg entleerten West- und Mitteleuropa zusammentreffen. Und im letzten Drittel des 18. Jahrhunderts gewinnen die demographischen Interessen, wie Elisabeth Badinter in ihrer Analyse des Mutterkultes gezeigt hat, noch einmal erheblich an Gewicht für die Stärkung der Staats-, der Wirtschafts-, der Militärmacht.

So kommt es, daß fortan das Odium des Totalverweigerers auf dem Onanisten liegt: Wie dem Gottesreich gegenüber, so ist er auch der Familie, dem Staat und, wenn es gar kosmopolitisch zugeht, der Menschheit gegenüber eine Null: abgrundtief antifamilial, asozial, schlechthin unverantwortlich, weil er mit dem Reichtum seiner Natur auch das *bonum sexuale commune* verschleudert.

Andererseits – um ein weiteres »hard fact« der Demographie zu nennen – steigt im selben Zeitraum aus verschiedenen sozialen und ökonomischen Gründen das Heiratsalter.[36] Gleichzeitig wird das Verbot des vorehelichen Geschlechtsverkehrs eher noch intensiviert: Alle Lust will zwar Ewigkeit, aber sie muß nun einmal ins Ehebett. Unter diesen Umständen ist die Versuchung, sich Ausweichbefriedigungen zu verschaffen, statt das geforderte Ritardando zu praktizieren, verständlicherweise naheliegend und dementsprechend groß wieder die Repression.

Auf das sozialpsychologisch aufschlußreichste Moment schließlich führt die ätiologische Theorie, die wie bei Tissot bei fast allen dokumentierten Autoren mehr oder minder federführend ist: die neue Version der althergebrachten Säftelehre. War die antike Medizin, die das überfüllte Selbst mindestens ebensosehr wie das entleerte fürchtete, noch der Meinung, daß das unzuträglich zurückgehaltene Sekret Ursache schleichender Vergiftung sei, so weiß die innerweltliche puritanische Askese jetzt, die die Arbeitsenergie des bürgerlichen Subjekts und seinen äußeren Reichtum als Signum der göttlichen Gnadenwahl mit der inneren Versagung, der Selbstdisziplinierung der erbsündlich korrumpierten Natur und dem Kampf wider die Versuchungen des Teufels zusammenbindet: Unsere Flüssigkeits-, unsere Energievorräte sind begrenzt. Wir müssen an uns halten und sparen, auf jeden Fall warten können – »to spend« meint sexuelle und finanzielle Ausgaben. Nichts Schlimmeres, nichts Unbesonneneres, nichts Gott und den Menschen weniger Wohlgefälliges als eine verschwenderische Anti-Ökonomie, als der

Potlatch der Säfte. Wenn wir sie als Unproduktivkraft mißbrauchen, ohne im Widerspruch zur Logik des Tausches und der Akkumulation etwas dafür zurückerhalten zu können, dann machen wir in jedem Sinn bankrott.

Und wieviel mehr gilt das für ein »Jahrhundert der Schwachheit« (Tissot), das von einem neuartigen »horror vacui« umgetrieben wird! Wohl melden sich in den zeitgenössischen Diätetiken auch widersprechende Gefühle: Gefühle zu großer Stärke, drangsalierender Potenz zu Wort, denen mit den bekannten, heute noch im Bereich der ekklesiogenen Neurosen gebräuchlichen Salatkuren, Kaltwassertherapien und Ertüchtigungsprogrammen abgeholfen werden muß. Aber insgesamt regiert doch eine Psychoökonomie der Knappheit. Von daher die beliebte Assoziation von Rückenmarksdarre, Schwindsucht und wollüstiger Selbstschwächung. Von daher auch die ebenso kuriose wie aufschlußreiche Verlautbarung eines Dr. Demeaux, der zugleich Onanie- wie Tuberkulose-Spezialist ist: Seinen Samen verschwenden – das ist, als ob man Geld zum Fenster hinauswürfe[37] (obwohl doch auch Abwehrkämpfe etwas kosten: nämlich ebenfalls Kraft). Fenster zu also! Keine Selbst-Zufriedenheit der Selbst-Befriedigung; keine nicht-finalisierte, ziellose, zukunftslose und unverzögerte Lust! Kurz: Die antionanistische Ethik und der Geist des Kapitalismus als Heiliger Geist einer ausschließlich instrumentellen Sexualvernunft[38] – den ökonomisch-philosophischen Ausprägungen der instrumentellen Vernunft durchaus ebenbürtig.

Über diese Ätiologie hinaus könnte man natürlich auch auf einige prinzipielle Momente der Moralproduktion rekurrieren, die mit den spezifischeren geschichtlichen eine verhängnisvolle Mischung eingehen:

– zum Beispiel auf die sadistischen und masochistischen Komponenten, die in der Versagung und Selbstversagung einer so naheliegenden Lust wie der Onanie natürlich hochwillkommene Betätigungsmöglichkeiten finden;

– in Verbindung damit auf die Ausgrenzungsmöglichkeiten, welche die Etablierung ordnungsgemäßer sexueller Normalität und ordnungswidriger Delinquenz auch hier bieten; schlagend dafür der in der Geschichte der Onanie-Inquisition und der Homosexualitätsverfolgung öfters (leider auch noch in der Psychoanalyse) wiederkehrende zirkuläre Schluß, dem zufolge die Onanie tabuisiert wird mit dem Homosexualitätsverdacht, wie umgekehrt die Homosexualität diskriminiert wird mit dem Vorwurf latenter Onanie.

Wenn nach dem Abflauen der Religionskriege, der Ketzerverfolgungen und dem drohenden Ende der Hexenjagden für die invertierte Kriegführung neue Objekte gebraucht wurden, dann haben diese Impulse in der Onanie-Inquisition jedenfalls ihre große Fruchtbarkeit erwiesen. Gewollt werden allemal Opfer: Trieb- oder Menschenopfer.

Keiner dieser Ableitungsversuche kann und soll indessen das irritierende Faktum der Onanie-Inquisition hinwegerklären, geschweige denn: verstehbar machen. Sie bleibt ein befremdliches menschliches und historisches Rätsel. Und dieses Rätsel wird wahrhaftig nicht geringer, wenn man den Schuldspruch und das Urteil in der abschreckenden Diagnose, die *Ver*schreibung in den *Zu*schreibungen der moralischen »force de frappe« sieht – gegebenenfalls eben ein Todesurteil.

Schon Tissot entdeckt in der Onanie nichts anderes als »eine Handlung des Selbstmords«. Bei Salzmann treibt sie den Onanisten möglicherweise direkt in den Selbstmord hinein, der ihn nach der Logik jenseitiger Fortsetzungsgeschichten indessen auch nicht von seinem Laster heilen kann: Onan, wie sonst nur die tragischen Helden der Ruhelosigkeit, von Tantalos und Ixion über den Ewigen Juden und den Fliegenden Holländer bis zu Faust, avanciert zum Prototyp der Unerlöstheit. Der Makrobiotiker Hufeland entlarvt die Onanie als Mikrobiotik. Der große Kant, dessen Herausgeber Friedrich Theodor Rink »Zur Jubilatmesse 1803« ausdrücklich wieder die Verbindung zu Tissot und Salzmann herstellt, sieht die ekelhafte Selbstschändung der Wohllust – die schöne etymologische Erbschaft wird auf den Kopf der reinen praktischen Vernunft gestellt – gar schlimmer als den Selbstmord (s. S. 151 ff.). Ihr moralischer Effekt ist noch weit übler als der physische. Denn in der luxurierenden Begegnung mit sich selbst werden nicht nur kultur- und ehestiftende Widerstandserlebnisse verpaßt, die bei der Tages- und Lebensbilanz den Positivsaldo in die Höhe bringen können; die »Schändung der Menschheit« in der eigenen Person macht sich vielmehr des ärgsten aller Vergehen schuldig: der Degradierung der

Person zur Sache; sie führt noch unter das Tier hinab. Das kann man wohl einen moralischen Overkill nennen. Und auch die paradoxe Pointe dieser Argumentation will gewürdigt sein: Kant, der wie kein anderer Denker vor Marx im Zeichen der »Würde« der »Person« die instrumentelle Vernunft bekämpft hat, benutzt den kategorischen Imperativ hier, um den Prinzipien der instrumentellen Sexualvernunft das Wort zu reden. Nimmt man freilich die Hypothesen der Brüder Böhme hinzu[39], nach deren Meinung Kant gerade in dieser Frage ein Schulbeispiel dafür ist, wie und zu welchem Ende man eigene Abwehrkämpfe projektiv ausfechten kann, dann ist dieser Overkill immerhin verständlich.

Wo man sich aber so auf den Kopf stellt, da müssen die Onanisten auf jeden Fall den Verstand verlieren, und zwar wieder nicht nur in den moralischen Warnbildern, sondern womöglich auch real: Das ist die Psychiatrisierungsform des angedrohten Selbstverlusts. Der Hofmeister Friedrich Hölderlin zum Beispiel sieht sich genötigt, seine Stelle im Hause derer von Kalb aufzugeben, weil er des einsamen Lasters seines Zöglings nicht mehr Herr wird[40], wie er in drei unterschiedlich verklausulierten Briefen an seine Mutter, den »Bruder« Neuffer und Hegel bekennt (s. S. 157 ff.). Daß bei seinen obligatorischen Nachtwachen – den gänzlich unromantischen Nachtwachen, man verzeihe den Kalauer, von »Onaventura« – statt des verdorbenen »Subjectes« vor allem die Geisteskräfte, die Heiterkeit und Gesundheit des Aufsehers auf der Strecke bleiben, könnte man noch tragikomisch nehmen: Die Selbstbefriedigung des einen hindert die »Selbstbildung« des anderen. Die Komik vergeht aber gänzlich, wenn in einer unerhörten biographischen Sequenz Wilhelm Waiblinger später dem wahnsinnig gewordenen Hölderlin in seinem Tübinger »Zwinger« begegnet (s. S. 161). Wie ein Tier auf und ab laufend oder vegetativ »versunken« in seinem Bett hinwegdämmernd – so stellt sich dem Beobachter das Onanie-Opfer dar. Onanie macht wahnsinnig; der Wahnsinn onaniert. Der vielversprechende Bildungsroman, den Hölderlin in seinem Brief an die Mutter als Gegenbild onanistischer Haltlosigkeit skizziert hatte, ist zu Ende. Die Wiederkehr des Verdrängten hat hier eine ihrer schlimmeren Bestätigungen erhalten.

Im September 1800 besucht auch Heinrich von Kleist einen von der wärmsten klassen- und konfessionsübergreifenden Menschenliebe errichteten Zwinger (s. S. 162 ff.). Und in ihm begegnet er, wie er seinem emphatisch, vielleicht zu emphatisch begrüßten »Mädchen« berichtet, einigen »fremdartigen Dingen«; in der Station der »Verrückten« unter anderem einem Mönch, dem ein Versprecher auf der Kanzel nicht die Sprache, aber für alle Zeiten die Freude verschlagen hat; vor allem aber einem schwindsüchtigen achtzehnjährigen Jüngling, der dort, wo er hingehört: im unheimlichen Gemach, »über der unreinlichen Öffnung« hängt. Die von der Menschenliebe »eingewundenen und eingenähten« Hände liegen ihm auf dem Rücken – ein klarer Fall, welches »unnatürliche Laster« ihn wahnsinnig gemacht hatte. Und in geradezu panischer Selbsttherapie beschwört der frischgebackene Bräutigam Kleist, der just zu dieser Zeit auch noch besonders intensiv Rousseau und Kant liest, ein entmenschtes Leben, das schlimmer als »tausend Tode« ist.

Natürlich läßt sich nicht die ganze Epoche dieses Wahnsystem über den onanistischen Wahn suggerieren. Mit uneingeschüchtertem Witz befreit sie sich vielmehr öfters erfolgreich vom antionanistischen Terror. Lichtenberg etwa trägt, wie schon vermerkt, respektlos zu den Attacken auf einen der Erzinquisitoren, den hochmögenden Kgl. Leibarzt Zimmermann, bei. Auch persönlich läßt Lichtenberg sich von der moralischen Zeitgenossenschaft so wenig ins puritanische Bockshorn jagen, daß er sich »allein oder mit anderen«, etwa der Jungfer Stechardin, auf das angenehmste »soulaschiert«. Seinen alten »Lion« – jenen niemals enttäuschenden, gutmütigsten Teufel – hegt und pflegt der einzigartige Göttinger Gnom so liebevoll, daß er ihm unter dem Zeichen »Liøn« oder einfach »ø« genaueste Aufmerksamkeit zuwendet: »Liøn« wie »*Li*chtenberg *on*aniert«. Die »Liøness« geht auf diesem Wege ebensowenig leer aus. Und damit wir in dieser Hinsicht nun auch wirklich auf dem alltäglich, alljährlich laufenden sind, notiert Lichtenberg, sinnreicherweise in seinem »Staats-Kalender«, der während seiner letzten zehn Jahre das Tage- und Nachtbuch seines psychophysischen Befindens war[41], präzise Zahl, Ort, Uhrzeit und Güte seiner soulaschierenden Haupt- und Staatsaktionen: »stark«, »vehementissimo«, »Fürchterlich gut«, »morgens Schlag 5 im eignen Bett«.

Goethe bezeichnet in seinem ironischen »Triumph der Empfindsamkeit«[42] die Gattung des »Monodrams«, die er als unverhüllt autoerotisches Spiel »mit sich selbst« zu den solitären fetischistischen »Puppenspielen« des Prinzen Oronaro (!) in Beziehung setzt, zwar als »Seuche«. Aber erstaunlicherweise läßt er den bilderfixierten Prinzen am Schluß ungeheilt bei diesen Spielen verharren. »Leider dem früheren Reiz dienet die schädliche Hand«, wie es in einem der nachgelassenen Epigramme heißt[43], das den vom »Nazarener« allein gelassenen christlichen Jüngling zwischen dem Übel der Selbstverderbnis und den Qualen der Lais, zwischen befriedigendem Leben und christlicher Kinderzeugung situiert. Der scharfe Vierzeiler »Besorgung«[44] bietet mit der Phantasie eines weiblichen Autolingus gar eine Gipfelleistung der Onanie als hoher Kunst betrachtet, welche die schlichte Begegnung zwischen Hand und Geschlecht, Manual und Genital weit in die Provinzen der Orthodoxie verweist. Und was ein Mephisto in Sachen Onanie-Tabu zu sagen hat, mag er für die geschwollenen Erdensöhne auch andere Formen des Überfließens vorziehen, wurde schon zitiert.

Sternes Tristram Shandy wiederum erkundet in seinen »nasologischen« Digressionen unvoreingenommen, in welchem Verhältnis Größe und Schönheit der Nasen zu Wärme und Stärke der Imagination stehen, wenn nicht schon beizeiten eine mütterliche Brust ihr Wachstum angeregt hat. Diese Frage ist deswegen wichtig, weil »eine lange Nase (...) im Notfall, wenn kein Blasebalg bei der Hand ist, sehr gute Dienste leiste«, selbsttätig »das Feuer anzufachen«.[45]

Im engeren Herrschaftsbereich des Tissot-Rousseauschen Syndroms erneuert Graf Mirabeau die antike Theorie von der pathogenen Wirkung unzureichender Samenentleerung. Und Diderot, der es in der Fortsetzung des Gespräches mit d'Alembert unerhörterweise riskiert, seinen Doktor Bordeu zusammen mit einem weiblichen Wesen der guten Gesellschaft die Verbindungen zwischen Physik, Moral und Poesie erörtern zu lassen (s. S. 165 ff.), würdigt die »Akte der solitären Befriedigung« dabei als ebenso gesunden wie vergnüglichen Aderlaß: Die Maxime der Selbstentleerung bleibt als kynisch inspirierte Erbschaft.

Trotzdem entscheidet sich selbst bei Diderot der betont »gesunde Menschenverstand« letzten Endes wieder gegen die »nutzlosen« autoerotischen Akte: Gemäß der ins Sexuelle übersetzten Doppelformel der Horazischen Poetik muß das Vergnügen auch nützen. Auch Diderots Sensualismus entgeht nicht dem bürgerlichen Kampf gegen die verschwenderische onanistische Einbildungskraft.

Der anonyme Enzyklopädie-Artikel »Manstupration« von 1765 (s. S. 172ff.) toleriert zwar die episodische Onanie und läßt es in bezug auf die kynischen Maximen bei einer eher beiläufigen Rüge bewenden; ja, den Onanisten wird ein gelegentlich durchaus »fröhlicher Stumpfsinn« bescheinigt. In dem Maße aber, wie die Freuden kohabitativer Sexualität gefeiert werden, bricht über die solitären das schauerliche Tissotsche Strafgericht herein.

Auch Voltaires Schriften und Briefe, am deutlichsten der Artikel »Onan, Onanisme« im »Dictionnaire philosophique«, setzen den antimasturbatorischen Kampf mit Tissot entschieden fort – bemerkenswert allenfalls, daß Voltaire sich die Kühnheit leistet, Onan ausdrücklich als Mitglied des Stammbaums Jesu anzuerkennen. Wenn Voltaire freilich im selben Atemzug mit allem Nachdruck gegen die katholische Keuschheitstradition polemisiert, weil sie keinen oder nur einen perversen Gebrauch von den natürlichen Kräften des Menschen macht, dann wird bei ihm wie bei Rousseau und Diderot ein Stück »Dialektik der Aufklärung« faßbar, das diesen mißbrauchten Titel tatsächlich verdient: Keiner dieser Aufklärer ist pathologischer Fleischfeindlichkeit verdächtig. Im Gegenteil: Aufklärung heißt für sie alle auch Ausgang aus sexueller Unmündigkeit, Emanzipation des Fleisches. Zugleich aber wird eine neue »natürliche Moral« etabliert, die auf den kategorischen Imperativ der sexuellen Kommunikationsgemeinschaft festgelegt ist und aufgrund ihrer instrumentellen Obsession den »lebenswidrigen Gebrauch der Geschlechtsorgane« (Kant) nur als den der Geschäftsorgane verstehen kann.

Ja, diese sexualmoralische Dialektik der Aufklärung erreicht selbst die Revolution: Wegen drohender »Reibereien« und unvermeidlicher manueller Kontakte, welche die »Culottes« verursachen, propagiert die revolutionäre Kleiderordnung eine Art von antionanistischem Sansculottismus.[46] Und im Prozeß gegen Marie-Antoinette spielt auf Betreiben des terroristischen Tugendboldes Robespierre, aber auch des sozialrevolutionären Hébert, der Vorwurf, sie habe ihren achtjährigen Sohn Louis-Charles zur Selbstbeschmutzung angeleitet, eine bedeutende Rolle.[47] Wie von der widernatürlichen Doppelmoral der Kirche, so grenzt sich die aufgeklärte revolutionäre Moral hier von einer perversen Aristokratie ab, deren Lustsucht keine Grenzen kennt. Die luxurierende Verwirtschaftung aller nationalen Güter einschließlich der sexuellen ist das Stigma einer morosen Klasse, die sich in jedem Sinne gehenläßt.

In psychopolitischer Hinsicht ist der Gewinn dieser doppelten Abgrenzung gegen die befehdeten Mächte des Ancien régime zweifellos beträchtlich. Die von den Moralmedizinern so innig gewünschte »roborierende«, stärkende Kraft kann man der neuen »natürlichen Moral« in diesem Sinn nicht bestreiten. Der Emanzipationsgewinn aber wird sofort wieder mit einem neuen Zwang: eben dem zum Selbstzwang, »bezahlt«.

Diese Permanenz des Zwanges zeigt sich höchst sinnenfällig, wenn im Zuge der antionanistischen Kriegführung der nachwachsenden Jugend förmliche Ritterrüstungen angelegt werden, um ihr den Zugriff auf das Territorium des eigenen Leibes zu verwehren; wenn sich also bis in die tragikomische äußere Mimesis hinein das aufgeklärte Bürgertum im Kampf gegen die Onanie gleichsam refeudalisiert. Kriegführung – so oder so – muß nun einmal sein.

Das freilich paßt wiederum durchaus zum weiteren Gang der soziohistorischen und politischen Dinge. In nachrevolutionären Zeiten ist selbst ein Napoleon gezwungen, mit der wegweisenden Geste des Zeitalters die Lage seiner Herrscherhand demonstrativ nach oben zu verschieben. Täte er es nicht, so ginge vermutlich ebensowohl die Herrschaft wie die Selbstbeherrschung verloren. Und diese geglückte Verschiebungsleistung führt schon auf jene heilige Allianz von bürgerlicher Moral und nationalstaatlicher Dressur, die dann die antionanistischen Disziplinierungsversuche des 19. Jahrhunderts reguliert. Mit dem Bild des selbstbeherrschten, des männlichen Mannes nämlich, das schon innerhalb des Tissot-Rousseauschen Syndroms den tendenziell geschlechtsindifferenten Onanie-Ruinen entgegengestellt worden war, wird die Zu- und Aufrüstung ebenso für den Kampf gegen den inneren wie gegen die äußeren Feinde betrieben[48]: In jedem Sinn sind Herrschaftsaufgaben gestellt. Es ist kaum ein Zufall, daß der antionanistische Pädagoge J. F. Bertrand, bereits 1775 Begründer eines privaten Wachsfigurenkabinetts, das aus kastrierten, infizierten Horrorgestalten eines Lasters bestand, welches ob seiner besonderen Invertiertheit allemal, wenn nicht der Subversion, so jedenfalls der Obstruktion schuldig war, dieses »erste Museum der bürgerlichen Moral« dem Schutz Napoleons anbefohlen hat.[49] Noch Krafft-Ebing wird gegen Ende des Jahrhunderts die Onanisten wie die Homosexuellen ob ihrer fehlenden Eroberer-Qualitäten verweichlichte Feiglinge nennen.[50]

Folgerichtig wird der Kampf gegen die Onanie im Laufe des 19. Jahrhunderts auf ebenso heroische wie barbarische Weise intensiviert. Das Horrorszenario der zunehmenden Verkeuschung reicht von den tradierten Fesselungstechniken, die von der Schreberschen Pädagogik perfektioniert werden[51], bis zu sadistischen medizinischen Torturen. Ein aufschlußreiches Beispiel, das in eklektischer Weise die Impulse des achtzehnten Jahrhunderts mit denen des neunzehnten zusammenfaßt, bietet der Artikel »Onanie« in der weitverbreiteten »Allgemeinen Encyklopädie der Wissenschaften und Künste« von Ersch und Gruber (s. S. 183 ff.). Pädagogische und moraltheologische Rationalisierungen mischen sich mit wissenschaftlichen (medizinischen, soziologischen) und patriotischen. Der »Onanit«, die »Onanitin« wird von einer subkutan antisemitisch untertönten Seelsorge als umfassende Projektionsfläche entdeckt. Während vom Alten Testament, aber auch von einigen Protagonisten der Onanie-Inquisition nach Einschätzung des Enzyklopädisten unverhoffterweise Verführung ausgehen kann, verspricht eine entschieden »stählende Lektüre«, Körner und Kleist, Goethes Götz und Schillers Tell als Heroen der Selbstertüchtigung dienstbar zu machen: Klassik als antionanistische Lektüreempfehlung. Irritierend nur, daß selbst Männer, die »Schwert und Geschoß ohne Tadel führten«, ebenso von der Realität des Weibes enttäuschte Idealisten der »Geistentadelung« fähig sind; angesichts solcher Fälle ist eine humane Vorsicht im Umgang mit den »Onaniten« angezeigt. Ansonsten aber gestatten allenfalls »Kunstgeschwüre« und »künstliche Eiterungen«, auf die Radikalkur der Infibulation zu verzichten. Das ist der neue Typ von Homöopathie: Die Heilkunst setzt den »Onaniten« das, was sie sind: ein Geschwür, dem der Eiter als Stellvertreter des Sekrets entrinnt.

Verglichen mit dem freilich, was vierzig Jahre später der hochangesehene französische Arzt Thésée Pouillet als Kurangebot für den weiblichen Onanismus unterbreitet, sind selbst derartige Attacken nur Prolegomena zu einer jeden künftigen Moral, die als Wissenschaft wird auftreten wollen. Hier, mit der Konsequenz des vollendeten Szientismus, zeigt sich der unaufhaltsame Fortschritt der

Moderne. Mit Pouillets »Synoptischer Tafel« (s. S. 192 f.) wird in luzidester Ordnung und Systematik ein lückenloses nosographisches Netz über die Formen, Ursachen, Symptome und Folgen des Onanismus geworfen, aus dem es kein Entkommen mehr gibt. Die Therapie schreitet von der Kur über die Repression bis zur Amputation fort.

Blickt man von hier wieder auf die Ketzer- und Hexenverfolgungen des christlichen Mittelalters zurück, so verläuft die Onanie-Inquisition nur wenig milder: Wie dort zur angeblichen Seelenrettung der DelinquentInnen die Körper gefoltert oder ganz vernichtet wurden, so hier deren geschlechtliches Teil. Und Pouillet ist durchaus repräsentativ für das, was die Onaniechirurgie von Gesamteuropa bis in die USA mit eigenen Standesorganisationen, die auf das einschlägige Schneiden und Brennen spezialisiert waren, praktiziert hat. Die Kastrationsphantasien, die Gogol in der »Nase« auf den von Sterne eröffneten Wegen so skurril ausfabuliert, oder auch die Kinderbuchschrecken des »Struwwelpeter«, werden vom realmedizinischen und -moralischen Terror bei weitem überboten. Freuds »Kastrationsangst« erweist sich jedenfalls nicht zuletzt im Kontext der Onanie-Inquisition als Realangst. In summa: Hat die antionanistische Bewegung in ihren Anfängen von der Krankheit und dem Laster der Onanie kurieren wollen, so versucht das 19. Jahrhundert sie mit Klitoris und Penis auszurotten. Ein Vernichtungskrieg!

Die schlimmen Einzelheiten kann man sich sparen. Aus den eingangs beschriebenen Gründen konzentriert man sich ohnehin besser auf die komplexeren Manifeste und dabei wieder eher auf die Texte der Opfer als die der Täter sowie auf die ersten Anzeichen einer entschiedeneren Gegenbewegung. Allerdings bleiben auch hier die Überraschungen nicht aus. Einer der großen Autoren zum Beispiel, der sonst in Fragen der Physik und Metaphysik der Sexualität zu den Vorurteilsloseren zählt: Schopenhauer, kann seine Bindung an die Tradition und die aus ihrem Geist empfangenen wollüstig-höllischen Traumata so wenig verleugnen, daß selbst er der antionanistischen Bewegung gelegentlich seinen Tribut entrichtet. Seine verstreuten Zeugnisse sind gerade in ihrer Ambivalenz bezeichnend (s. S. 194 ff.). Im handschriftlichen Nachlaß von 1814 spricht er auf den Wahnsinnsspuren Hölderlins und Kleists, im Widerspruch zu dem immerhin »fröhlichen Stumpfsinn« der »Ency-

clopédie«, den Onanisten unter den Wahnsinnigen die diesen sonst
eigentümliche »seeligste Ruhe« und Heiterkeit ab. Den Willen zur
Erkenntnis lassen sie, die allein den Leib bejahen und insofern als
»bloße Pflanze« noch unter den Tieren anzusiedeln sind (Manuskripte 1815), sowieso vermissen. Ihre höheren Vermögen schwächen sie gemäß einem obszönen Vergleich der Farbenlehre durch
die willkürliche Anstrengung ihrer Phantasie gravierend[52]; der philosophische Aufklärer, der an »mehr Licht« interessiert ist, weiß:
Onanieren ist wie Lesen im Dunkeln. Und da Samen, Rückenmark
und Gehirn gemäß den tradierten Mythen der Medizin in enger Verbindung stehen, heißt Samenverschwendung Gedächtniszerrüttung
(Nachlaß 1821). Der mit letzterer in Verbindung gebrachte Wahnsinn[53] tritt prinzipiell mit der Onanie in eine augenfällige Konjunk-
tion.

Diese Verdikte hindern zwar nicht, daß sich für Schopenhauer
später (Brieftasche 1822) der Unterschied zwischen einem realen
Koitus und der Vorstellung, die zur Pollution führt, als bloß relativer darstellt: Im Grunde geht es immer nur um den Willen *zur* Vorstellung. Und gegen Kant überläßt Schopenhauer die Debatte über
die angeblichen »Pflichten gegen uns selbst« mehr einer von Tissot
her inspirierten Diätetik als der Ethik. Trotzdem hält er die von
Kant vorgegebene Nachbarschaft von Selbstmord und Selbstbefriedigung aufrecht. Und sein Schlußwort im zweiten Band der »Parerga« von 1851 erneuert noch einmal ausdrücklich die »Verdammlichkeit aller widernatürlichen Geschlechtsbefriedigungen«, und
zwar mit einer ebenso paradoxen wie originellen Argumentation:
Gerade weil hier die »Propagation«, der Schöpfdienst verweigert
wird, wird die Möglichkeit der Verneinung des Willens zum Leben
nicht offengehalten. Nun ja, warum sollte man die auch offenhalten,
wo man sexualpraktisch längst mit dem Willen zum Leben abge-
schlossen hat...

Unter diesen Voraussetzungen ist es nicht unangemessen, daß
Nietzsche seine erste Begegnung mit Schopenhauer, nach dem Modell des augustinischen »Nimm und lies!« stilisiert, mit »leiblichen
Peinigungen« in Verbindung bringt, aus denen sich dann die Attrak-
tivität der Selbstheiligung, die Neigung zur Selbstverneinung, Selbstverachtung, Selbstzernagung plausibel erklärt (s. S. 199 ff.). Der
»Selbstkenner« und »Selbstthenker« Nietzsche weiß, warum er das

Bett nur für vier Stunden aufsuchen darf und der verbale »Erguß« eines »lebhaften Mannes« die Stellvertreterrolle übernehmen muß.

Die frühe autobiographische Aufzeichnung vom August 1859 (s. S. 199) gestattet den entsprechenden Rückblick auf die antionanistische Pädagogik von Schulpforta: Der Schlangentraum des Fünfzehnjährigen mit dem Griff an den Kopf des Tieres gibt sich als Reflex der einschlägigen Fesselungstechniken zu erkennen. Die Nietzsche-Forschung könnte seit diesem stupenden Zeugnis einen der Beweggründe kennen, aus denen das Schlangen-Symbol bei Nietzsche eine so wichtige Rolle spielt. Ja, es ist generell nicht zuviel behauptet, daß das Onanie-Thema zentral sowohl für das Werk wie die Biographie Nietzsches ist.

Die Forschung hat zum Beispiel lange und intensiv darüber gestritten, was es mit jener »tödtlichen Beleidigung« auf sich hat[54], die die Ursache, mindestens der Anlaß des endgültigen Bruches zwischen Nietzsche und Wagner geworden ist. Der im folgenden erstmals ungekürzt dokumentierte Briefwechsel zwischen Nietzsches Arzt Dr. Eiser und Wagner bzw. Hans von Wolzogen; zwischen Nietzsche und Köselitz (Peter Gast); schließlich das entscheidende Zeugnis von Nietzsches ehemaligem Studenten Eugen Kretzer (s. S. 201 ff.) lassen aber keinen Zweifel daran, daß Nietzsche sich durch Wagners öffentlich gemachten Onanie-Verdacht und die sexualmoralische Abwertung seiner »veränderten Denkweise« »tödtlich« beleidigt fühlte – um so mehr natürlich, als er befürchten mußte, zugleich seine Männlichkeit gegenüber Lou Andreas-Salomé und Cosima Wagner bloßgestellt zu sehen. Erst auf dem Hintergrund dieser Beleidigung gewinnen die beleidigenden ideellen Aspekte des Bruchs – Wagners »Zurückgehn und -Schleichen zum Christenthum und zur Kirche«[55] – ihre spezifische Schärfe: »(...) meine ganze Jugend (...) schien mir befleckt.« Der Generalangriff auf Wagner in der dritten Abhandlung der »Genealogie der Moral« richtet sich nicht umsonst gegen seine neuerworbenen »asketischen Ideale«, mit denen nur »verunglückte Schweine« dazu gebracht werden können, den Gegensatz zu sich: die Keuschheit, anzubeten, weil sie das labile Gleichgewicht zwischen Tier und Engel nicht wahren können. Die philosophischen Aspekte der »tödtlichen Beleidigung« sind also sexualmoralisch zu grundieren.

Im einzelnen: Zunächst liefert Eiser gegenüber Wagners Adlatus

Hans von Wolzogen unter Bruch des Arztgeheimnisses eine neurologische und ophthalmologische Diagnose von Nietzsches Leiden – mit der Empfehlung *»gänzlichen* Enthaltens« vom Lesen und Schreiben: als ob Schopenhauers obszöner Vergleich aus der Lehre »Ueber das Sehn und die Farben« unterschwellig Pate stünde. Wagner indessen bringt diese verdächtige Symptomatik mit bekannter Direktheit auf den Begriff, weiß er doch, worunter »junge Männer von grosser Geistesbegabung« öfters leiden. Aus der Enthaltsamkeits- wird eine Heiratsempfehlung mit dem obligatorischen Hinweis auf eine begleitende Hydrotherapie. Und dabei fällt, von verwandten eigenen Erfahrungen inspiriert, just jenes Stichwort, das in atemberaubender Weise Nietzsches zentralem Gedanken aus dem Sommer 1881 präludiert: Wagner wünscht die »Nie-Wiederkehr« aller einschlägigen »Plagen«. Nietzsche wird sich dagegen von der positiven Bejahung der »Ewigen Wiederkehr des Gleichen« Heilung und Erlösung versprechen: »Wohlan denn, noch einmal«!

Eiser wiederum signalisiert zwar Vorbehalte gegen Wagners Mutmaßungen, zumal Nietzsche nach glaubwürdiger eigener Auskunft die »Fähigkeit zu normaler Befriedigung des Geschlechtstriebs« nicht fehlt. Dann aber schwenkt Eiser doch auf die Deutung des Meisters ein: Die »Entscheidung der Onanie-Frage« – so die geradezu programmatische Formulierung – ist bis zur »Überführung« des Patienten voranzutreiben, vielleicht am Ende mit der Stiftung einer segensreichen Ehe: Der Wagnerianer Eiser adaptiert auf seine Weise Wagners »Erlösung durch das Weib«.

Der Neurastheniker Nietzsche indessen sieht sich im Behandlungszimmer Eisers mit Wagners Diagnose »unnatürlicher Ausschweifungen, mit Hindeutungen auf Päderastie« konfrontiert. Diese Doppelformel ist nicht tautologisch mißzuverstehen. Die durch das meist überlesene Komma abgetrennten »unnatürlichen Ausschweifungen« meinen das Onanisten-Porträt, das, weil es noch skandalisierender ist, nicht näherhin benannt werden kann; die päderastischen »Hindeutungen« sprechen für sich selbst: Onanie und/oder Homosexualität? – das ist nur noch die Frage. Und Nietzsche reagiert so betroffen, wie er sich, immer noch schmerzhaft gefesselt von den moralischen Vorurteilen seiner Herkunft, getroffen fühlen muß: Zu sehr war der von seiner Familie verworfene Pastorensohn durch die Dressur der Naumburger und der Pfortenser Tugend gegangen, um seinen Stachel im Fleische ertragen zu können und derlei Diagnostik nicht mit Raserei zu beantworten.

Schlechtes Gewissen und Revolte treiben ihn denn auch in seiner Philosophie gleichermaßen um, die verzweifelt um eine von der Moral nicht geschlagene Möglichkeit des Lebens kämpft. Die Einsamkeit, in der das »innere Vieh« wächst, wird einerseits, wie schon zitiert, als die »mater saeva cupidinum« beschworen. »Die Wüste wächst: weh dem, der Wüsten birgt! (...) *Vergiß nicht, Mensch, den Wollust ausgeloht: / du – bist der Stein, die Wüste, bist der Tod...*«[56]

Um so radikaler wird andererseits gegen »die Species der moralischen Onanisten und ›Selbstbefriediger‹« – das steht nur wenige Seiten nach dem Angriff auf Wagners »asketische Ideale« und das Keuschheitsgegrunze der »verunglückten Schweine«[57] – eine Umwertung aller, nicht zuletzt der sexualmoralischen Werte entfesselt. Das Konzept der »Ewigen Wiederkehr des Gleichen« ist *auch* der Versuch, sich gegen die »moralischen Onanisten«, gegen den Schlangenbiß des schlechten Gewissens, der die selbstbezügliche, die zirkuläre Geschlechtlichkeit nagend straft, in gleichsam homöopathischer Selbsttherapie mit sich selber zu versöhnen. Selbstbezügliche, zirkuläre Sexualität ist dabei keineswegs bloß ein Segment der Lust, sondern Lust wird durch diese Struktur geradezu definiert: »Die Frage bei allem, was du thun willst: ›ist es so, daß ich es unzählige Male thun will?‹ ist das *größte* Schwergewicht.« »(...) wie müsstest du (...) dir selber gut sein um dies Gewicht nicht als höchste Last, sondern als höchste Lust zu empfinden.« »Lust (...) will nicht Erben, nicht Kinder, – Lust will sich selber, (...) will Wiederkunft.«[58]

Die Freiheit, die Nietzsche sich mühselig und angestrengt im Kampf gegen das Schwergewicht seiner moralischen Mitgift erwirbt, hat sich die souveräne humoristische Tradition von Sterne über Lichtenberg bis zu Mark Twain nie nehmen lassen. Die 1879 vor dem Pariser »Stomach«-Club vorgetragenen Gedanken Twains »zur Wissenschaft des Onanismus« zeigen das auf das schönste (s. S. 213 ff.). Freilich waren sie eben deswegen lange Zeit nur in englischen Privatdrucken zu lesen; hier werden sie erstmals in einer deutschen Übersetzung zugänglich gemacht.

Mit perverser Gelehrsamkeit, die aus einem unerschöpflichen fiktiven Zitatreichtum schöpft, entrichtet Twain den Autoritäten der uralten Wissenschaft des Onanismus seinen Tribut – von Homer bis zu den zeitgenössischen Experten; von Zulu-Heroen über die robinsonierenden Pioniere der Einsamkeit bis zu den königlichen Bollwerken der Jungfräulichkeit. Für die Geschichte der Evolution bietet die Onanie das lange gesuchte Mittelglied zwischen Mensch und Affe: Twain ist weit davon entfernt, das auf ihr lastende Animalitätstabu zu erneuern, und nimmt so die Autoren der Gegenwartsliteratur, welche die Onanie als Tierwerdung des Menschen und Menschwerdung des Tieres feiern (Michel Leiris, Heiner Müller), vorweg.[59]

Im übrigen erhält die detektorische Virtuosität der Onanie-Inquisition ihr parodistisch Teil: Nichts, was nicht auf die Onanie wiese. Demgemäß ist Twains Abmahnung von dem Übel aller Übel so ironisch, daß man sie eher als Empfehlung eines onanistischen Wissenschaftsrates lesen kann. Das ehrwürdige Alter dieser »edlen Kunst« belegt jedenfalls im Gegensatz zu allen Todesversprechungen ihre erstaunliche Lebenskraft.

Mit demselben Witz gibt Flaubert seine beiden pädagogischen Heroen Bouvard und Pécuchet dem Gelächter preis (s. S. 219 f.); in der »Versuchung des heiligen Antonius« bietet er mit dem verzweifelten Versuch des Eremiten, sich gegen die allgegenwärtige Fixierung auf das viehisch-höllische Laster zu behaupten, das ernsthaftere Pendant.

Die philanthropinische Lehre, Tissot und Rousseau stehen in »Bouvard und Pécuchet« wieder Pate für die bewährten antionanistischen Schutzmittel vom Bandagieren bis zur gezielten sportlichen Ertüchtigung. Am Ende aber sind es wie schon im Falle Hölderlins statt des Zöglings die Pädagogen, die das bekannte Erschöpfungsbild des Onanisten aufweisen: Die Strafe folgt der Tugend auf dem Fuße.

Mit erheblich schlimmeren Konsequenzen geht auch Strindbergs Erzählung »Der Lohn der Tugend« aus dem Zyklus »Heiraten« von diesem Erfahrungssatz aus (s. S. 221 ff.). Die Reinheitsgebote, die der dreizehnjährige Theodor Wennerström von seiner geliebten Mutter empfangen hat, sind der Schlüssel, jene mythologisch-botanische Geschichte zu verstehen, die aus schönen Narzissen ein ekliges

Krankheitsbild macht. Ein dünnblütiger Theologe komplettiert die mütterliche Mitgift mit der traurigen Botschaft der antionanistischen Tradition: Dem sexuell allwissenden Gott gegenüber gibt es auch in den Träumen kein Entkommen. Und hienieden scheinen nur noch Hospital, Irrenhaus oder Gefängnis zu bleiben.

Der potentielle jugendliche Übeltäter indessen leidet nicht an Lasterhaftigkeit, sondern just daran, daß er die verinnerlichte Moral auf das strengste beobachtet. Selber zum Theologen werdend, vom Homosexualitätsverdacht verfolgt, rettet er sich in eine segensreich gestiftete Ehe. Aber auch deren Frucht sieht eben so aus, wie es die Onanie-Inquisition für Onanisten-Gewächse vorschreibt. Und so ergibt sich am Ende das schöne Resultat, daß der Gerettete, aussehend wie das wandelnde Mahnmal eines Onanisten und doch rein, an seiner Reinheit stirbt. Das kann man gewiß ein sarkastisches Loblied auf den »Lohn der Tugend« nennen. Der Blasphemie-Prozeß, den diese Erzählung Strindberg eingetragen hat, ist wohl auch als stellvertretende Verurteilung seines Verstoßes gegen die Reinheitsgebote zu werten.

Daß Strindbergs geschlagener Held darüber hinaus aber nicht an inzestuös bedingter Onanie, wie es die orthodoxe Psychoanalyse gerne will, sondern an inzestuös bedingter *Bekämpfung* der Onanie stirbt, das ist eine heute womöglich noch provozierendere Pointe. Der Ödipus-Komplex also in der Onanie-*Abwehr*. Oder, prinzipieller gesagt: Die antionanistische Moral ist die Möglichkeit, auf reine Weise mit der Mutter zusammenzusein.

Dafür enthüllt sich in Leo Tolstojs »Kreutzersonate« wiederum das ganze Grauen dessen, was auf dem Boden der Amoral ist (s. S. 229). Während Rousseaus sultanische Phantasie noch über das ganze weibliche Geschlecht verfügte, fühlt sich Tolstojs zu 99 % verdorbene Jugend von diesem Geschlecht in seiner Gesamtheit gepeinigt: Der Onanist ist der umgekehrte Idealist, dem alle Frauen zum fatal umfassenden Urbild zusammenfließen. Allerdings erhält er mildernde Umstände: Bisher hat er nur an sich selber Hand angelegt. Das kleinere und das größere Übel der Tradition können gelegentlich die Plätze tauschen.

Fast gleichzeitig ist die provozierende monodramatische Szene Hänschen Rilows in Wedekinds »Frühlings Erwachen« entstanden (s. S. 230ff.), die denn auch bald mit einem Verbot durch die Theaterzensur ihren Lohn gefunden hat. Dem frühreifen Hänschen, das es gewohnt ist, sich – mit unfreiwilligen Leihgaben von Vater und älterem Bruder – nach den Vorlagen der hohen bildenden Kunst zu befriedigen, setzt noch die Venus von Palma Vecchio eine Keuschheit entgegen, die es in aussichtslose Ausschweifungen hineintreibt: Selbst im Reiche der Onanie, sofern sie sich an bestimmte Bilder bindet, droht Versagung. Und so will es »die Sache«, wie es fünfmal lakonisch heißt, das ist die unter dem Konferenzzimmer-Bild Rousseaus drohende Rückenmarksdarre, daß Palma Vecchios Venus am traditionellen Ort ihrer Siege den Weg aller Ausscheidungen geht – bis sie in der Wiederkehr der Gleichen eine andere ersetzt. »Notwehr gegen mich« lautet der prägnante Freispruch für den neuen Blaubart.

Mit dieser Formel, dem vertrauten Krankheitsbild des Onanisten und der Diagnose, daß nur die sexuell beschränkte Gelegenheit onanistische Bilderdiebe und Bilderliebe macht, bietet das Drama das Porträt einer Jugend, die sich selbst in ihren aufmüpfigeren Vertretern noch nicht der moralischen Tradition entziehen kann. Der Freimut aber, mit dem Wedekind unter Mißachtung aller Gattungs- und Moralgrenzen die Onanie auf die Bühne bringt, und zwar in jenem Gemach, das stets das Lieblingsziel der Onanie-Inquisition war, zeigt den entschlossenen Tabubruch. Mit dem priapial-besinnungslosen Wollustgeschrei Moritz Stiefels nach der Begegnung mit dem Malermodell Ilse setzt Wedekind diese Provokation auch in den Folgeszenen fort.

Wedekind steht so schon für jene Gegenbewegung, die seit der Jahrhundertwende wenigstens teilweise für eine Befreiung vom Terrorismus der Onanie-Inquisition sorgt. Dem kann sich selbst eines der einschlägigen Standardwerke – Hermann Rohleders »Die Masturbation«[60] – so wenig entziehen, daß sein Autor Auflage für Auflage zu spürbaren Milderungen seiner unfrohen Botschaft gezwungen ist.

Ohne das Verdienst einzelner Autoren wie etwa des französischen Mediziners J. Christian mindern zu wollen, der bereits 1881 den Hypothesen der medizinalisierten Moral prinzipiell widerspricht, sind besonders der entstehenden Psychoanalyse entscheidende Emanzipationsimpulse zu danken. Kein Zufall, daß die Wiener psychoanalytische Vereinigung auf einem ihrer frühen Vortragsabende Wedekinds »Frühlings Erwachen« als »verdienstvolle Schrift« gewürdigt hat (s. S. 233 ff.).

Allerdings dokumentiert das Diskussionsprotokoll auch, wie sehr selbst die psychoanalytischen Pioniere noch von den Denkgeboten und Verboten der Tradition geprägt sind. Ihre Kompromißbildungen gehen dahin, daß sie die Onanisten statt der Hölle der Couch überantworten. Orientiert an der schönen Vorstellung einer »normalen Sexualität«, schreiben sie sinnreicherweise der am weitesten verbreiteten Form sexueller Befriedigung Abnormalität zu. Persönliche Injurien dürfen unter solchen Umständen nicht fehlen: Wie die Adepten des einsamen Lasters scheint auch Wedekind seinen Beruf darin zu sehen, zugrunde zu gehen – womit es sich freilich schlecht verträgt, daß Freud im Verlauf der Diskussion den Selbstmord als *Negativ* der Selbstbefriedigung versteht und im übrigen höchste Anforderungen an den Autoerotiker stellt: Wenn er sich nicht ohne Bilder, also gleichsam »auswendig« befriedigt, ist er keiner!

Zur Dechiffrierung der wahren Natur von König Ödipus und der Examensfrage der Sphinx tragen die Wiener Beiträger wiederum einen der Leib- und Magensätze der antionanistischen Tradition bei: den vom Gedächtnisverlust. Bei dieser altvertrauten Symptomatik ist auch der Weltschmerz des Onanisten eine feste Größe. Eine monströse Masturbationsstrafe wie die »Kindermißhandlung im *Sack*« analysieren die Beiträger zwar zutreffend als Zweiteilung des kindlichen Körpers; ihr pädagogisch gewendeter Sozialdarwinismus weiß aber, daß einige Individuen nun einmal an der kulturellen Sexualverdrängung zugrunde gehen müssen: Wohl dem, der der Sexualität und ihren Qualen möglichst lange ferngehalten wird!

Ungeachtet aller sexuellen Liberalisierung, näher besehen gerade wegen des Odiums, das die frühen Analytiker auf sich lasten fühlten, hat man hier also bis ins Detail der Argumentation hinein mit fatalen Kontinuitäten zu rechnen. Das ist die Neuauflage der sexualmoralischen Dialektik der Aufklärung im bürgerlichen Zeitalter.

Immerhin kommt es in den Diskussionen der Wiener Psychoanalytischen Vereinigung, die 1912 zu einem ersten Sammelband über die Onanie zusammengefaßt wurden, in bezug auf die Frage nach der Schädlichkeit der Onanie zu aufschlußreichen Kontroversen. Sie sind besonders durch den Gegensatz zwischen Freud und seinen getreueren Jüngern einerseits, Wilhelm Stekel andererseits bestimmt, auch wenn man Stekels Konfrontation von »Onaniestaatsanwälten« und »Onanieadvokaten« nicht ohne weiteres auf die inneranalytische Szene übertragen darf.

Freuds Argumentation trägt spürbar die Spuren eigener Abwehrkämpfe, wie von der Biographik schon öfters beobachtet. Die Neurasthenie-Konzepte vor 1900; die folgenreiche Zusammenarbeit mit Wilhelm Fließ; die gemeinsamen therapeutischen Attacken auf die Nase als korrespondierendes Mitglied des Genitalapparates stehen unter diesen Vorzeichen. Wenn Freud in seinem Brief vom 22. Dezember 1897 (s. S. 238 f.) die Masturbation als »die ›Ursucht‹« bezeichnet, »als deren Ersatz (...) erst die anderen Süchte nach Alkohol, Morphin, Tabak etc. ins Leben treten«, dann heißt das wohl auch für ihn persönlich, daß ein wenig mehr von dieser »Ursucht« etwas weniger von der Sucht ermöglicht hätte, die ihm schließlich die heroische Mühsal seiner zwei letzten Jahrzehnte auferlegt hat.[61]

Auf diesem Hintergrund überraschen auch die inquisitorischen Metaphern von Freuds Fallgeschichten nicht: Wie seine Paladine läßt er es sich nur selten nehmen, seine PatientInnen der Onanie zu »überführen«.

Sachlich beharrt er auch nach 1900 darauf, daß die Onanie nicht bloß indirekt pathogen, sondern unmittelbar schädlich sei. Ausgenommen werden dabei zwar die Säuglings- und die Kinderonanie; die Pubertäts- und besonders die Erwachsenen-Onanie aber erhalten ihr gerüttelt diagnostisch Teil. Bei einer sonst unheilbaren Freud-Verehrung kommentiere ich einige der Argumente, die er im – öfters unfreiwillig komischen – »Schlußwort der Onanie-Diskussion« vorgetragen hat (s. S. 239 ff.), in ungerecht vereinfachter Form und mit gelegentlich etwas ironischen Lizenzen.

Somatisch gilt Freud die Onanie als inadäquate Triebabfuhr, bei der toxisch wirkende Reste zurückbleiben. Er legt also die antike Maxime gehöriger Entleerung im Sinne der puritanischen Onanie-Bekämpfung aus. Die »toxische« Theorie ist dabei etwa so überzeugend wie die von den aus der Onanie erwachsenden Geschlechtskrankheiten.

Psychisch ist die Onanie doppelt regressiv: Sie fixiert auf die infantilen Sexualobjekte und auf infantile Methoden der Befriedigung. Ihre »psychische Vorbildlichkeit« – ein immerhin ambivalenter Terminus – gewöhnt das Individuum, Befriedigung ohne Veränderung der Außenwelt, also gleichsam durch »Kurzschluß« zu erreichen. Mit anderen Worten, wieder die puritanische bürgerliche Ethik: Der Mensch, auch der *homo eroticus*, dem Freuds Jünger Hitschmann deswegen so etwas Schönes wie eine »heroische Sexualität« zuschreibt, muß arbeiten. Der verweichlichte und verwöhnte Onanist aber, der nach einer schon vermerkten zyklischen Argumentationsfigur von der orthodoxen Psychoanalyse gerne unter Homosexualitätsverdacht gestellt wird, wie Homosexualität umgekehrt unter Onanieverdacht steht, schafft nicht und nichts. Oder, mit einer noch ungedruckten Variante der elften Feuerbach-These gesagt: Die Onanisten haben die Welt immer nur auf die gleiche Weise interpretiert; es kommt aber darauf an, sie zu verändern. Und damit ist die Onanie nicht nur wie für Stekel ein »asozialer«, sondern ein antisozialer Akt. Sie favorisiert die autoerotische Phantasie gegenüber den nun einmal lustloseren Prinzipien der kommunikativen Realität, macht so süchtig und schließlich impotent – selbst wenn das mitunter hilfreich ist, weil es potentielle »sexual maniacs« erfolgreich auf mäßige und verläßliche Bürger herunterbringt. Nur gelegentlich gestattet es sich Freud einmal, den »Spieß« mit Karl Kraus umzukehren: »Der Koitus ist nur ein ungenügendes Surrogat für die Onanie!«[62] In der Regel hat er keinen Zweifel, in welche Richtung der Spieß zu weisen hat.

Die unterschwellige Normativität und Teleologie dieser Sichtweise kann man so wiedergeben: Ihr Telos ist der potente, aber nicht zu potente, arbeitsame, entsagungswillige verheiratete Erwachsene, sagen wir mittelreifen Alters. Ihre Norm ist die Normativität des Realitätsprinzips und der kategorische Imperativ der sexuellen Kommunikationsgemeinschaft.

Allerdings war das schon zur Zeit Freuds nicht *die* Psychoanalyse. Bereits die Onanie-Debatte von 1928 zeigte ein beträchtlich verändertes Bild. Der »Onanieadvokat« Stekel hatte ohnehin sehr bald andere Positionen vertreten (s. S. 246 ff.). Mit einer Fülle energischer Formulierungen und riskanter Thesen, die kaum einen Neurasthenieverdacht in bezug auf den Autor aufkommen lassen, kehrt er den Lieblingswahn der »Staatsanwälte« um: Nicht die Onanie selber, sondern ihre moralische, religiöse, pädagogische Versagung ist es, die krank macht. Sonst müßte eigentlich die ganze Menschheit krank sein, denn: »Alle Menschen onanieren« – zumindest, wenn man die »larvierte«, die unbewußte Onanie miteinbezieht. »Alle Menschen«, unter anderem auch die Ärzte, wie Stekel seine Kollegen und sich pikanterweise erinnert. Kurz, der »asoziale« Geschlechtsakt ist zugleich der normalste – so die schöne Paradoxie –, wenn es nicht überhaupt abwegig wäre, eine sexuelle Normalität zu konstruieren.

Entsprechend dieser Umkehrung ändern sich auch die Krankheitsbilder: Die Krankheit bricht aus, wenn die Onanie *aufhört*. Wie bei Flaubert und Strindberg, unfreiwillig auch bei Hölderlin, implizit bei Nietzsche, entpuppt sich der »bleiche Verbrecher« als weit gesünder denn der erotische Sparsamkeitsfanatiker, der seine Lebenskraft verschwenderisch brachliegen läßt; möglicherweise ist er gar ein »sexueller Athlet«, dessen reiche Konstitution einfach mehr Triebabfuhr braucht, als die gesegnete Normalität sie bieten mag. Wenn die Onanisten trotzdem Schuldgefühle entwickeln, ja, die Onanie zum »Schuldreservoir für alle Schuld wird«, dann, abgesehen von der antionanistischen Indoktrination, vor allem deswegen, weil die sonst nicht lebbaren perversen, inszestuösen, homosexuellen Phantasien in die einsame Lust eingegangen sind. Die Onanie ist nichts Geringeres als die »via regia«, auf der das Unbehagen in der sexuellen Kultur kompensiert wird.

Andererseits hält selbst Stekel mit der Absage an die onanistische Regression wieder an normativen Vorstellungen fest. Und den Krankheitsgewinn aus dem Onanie-Tabu will er sich schon gar nicht entgehen lassen. So billigt er den »Onanie-Staatsanwälten« zu, daß sie mit den von ihnen geschaffenen Hemmungen auch die intensivsten Reize ermöglicht haben. In der instrumentellen Rechtfertigung der Schuld als Luststimulans kehrt das von Stekel sonst so befehdete teleologische Denken wieder, aus dem die Tradition gerade eine der zentralen Rationalisierungen ihrer Onanie-Feindschaft bezogen hatte. Aus dieser Perspektive weiß man am Schluß nicht mehr so recht, warum die psychoanalytische Aufklärung überhaupt die Menschen von ihrem Schuldbewußtsein befreien soll: »Alle Lust will Schuldigkeit...«?

Von diesem Grundsatz scheint ein Text aus nachanalytischer

Zeit, dessen Implikationen für die Onanie-Frage uns von Freud erschlossen worden sind, zur Gänze durchdrungen: Stefan Zweigs »Vierundzwanzig Stunden aus dem Leben einer Frau«: die Geschichte einer sexuellen Begegnung, die sich aus dem Onanie-Tabu nährt, zugleich aber gegen das Inzest-Tabu verstößt (s. S. 262 ff.).

Freud hat diese Erzählung als mit dem Bilde des Spielzwangs operierende antionanistische Erlösungsdichtung interpretiert (s. S. 278 ff.). Die verwitwete »Mutter«, die mit ihrem »Sohn« schläft, um ihn von der Spielsucht zu heilen, soll ihn eigentlich von der Sucht aller Süchte befreien. Doch dagegen ist letzten Endes kein Kraut gewachsen; weder die Hingabe der mütterlichen Therapeutin noch der Kirchensegen aus den Regionen des transzendenten Patriarchats machen aus dem hörigen Spieler wieder auf Dauer ein reines, engelhaftes Kind. Am Schluß geht er unwiderruflich verloren; paradoxerweise, indem er auf eine Vaterfigur setzt, die, wie es das Kastrationsschicksal unter den Bedingungen des Onanie-Syndroms fügt, einarmig ist. »Zero« lautet in jedem Betracht das Resultat des Nullsummenspiels.

Wie schon bei Hanno Buddenbrooks pianistischen Ergüssen ist der Eindruck tatsächlich kaum abweisbar, daß es sich hier um eine exzessive onanistische Deckphantasie handelt: Zweigs Psycho-Chiromantie und -Chiromanie sprechen eine zu obszöne Sprache. Entsprechend heftig ist die Abwehr, die das finale Geschick des Onanisten organisiert: Was dem einen Autor der Typhus, ist dem andern der Selbstmord.

Abwehr und Abgewehrtes sind bei Zweig freilich auf vertrackte Weise miteinander verquickt. Der Beischlaf mit der »Mutter« soll von einem Übel erlösen, das sich in erster Instanz der tabuierten Bindung an sie verdankt. Spielt die Hand ursprünglich die Mutter, so sucht die Mutter nun wieder die Hand zu ersetzen. Abwehr und Befriedigung, präziser: sekundäre Abwehr und primär Abgewehrtes fallen also zusammen. Damit zeigt sich – wie in Strindbergs »Lohn der Tugend« – der Ödipus-Komplex ebensosehr im Kampf gegen die Onanie, wie die Onaniephantasien primär ödipal bestimmt sein mögen. Mit dem fehlschlagenden Versuch der inzestuösen Erlösung von der inzestuös bedingten Sucht aber wird die Onanie unter allen Umständen als Übel fixiert. Und auch das mag Freud an Zweigs Erzählung fasziniert haben. Am Schluß steht bei ihm jedenfalls wieder die Gewißheit, daß es keine schwere Neurose ohne autoerotischen Hintergrund gibt.

Im Kontrast zu den theoretischen Verdikten nimmt sich Freuds eigene Onanie-Dichtung freilich relativ moderat aus. In diesem viel zuwenig bekannten Text – einer Onanie-Posse, die unter einem Nestroyschen Titel als Entwurf vorliegt (s. S. 281 f.) – hält Freud zwar weiterhin an der normativ-teleologischen Fixierung auf den reifen Erwachsenen und den kategorischen Imperativ der sexuellen Kommunikationsgemeinschaft fest: Auch diese k.u.k.-Parallelaktion will ganz entschieden in den Hafen der Liebe statt in die Fänge der Neurose. Trotzdem macht Freuds Skizze nicht irgendeine direkte Schädigung durch die Masturbation – das Lieblingstheorem des puritanischen Neurasthenie-Theoretikers! –, sondern »die höhere intellektuelle und moralische Erziehung des Ichs« für den pathogenen Konflikt verantwortlich. Hier ist Freud also weitgehend bei der von Stekel so entschieden vertretenen Position angekommen: Weh dem, der eine höhere intellektuelle und moralische Erziehung hat!

Diesem sarkastischen Schlußwort wäre eigentlich nichts mehr hinzuzufügen, wenn es nicht bis heute die Elogen psychoanalytischer Sexualphilister auf das gäbe, was die Wiener Beiträger einst so treffend den »korrekten«, den »vollwertigen Geschlechtsakt« genannt haben: sexuelle Vollwertkost von und für Büromenschen. Als Beleg mag ein amerikanisches Standardwerk zur psychoanalytischen Onanie-Forschung von 1975 genügen: »Emotionally healthy adults generally satisfy their sexual needs in love relationships with heterosexual partners.«[63]

Weit gesünder indessen noch jene »hingeordnete« Geschlechtlichkeit, auf die sich die eingangs zitierte Gattung der »Kleriko- und Eunuchogramme« in der Auseinandersetzung mit den Akten des Apostolischen Stuhls oder auch der »Liebesherrschaft« eines führenden Moraltheologen des deutschen Katholizismus[64] bezieht. Der stupenden Lebenskraft, die Mark Twain dem einsamen Laster bescheinigt, scheinen sich die ekklesiogenen Neurosen noch mehr zu erfreuen. Aber sie sind eher Stoff für die Therapie als Material für eine Dokumentation...

Anmerkungen

1 Eugen Drewermann: Kleriker. Psychogramm eines Ideals. Olten 1989.
2 Georg Denzler: Die verbotene Lust. 2000 Jahre christliche Sexualmoral. München/Zürich 1988.
3 Adolf Holl: Der Fisch aus der Tiefe oder Die Freuden der Keuschheit. Reinbek 1990.
4 Uta Ranke-Heinemann: Eunuchen für das Himmelreich. Katholische Kirche und Sexualität. Hamburg 1988. Die Autorin verdient inzwischen den Ehrentitel – das ist durchaus anerkennend gemeint! – einer »Beate Uhse der katholischen Theologie«.
5 Vgl. dazu Ludger Lütkehaus: »O Wollust, o Hölle« – in der Onanie-Literatur. In: Freiburger literaturpsychologische Gespräche, Bd. 10: Literatur und Sexualität, herausgegeben von Johannes Cremerius, Wolfram Mauser, Carl Pietzcker, Frederick Wyatt, besorgt von Wolfram Mauser. Würzburg 1991, S. 173–199.
6 Der handschriftliche Nachlaß. 1. Bd.: Frühe Manuskripte (1804–1818). Hrsg. Arthur Hübscher. Frankfurt/M. 1966, S. 1 f.
7 Musarion-Ausgabe. München 1928. Bd. XIII, S. 369.
8 Ebd., Bd. VIII, S. 7.
9 Vgl. Michel Foucault: Sexualität und Wahrheit. Bde. 1 ff. Frankfurt/M. 1986 ff. Auch in bezug auf den antionanistischen Diskurs hat Foucault indessen die gängigen Repressionsthesen vehement kritisiert. Seine Gegenthesen: Die Tabuisierung der Onanie, fern davon, das Exkommunizierte zu verschweigen, sei geradezu schwatzhaft beredt. Ein Geheimnis werde produziert, das zugleich Gegenstand eines exzessiven Willens zum Wissen sei und unter allen Umständen zum Reden gebracht werde. Das »Laster« des Kindes sei nicht so sehr ein Gegner als vielmehr ein »Stützpunkt«, die Repression zugleich Produktion, um die Sexualität zu integrieren in die »Ordnung der Dinge«, nur vordergründig ein »Sperr-dispositiv«.
Tatsächlich ist der ubiquitäre antionanistische Diskurs zumindest von einem entschiedenen Willen zum Reden bestimmt, wer auch immer dabei redet oder zum Reden gebracht wird. Die Schuld arbeitet dem Geständnis in die Hände. Eine verschwiegene Komplizenschaft zwischen Verfolgern und Verfolgten ist öfters massiv spürbar. Die Frage, ob die Verfolger das Übel, das sie angeblich nur bekämpfen, subkutan nicht auch erzeugen und erzeugen wollen, ist nicht so abwegig, wie sie angesichts der manifesten Diskurse scheint: Man darf alles, nur nicht Eindeutigkeit von der Moral verlangen.
Denkt man unabhängig von Foucault noch an die funktionale Logik der Schuldproduktion, sozusagen ihre »Teleo-Logik«, das heißt an den Be-

darf, den die uns bekannten Gesellschaften, Religionen, Institutionen an schlechtem Gewissen, an Schuldgefühlen haben, dann ist kaum abweisbar, daß die verteufelte Onanie zu deren Produktion ohne Frage ganz hervorragend geeignet ist, und zwar ebensosehr als verbotene Versuchung wie als vollzogener Sündenfall: gewissermaßen als »felix culpa«. Gibt es überhaupt ein idealeres Schuldreservoir als die von außen unkontrollierbare, unabhängigste und allezeit offenstehende Lust? Schließlich gehen Faszination und Fixierung unter allen Umständen mit der Repression einher. Die intime Teilhabe der Inquisitoren ist nur zu offensichtlich.

Andererseits sollte diese verschwiegene Komplizenschaft nicht überstrapaziert werden. So sehr auch das Laster als »Stützpunkt« in der Logik der Schuldproduktion liegen mag, ist die Repression doch blutig ernst zu nehmen. Keinesfalls ist das *Verbotene* zum *Gebotenen* umzutaufen. Erst wenn man die Repression ernst nimmt, erklärt sich die magische Obsession, aus der es kein Entkommen mehr vor dem intendierten Schuldgefühl gibt.

Blutig ernst nehmen muß man also die Sprache der Inquisitoren ebenso wie die gepeinigten Laute, in denen sich das Leiden der Opfer artikuliert (vgl. dazu die Kritik von Jean-Paul Aron und Roger Kempf an Foucaults Thesen in: »Le pénis et la démoralisation de l'Occident«, Paris 1978). Der Diskurskritiker sollte nicht allzusehr der Gefahr erliegen, der er gerne erliegt: zu klug, zu raffiniert zu sein und deswegen die subkutane Kollaboration von Repression und »Laster« zu überschätzen. Wenn die medizinalisierte Moral etwa zur Clitoridectomie und zur Infibulation fortschreitet, dann ist schwerlich noch ein Ort des Lasters als »Stützpunkt« zu entdecken. Gnadenloser, direkter könnte die Repression nicht sein. Auch Foucault spricht im ersten Band von »Sexualität und Wahrheit« (a.a.O., Bd.I, S.126) von einem förmlichen »Krieg gegen die Onanie«. Der Terminus »Onanie-Inquisition« hat den Vorzug, den »Willen zum Wissen« mit der brutalen Verfolgung zusammenzufassen.

10 Vgl. den in Anm. 5 zitierten Aufsatz.

11 Norman Kiell: Varieties of Sexual Experience. Psychosexuality in Literature. New York 1976, S. 361 f.

12 Noch in den Debatten der Wiener psychoanalytischen Vereinigung wird das Hand-an-sich-Legen als *tertium comparationis* von Selbstmord und Selbstbefriedigung verstanden (vgl.: Die Onanie. Vierzehn Beiträge zu einer Diskussion der »Wiener Psychoanalytischen Vereinigung«. Wiesbaden 1910/12, Neudruck Amsterdam 1965, *passim*: Protokolle der Wiener Psychoanalytischen Vereinigung, Hgg. H. Nunberg und E. Federn. Frankfurt/M. 1976–1981, Bd. 1, S. 108; Bd. 2, S. 463 u. ö.).

13 Wilhelm Stekel: Störungen des Trieb- und Affektlebens (Die parapa-
thischen Erkrankungen). Bd. II: Onanie und Homosexualität. Berlin/
Wien 1923, S. 19.

14 Eugen Drewermann: Strukturen des Bösen. Bd. II, München/Pader-
born/Wien 1983, S. 40.

15 A. a. O., S. 141.

16 Vgl. zum folgenden Werner A. Krenkel: Masturbation in der Antike,
in: Wissenschaftliche Zeitschrift der Wilhelm-Pieck-Universität Ro-
stock, 28. Jg., 1979, H. 3, S. 159–178, – eine für die sonst so verprüdete
noch reale DDR überraschend unverprellte Studie.

17 Ebd., S. 159 ff.

18 Ebd., S. 165.

19 Uta Ranke-Heinemann, a. a. O., S. 91.

20 Vgl. die Hinweise von Artur Streich in: Zeitschrift für psychoanalytische Pädagogik, Sonderheft »Onanie«, Jg. 1928, S. 304.

21 Zum folgenden vgl. besonders die Arbeiten von Peter Gay: Erziehung
der Sinne. Sexualität im bürgerlichen Zeitalter. München 1986; ders.:
Die zarte Leidenschaft. Liebe im bürgerlichen Zeitalter. München
1987. E. H. Hare: Masturbatory Insanity: The History of an Idea. In:
Journal of Mental Science, Jg. 1962, Bd. 108, S. 1–25; Karl-Felix Jacobs: Die Entstehung der Onanie-Literatur im 17. und 18. Jahrhundert. Med. Diss. München 1963; Annemarie und Werner Leibbrand:
Formen des Eros. Kultur- und Geistesgeschichte der Liebe. 2 Bde.,
Freiburg/München 1972; George L. Mosse: Nationalismus und Sexualität. Bürgerliche Moral und sexuelle Normen. München/Wien
1985; Volker Elis Pilgrim: Der selbstbefriedigte Mensch. München
1975; René Spitz: Autorität und Onanie. In: Psyche, Jg. 1952/3, H. 4;
dann auch in: Masturbation. From Infancy to Senescence. Hg. v. Irwin
H. Marcus und John J. Francis. New York 1975, S. 381–410; Jean Sten-
gers und Anne van Neck: Histoire d'un grande peur: la masturbation.
Bruxelles 1984; Théodore Tarczylo: Sexe et liberté au siècle des lumiè-
res. Paris 1983; Jos van Ussel: Sexualunterdrückung. Geschichte der
Sexualfeindschaft. Reinbek 1970; A. Wettley: Von der Psychopathia
Sexualis zur Sexualwissenschaft. Stuttgart 1959. Die informative Mar-
burger Diplomarbeit von Helmut Fischer (Die notwendige Kinder-
feindlichkeit in modernen pädagogischen Ratgebern. Marburg 1978) ist
noch ungedruckt.

22 Vgl. A. und W. Leibbrand, a. a. O., S. 252 ff. und 419 ff., über die Juristen Schurig, Carpzow und Simon; über weitere moraltheologische
und medizinische Autoren zwischen Capel und Bekkers bzw. Tissot
vgl. K.-F. Jacobs und A. Wettley, a. a. O., *passim*.

23 1760 erscheint auch der »Discours philosophique et morale sur la lu-

xure artificielle«: »De l'Onanisme«, von Du Toit Mambrion. Aber nicht er, sondern Tissot wird zum Heros der Onanie-Inquisition.

24 So ein weiterer bahnbrechender Titel Tissots, zitiert nach der deutschen Übersetzung, Lausanne 1774.

25 Schwarze Pädagogik. Quellen zur Naturgeschichte der bürgerlichen Erziehung. Hg. und eingel. von Katharina Rutschky. Frankfurt/M./Berlin/Wien 1977. Zur »schwarzen« Onanie-Pädagogik vgl. auch Hans-Heino Ewers (Hg.): Kinder- und Jugendliteratur der Aufklärung. Eine Textsammlung. Stuttgart 1984, und Dieter Richter: Das fremde Kind. Zur Entstehungsgeschichte der Kindheitsbilder des bürgerlichen Zeitalters. Frankfurt/M. 1987.

26 Der ruthenische Arzt H. Kaan hat ein knappes Jahrhundert später im Widerspruch zu dem verheißungsvollen Satz Alberto Moravias, der als Motto über dieser Einleitung steht, kurz und knapp eine »Phantasia morbosa« aus der Taufe gehoben: als onanistische genetische Disposition, ja geradezu als anthropologische Konstante. Vgl. dazu A. und W. Leibbrand, a. a. O., S. 425 ff.

27 Leipzig 1769.

28 In: Neues Magazin für Aerzte, Hg. Ernst Gottfried Baldinger. Leipzig 1779, S. 43–51.

29 Ebd., S. 52–60; im Anschluß daran die beleidigte Replik Zimmermanns (S. 60–63) und der unterstützende »Brief einer Dame« (S. 64 f.).

30 Eine Reprise dieser Kontroverse hat Henning Boëtius in seinem wunderbaren Lichtenberg-Roman »Der Gnom« gegeben (Frankfurt/M., 1989, S. 400 ff.).

31 Vgl. besonders die Bde. VI und VII der insgesamt sechzehnbändigen Revision (Wolfenbüttel 1787).

31 a So besonders Jos van Ussel, a. a. O., S. 143 ff.

32 A. a. O., S. 158; Tarczylo setzt sich detailliert mit den verschiedenen ätiologischen Hypothesen, vor allem den (näher besehen, keineswegs undifferenzierten!) Hypothesen von Jos van Ussel auseinander, ohne freilich eine insgesamt überzeugende eigene zu bieten. Es ist wohl unvermeidlich: »ignorabimus« – oder: »Komplexe bleiben komplex«.

33 Zur Diskussion dieser Hypothese vgl. Edward Shorter: Die Geburt der modernen Familie. Reinbek 1977, S. 121 ff.

34 Vgl. auch den in Anm. 5 genannten Aufsatz.

35 Vgl. Elisabeth Badinter: Die Mutterliebe. Geschichte eines Gefühls vom 17. Jahrhundert bis heute. München 1981.

36 Eine Relativierung dieser Hypothese aber bei Tarczylo, a. a. O., S. 145 f.

37 Zitiert bei George L. Mosse, a. a. O., S. 47.

38 Noch in unserem Jahrhundert vertritt ein Sexualreformer wie Iwan Bloch diesen Geist mit der Gleichsetzung von Alloerotismus und Altru-

ismus. Und ein sonst so sexualrevolutionärer Anti-Puritaner wie D. H. Lawrence steht nicht an, gegen die renditelose Selbstverausgabung zu polemisieren (Belege bei George L. Mosse, a. a. O., S. 47, und N. Kiell, a. a. O., S. 372 f.). Die Konfiguration von Antiokönomie und Onanie im Werk von Bataille ist auf dem Hintergrund der instrumentellen Sexualvernunft überaus schlüssig.

39 Vgl. Hartmut und Gernot Böhme: Das Andere der Vernunft. Zur Entwicklung von Rationalitätsstrukturen am Beispiel Kants. Frankfurt/M. 1983, besonders S. 447 ff.

40 Peter Weiss' Hölderlin-Drama (Akt 1, Szene 2) hat die Dialektik dieser Situation betont: Der Hofmeister Hölderlin, der seinen Zögling sonst im Geiste der revolutionären Freiheit, der natürlichen Natur und einer idealen Geschichte erzieht, beschleicht die lasterhaften »Convulsionen« und schlägt am Schluß besinnungslos auf das Opfer ein. Im Zeichen der würdelosen antionanistischen Inquisition gleicht Hölderlin sich dem Herrschaftswillen seines Antipoden, des Majors von Kalb, an. Auch das ist Dialektik der sexualmoralischen Aufklärung.

41 Leider ist dieser »Staats-Kalender«, der zu den kühnsten und anrührendsten Zeugnissen der gesamten autobiographischen Literatur zählt, immer noch nicht annähernd vollständig ediert. Die bisher umfangreichste Edition in der Lichtenberg-Ausgabe von Wolfgang Promies; ein von mir eingeleiteter Auszug demnächst in: Der Rabe, Zürich 1992; auch in dieser Hinsicht lesenswert der Lichtenberg-Roman von H. Boëtius (s. Anm. 30).

42 Vgl. dazu die aufschlußreiche Interpretation von Kurt R. Eissler in: Goethe. Eine psychoanalytische Studie, Frankfurt/M. 1983 f., Bd. 1, S. 303 ff.

43 In: Epigramme, Nachträge. Sophien-Ausgabe, Abt. I Bd. 33, S. 8. Ironischerweise wird Rousseaus »Nouvelle Héloïse« im »Triumph der Empfindsamkeit« als eine der Hauptquellen empfindsamer Selbstbezüglichkeit zitiert.

44 In: Epigramme, a. a. O., S. 14. Die »Besorgung« des Titels ist einer schon klassisch gewordenen Anthologie zu danken mit dem schönen Titel: »Die klassische Sau. Handbuch der literarischen Hocherotik.« Hg. v. Hermann Kinder. Zürich 1986, S. 353. Dort auch eine umfassendere onanistische Sektion.

45 Laurence Sterne: Das Leben und die Meinungen des Tristram Shandy. Darmstadt 1969, S. 234 ff.

46 Vgl. T. Tarczylo, a. a. O., S. 135 ff. Eine kuriose deutsche Variante dieser Kleiderdebatten bei Bernh. Christ. Faust: Wie der Geschlechtstrieb der Menschen in Ordnung zu bringen und die Menschen besser und glücklicher zu machen, mit einer Vorrede von J. H. Campe, Braunschweig

1791. Originalton Dr. Faust: »*Den Hosen ist der Stab, wie ich denke, nun gebrochen*« (a. a. O., S. 60 ff.). Was könnte man mehr wollen...

47 Vgl. Uta Ranke-Heinemann, a. a. O., S. 327 f.

48 Vgl. dazu Mosse, a. a. O., S. 20 ff.

49 Ebd., S. 21 f.

50 Vgl. Mosse, a. a. O., S. 47.

51 Vgl. dazu Morton Schatzman: Die Angst vor dem Vater. Langzeitwirkungen einer Erziehungsmethode. Eine Analyse am Fall Schreber. Reinbek 1974.

52 Ähnlich auch das »Reisebuch« (Der handschriftliche Nachlaß, a. a. O., Bd. III, S. 4).

53 Vgl. Die Welt als Wille und Vorstellung. Bd. II, Kapitel 32, in: Arthur Schopenhauers Werke in fünf Bänden. Nach den Ausgaben letzter Hand herausgegeben von Ludger Lütkehaus. Zürich 1988, Bd. 2, S. 464 ff.

54 Weiterführende Hinweise zum Onanie-Thema bei Manfred Eger: »Warum ich Wagnern den Krieg mache...« Der Fall Nietzsche und das Menschliche, Allzumenschliche. Wien 1988, besonders S. 127 ff.; Martin Gregor-Dellin: Richard Wagner. Sein Leben. Sein Werk. Sein Jahrhundert. München 1980, S. 748 ff. (mit einem gegenüber der Dokumentation von Curt von Westernhagen erweiterten Teildruck des Briefes von Eiser an Wagner); Joachim Köhler: Zarathustras Geheimnis. Nördlingen 1989, passim (bei Köhler steht allerdings das Homosexualitäts-Thema im Vordergrund); Hermann Josef Schmidt: Nietzsche Absconditus oder Spurenlesen bei Nietzsche. Berlin / Aschaffenburg 1991, S. 603 ff.; Curt von Westernhagen: Richard Wagner. Sein Werk. Sein Wesen. Seine Welt. Zürich 1956, S. 490 ff.

55 Nietzsche spricht davon in seinem Brief vom 21. 2. 1883 an Malwida von Meysenbug, während er in dem darauffolgenden Brief vom 22. 2. 1883 an Franz Overbeck die »tödtliche Beleidigung« unspezifiziert läßt und erst in seinem Brief vom 21. 4. 1883 an Heinrich Köselitz auf die sexuellen Implikationen kommt. Es ist aber wichtig, die Komplementarität der Aspekte zu sehen. In den »unnatürlichen Ausschweifungen« steckt das »zurückerschlichene« Christentum.

56 Friedrich Nietzsche: Sämtliche Werke. Kritische Studienausgabe in 15 Bänden. Hg. v. Giorgio Colli und Mazzino Montinari. München 1980, Bd. 2, S. 16 f.; Bd. 6, S. 387.

57 Bd. 5, a. a. O., S. 370.

58 Bd. 9, a. a. O., S. 496; Bd. 14, S. 271; Bd. 4, S. 402. Die ihren Biß verlierende Schlange, der Uroboros, der nach den Forschungen von Erich Neumann für die selbstbezügliche Sexualität steht, kurz: das Fesselungsbild von ehemals wird zum Symbol einer schuldfreien Ewigen Wiederkehr. Wie mit dem »Zarathustra« zur Stifterfigur der dualistischen

Moral, so kehrt Nietzsche auch mit den sexuellen Bildern gleichsam ho-
möopathisch zu den Quellen zurück.

59 Vgl. dazu Hg.: »O Wollust,...«, a.a.O., S. 189.

60 Berlin 1899ff.

61 Für die Tragödie dieser Verschiebungsleistung ein historisches Ana-
logon und eine philosophisch-literarische Folie: Der Kirchenvater
Origenes legt kastrierend Hand an sich, um nicht Hand an sich legen zu
müssen; der Vater der Psychoanalyse tötet sich allmählich mit – Zigar-
ren. – Der panische Hirte aus Nietzsches »Zarathustra« (»Vom Gesicht
und Räthsel«) beißt der Schlange des schlechten Gewissens, die sich in
seinem Schlund festgebissen hat, den Kopf ab – der Krebs des Panikers
Freud ist der Biß, der ihn schließlich zerstört.

62 Sigmund Freud: Gesammelte Werke. London/Frankfurt/M. 1972[5],
Bd. VII, S. 163.

63 In: Marcus/Francis: Masturbation, a.a.O., S. 274. Aber vielleicht haben sich die vermeintlichen psychoanalytischen Sexualphilister nur von
der antionanistischen Softpornographie inspirieren lassen, die von John
Cleland über D. H. Lawrence bis zu Henry Miller mit ihren freizügigen
– nicht freien – Geschichten dieselbe Moral vertritt: »An Ort und Stelle!
Das richtige Ding an den richtigen Platz...« Der Beitrag über die Alters-
onanie in demselben Sammelband ist übrigens von erfreulichster Vorur-
teilslosigkeit.

64 Bernhard Haering: Das Gesetz Christi. Moraltheologie. Dargestellt für
Priester und Laien. Dritter Band: Das Ja zur allumfassenden Liebesherrschaft Gottes. München und Freiburg 1967[8], S. 308ff. Schon dem
»double bind« einer »Liebesherrschaft« kann man sich kaum entziehen,
geschweige denn einem allumfassenden moraltheologischen »Ja«:
Jaaaaaaah...

Das 38. Kapitel

Juda's Sünde

1. Es begab sich um dieselbe Zeit, daß Juda hinabzog von seinen Brüdern und tat sich zu einem Mann von Adullam, der hieß Hira.

2. Und Juda sah daselbst eines Kanaaniter-Mannes Tochter, der hieß Sua, und nahm sie. Und da er zu ihr einging,

3. war sie schwanger und gebar einen Sohn, den hieß er Ger.

4. Und sie ward abermals schwanger und gebar einen Sohn, den hieß sie Onan.

5. Sie gebar abermals einen Sohn, den hieß sie Sela; und er war zu Chesib, da sie ihn gebar.

6. Und Juda gab seinem ersten Sohn, Ger, ein Weib, die hieß Thamar.

7. Aber Ger war böse vor dem Herrn; darum tötete ihn der Herr.

8. Da sprach Juda zu Onan: Gehe zu deines Bruders Weib und nimm sie zur Ehe, daß du deinem Bruder Samen erweckest.   5. Mose 25,5.

9. Aber da Onan wußte, daß der Same nicht sein eigen sein sollte, wenn er einging zu seines Bruders Weib, ließ er's auf die Erde fallen und ver-

63

derbte es, auf daß er seinem Bruder nicht Samen gäbe.

10. Da gefiel dem Herrn übel, was er tat, und er tötete ihn auch.

Thomas Mann
Joseph und seine Brüder
Joseph, der Ernährer

(Fünftes Hauptstück: Thamar)

»Nicht durch uns!«

Juda hauste nicht mit seinen Brüdern im Haine Mamre beim Vater,
sondern, seit er gut Freund geworden mit dem Manne Hirah, wei-
dete er weiter abwärts gegen die Ebene auf den Triften Odollam,
und dort führten auch 'Er, sein Ältester, und Thamar ihre Ehe, gestiftet von Jaakob, da er den Vierten vor sich entboten und sein Wort
hatte geltend gemacht vor ihm. Warum hätte Juda löcken sollen gegen das Wort? Es waren etwas trübe Gebärden, mit denen er darein
willigte, aber er willigte ohne Umstände darein, und so ward Thamar dem 'Er zum Weibe gegeben.

Es ziemt uns nicht, hinter den Vorhang dieser Ehe zu blicken;
schon damals gleich hatte niemand Lust dazu, und immer hat die
Menschheit sich mit barscher Bündigkeit über die Tatsachen geäu-
ßert, unter Verzicht auf Mitleid und Beschuldigung, die richtig an-
zubringen ihr stets zu umständlich schien. Die Elemente des Mißge-
schicks waren auf einer Seite geschichtlicher Ehrgeiz, verbunden
mit Eigenschaften astartischer Art, und auf der anderen jugendliche
Entnervtheit, die keiner ernsten Lebensprobe gewachsen war. Man
tut am besten, dem Beispiel der Überlieferungen zu folgen und
barsch und bündig mitzuteilen, daß Juda's 'Er ganz kurze Zeit nach
der Hochzeit starb, oder, wie jene es ausdrückt, daß der Herr ihn
tötete, – nun ja, der Herr tut alles, und alles, was geschieht, kann
man als seine Tat bezeichnen. In Thamars Armen starb der Jüngling
an einem Blutsturz, der wohl seinen Tod herbeigeführt hätte, auch
wenn er nicht am Blute erstickt wäre; und mancher wird es noch
tröstlich finden, daß er wenigstens nicht ganz allein starb, wie ein
Hund, sondern in seines Weibes Armen, obgleich es auch wieder
beschwerend ist, sich diese gefärbt vom Lebens- und Sterbensblute
des jungen Gatten vorzustellen. Mit finsteren Brauen stand sie auf,
wusch sich rein und verlangte Onan, Juda's Zweiten, zum Manne.

Die Entschlossenheit dieser Frau hatte alle Zeit etwas Verblüffendes gehabt. Sie ging zu Jaakob hinauf und klagte ihm ihr Leid, klagte gewissermaßen Gott bei ihm an, so daß der Alte Jahs wegen in Verlegenheit geriet.

»Mein Mann ist mir gestorben«, sagte sie. »'Er, dein Enkel, jählings und im Nu! Ist das zu verstehen? Wie kann Gott das tun?«

»Er kann alles«, antwortete er. »Demütige dich! Er tut, wenn sich's trifft, das Ungeheuerlichste, denn alles zu können, ist, wenn man's recht bedenkt, eine große Versuchung. Es sind Wüstenreste, such es dir so zu erklären! Er stößt zuweilen auf einen Mann und tötet ihn mir nichts, dir nichts, ohne Erläuterung. Man muß es hinnehmen.«

»Ich nehme es hin«, versetzte sie, »von wegen Gottes, aber nicht für mein Teil, denn meine Witwenschaft erkenn' ich nicht an, ich kann's und darf's nicht. Ist einer ausgefallen, so muß unmittelbar der Nächste eintreten für ihn, daß nicht mein Funke auslösche, der noch übrig ist, und meinem Mann kein Namen und nichts Übriges bleibe auf Erden. Ich spreche nicht für mich allein und für den Getöteten, ich spreche allgemein und für ewig. Du mußt, Vater-Herr, dein Wort geltend machen in Israel und es zur Satzung erheben, daß, wo da Brüder sind und einer stirbt ohne Kinder, so soll sein Weib nicht einen fremden Mann draußen nehmen, sondern ihr Schwager soll einspringen und sie ehelichen. Den ersten Sohn aber, den sie gebiert, soll er bestätigen nach dem Namen seines verstorbenen Bruders, daß dessen Name nicht vertilgt werde aus Israel!«

»Wenn's aber dem Manne nicht gefällt«, wandte Jaakob ein, »daß er seine Schwägerin nehme?«

»In diesem Fall soll sie hervortreten«, sprach Thamar fest, »und es allen ansagen: Mein Schwager weigert sich, seinem Bruder einen Namen zu erwecken in Israel, und will mich nicht ehelichen. Dann soll man ihn fordern und mit ihm reden. Wenn er aber steht und spricht: Es gefällt mir nicht, sie zu nehmen, so soll sie zu ihm treten vor allem Volk und ihm einen Schuh ausziehen von seinen Füßen und ihn anspeien und soll antworten und sprechen: Also soll man tun einem jeden Mann, der seines Bruders Haus nicht erbauen will. Und sein Name soll ›Barfüßer‹ sein!«

»Da wird er sich freilich bedenken«, sagte Jaakob. »Und du hast insofern recht, meine Tochter, als es mir leichter fallen wird, mein

Wort geltend zu machen bei Juda, daß er dir den Onan zum Manne gebe, wenn ich's allgemein mache und mich dabei auf die Satzung stützen kann, die ich veröffentlicht habe unter dem Unterweisungsbaum.«

Es war die Schwagerehe, die da auf Thamars Betreiben gegründet wurde, eine geschichtliche Sache. Dies Landmädchen hatte nun einmal einen Trieb zum Geschichtlichen. Ohne Witwenschaft erhielt sie den Knaben Onan zum Manne, ob Juda auch wenig Lust zeigte zu der Schlichtung und Seitenheirat und der Betroffene noch weniger. Jehuda, vom Vater heraufgefordert von der Trift Odollam, löckte längere Zeit gegen den Ratschlag und bestritt, daß es ratsam sei, mit dem Zweiten zu wiederholen, was mit dem Ersten so unselig ausgegangen. Auch sei Onan erst zwanzig und, wenn überhaupt für die Ehe geschaffen, so jedenfalls noch nicht für sie reif, noch zu ihr willens und aufgelegt.

»Aber sie wird ihm den Schuh ausziehen und dergleichen mehr, wenn er sich weigert, seines Bruders Haus zu erbauen, und er wird ›Barfüßer‹ heißen sein Leben lang.«

»Du tust, Israel«, sagte Juda, »als sei das nun einmal so, da du es doch selbst eben erst eingeführt hast, und ich weiß auch, auf wessen Rat.«

»Aus der Magd spricht Gott«, erwiderte Jaakob. »Er hat sie zu mir geführt, daß ich sie mit ihm bekannt mache und er aus ihr reden könne.«

Da löckte Juda nicht mehr und verordnete die Heirat.

Den Alkovenspäher zu machen ist unter der Würde dieses Erzählers. Barsch und bündig denn: Juda's Zweiter, in seiner Art hübsch und nett, nämlich auf eine zweifelhafte Art, war, wiederum in seiner Art, ein Charakter, – will sagen: im Sinn einer wurzelhaften Widersetzlichkeit, die einem Urteilsspruch über sich selbst und einer Verneinung des Lebens in ihm selber gleichkam. Nicht gerade seines persönlichen Lebens, denn er hatte viel Eigenliebe und schmückte und schminkte sich stutzerhaft; aber aller Fortsetzung des Lebens nach ihm und durch ihn – zu dieser sagte er innerlichst nein. Es heißt, er habe sich geärgert, daß er als Ersatz-Gatte einspringen und nicht sich selbst, sondern seinem Bruder Samen erwecken sollte. Das ist wohl wahr; soweit Worte und selbst Gedanken in Frage kommen, mochte er die Sache bei sich so artikulieren. In der Wirklichkeit, für die Gedanken und Worte nur Umschreibungen sind, war diesem ganzen Juda-Geschlecht das Wissen eingeboren, daß es eine Sackgasse bilde, und daß das Leben, welche Wege es nun immer einschlagen mochte, jedenfalls nicht durch sie, die drei Buben, weiterführen sollte, wollte, konnte und durfte. Nicht durch uns! sagten sie einhellig und hatten in ihrer Art recht. Leben und Schälerei mochten ihrer Wege gehen; sie pfiffen darauf. Namentlich Onan tat das, und seine Hübschheit und Nettheit war nur die Äußerung der Eigenliebe dessen, über den es nicht weitergeht.

Zur Ehe genötigt, beschloß er, den Schoß zum Narren zu halten. Doch hatte er die Rechnung ohne Thamars astartisch gerüsteten Ehrgeiz gemacht, der gegen seine Widersetzlichkeit wie eine Wetterwolke gegen die andere stand und mit ihr den ausgleichenden Blitzschlag des Todes zeugte. In ihren Armen starb er, von einem Nu zum anderen, an plötzlicher Lebenslähmung. Das Gehirn stand ihm still, und er war tot.

[...]

Thomas Mann
Buddenbrooks
Verfall einer Familie

(Elfter Teil, zweites Kapitel)

Kai kam zu ihm, legte den Arm um ihn und ging mit ihm, inmitten
der erregten Kameraden, die über die außerordentlichen Ereignisse
disputierten, auf den Hof hinunter. Er blickte ängstlich und liebevoll in Hanno's Gesicht und sagte: »Verzeih, Hanno, daß ich eben
übersetzt habe und nicht lieber stillschwieg und mich auch ein-
schreiben ließ! Es ist so gemein...«

»Habe ich vorhin nicht auch gesagt, was ›patula Jovis arbore,
glandes‹ heißt?« antwortete Hanno. »Das ist nun schon so, Kai, laß
es gut sein. Man muß es gut sein lassen.«

»Ja, das muß man wohl. – Also der liebe Gott will dir die Karriere
verderben. Dann mußt du dich wohl darein ergeben, Hanno; denn
wenn es sein unerforschlicher Wille ist...

[...]

Nun frage ich aber jedermann: Ist das ein Leben? Alles ist verzerrt... Ach, Herr Gott, wollte die Anstalt uns erst aus ihrer liebenden Umarmung entlassen!«

»Ja, und was dann? Nein, laß nur, Kai, dann wäre es auch noch so!
Was soll man anfangen? Hier ist man wenigstens aufgehoben. Seit
mein Vater tot ist, haben Herr Stephan Kistenmaker und Pastor
Pringsheim es übernommen, mich tagtäglich zu fragen, was ich werden will. Ich weiß es nicht. Ich kann nichts antworten. Ich kann
nichts werden. Ich fürchte mich vor dem Ganzen...«

»Nein, wie kann man so verzagt reden! Du mit deiner Musik...«

»Was ist mit meiner Musik, Kai? Es ist nichts damit. Soll ich umherreisen und spielen? Erstens würden sie es mir nicht erlauben, und
zweitens werde ich nie genug dazu können. Ich kann beinahe nichts,
ich kann nur ein bißchen phantasieren, wenn ich allein bin. Und
dann stelle ich mir das Umherreisen auch schrecklich vor... Mit dir
ist es so anders. Du hast mehr Mut. Du gehst hier herum und lachst
über das Ganze und hast ihnen etwas entgegenzuhalten. Du willst
schreiben, willst den Leuten Schönes und Merkwürdiges erzählen,

69

gut, das ist etwas. Und du wirst sicher berühmt werden, du bist so geschickt. Woran liegt es? Du bist lustiger. Manchmal in der Stunde sehen wir uns an, wie vorhin einen Augenblick, bei Herrn Mantelsack, als Petersen unter allen, die abgelesen hatten, einen Tadel bekam. Wir denken dasselbe, aber du schneidest eine Fratze und bist stolz... Ich kann das nicht. Ich werde so müde davon. Ich möchte schlafen und nichts mehr wissen. Ich möchte sterben, Kai!... Nein, es ist nichts mit mir. Ich kann nichts wollen. Ich will nicht einmal berühmt werden. Ich habe Angst davor, genau, als wäre ein Unrecht dabei! Es kann nichts aus mir werden, sei sicher. Neulich nach der Konfirmationsstunde hat Pastor Pringsheim zu jemandem gesagt, man müsse mich aufgeben, ich stammte aus einer verrotteten Familie...«

»Hat er das gesagt?« fragte Kai mit angespanntem Interesse...

»Ja, er meint meinen Onkel Christian damit, der in Hamburg in einer Anstalt sitzt. – Er hat sicher recht. Man sollte mich nur aufgeben. Ich wäre so dankbar dafür!... Ich habe so vielerlei Sorgen, und alles fällt mir so schwer. Nehmen wir an, ich schneide mich in den Finger, tue mir irgendwo weh... es ist eine Wunde, die bei einem anderen in acht Tagen geheilt wäre. Bei mir dauert es vier Wochen. Es will nicht heilen, es entzündet sich, es wird schlimm und macht mir unmäßige Beschwerden... Neulich sagte mir Herr Brecht, um meine Zähne sähe es jämmerlich aus, fast alle seien schon unterminiert und verbraucht, nicht zu reden von denen, die ausgezogen sind. So steht es jetzt. Und womit werde ich beißen, wenn ich dreißig, vierzig Jahre alt bin? Ich habe gar keine Hoffnung...«

»So«, sagte Kai und schlug eine schnellere Gangart an; »nun erzählst du mir ein bißchen von deinem Klavierspiel. Ich will nämlich jetzt etwas Wunderbares schreiben, etwas Wunderbares... Vielleicht fange ich nachher in der Zeichenstunde an. Willst du heute nachmittag spielen?«

Hanno schwieg einen Augenblick. Etwas Trübes, Verwirrtes und Heißes war in seinen Blick gekommen.

»Ja, ich werde wohl spielen«, sagte er, »obgleich ich es nicht tun sollte. Ich sollte meine Etüden und Sonaten üben und dann aufhören. Aber ich werde wohl spielen, ich kann es nicht lassen, obgleich es alles noch schlimmer macht.«

»Schlimmer?«

Hanno schwieg.

»Ich weiß, wovon du spielst«, sagte Kai. Und dann schwiegen beide.

Sie waren in einem seltsamen Alter. Kai war sehr rot geworden und blickte zu Boden, ohne den Kopf zu senken. Hanno sah blaß aus. Er war furchtbar ernst und hielt seine verschleierten Augen seitwärts gerichtet.

Dann schellte Herr Schlemiel, und sie gingen hinauf.

[...]

Der Nebel, der am Morgen geherrscht hatte, war zu Schnee geworden, der in großen weichen Flocken herniedersank und sich in Kot verwandelte. An der Buddenbrook'schen Gartenpforte trennten sie sich; aber als Hanno schon den Vorgarten zur Hälfte durchschritten hatte, kam Kai noch einmal zurück und legte den Arm um seinen Hals. »Sei nicht verzweifelt... Und spiele lieber nicht!« sagte er leise; dann verschwand seine schlanke, verwahrloste Gestalt im Schneegestöber.

Hanno ließ seine Bücher auf dem Korridor in der Schale zurück, die der Bär vor sich hinstreckte, und ging ins Wohnzimmer, um seine Mutter zu begrüßen. Sie saß auf der Chaiselongue und las in einem gelb gehefteten Buche. Während er über den Teppich schritt, blickte sie ihm mit ihren braunen, nahe beieinanderliegenden Augen entgegen, in deren Winkeln bläuliche Schatten lagerten. Als er vor ihr stand, nahm sie seinen Kopf zwischen die Hände und küßte ihn auf die Stirn.

Er ging in sein Zimmer hinauf, wo Fräulein Clementine ein wenig Frühstück für ihn bereitgestellt hatte, wusch sich und aß. Als er fertig war, nahm er aus dem Pulte ein Päckchen jener kleinen, scharfen russischen Zigaretten, die ihm ebenfalls nicht mehr unbekannt waren, und begann zu rauchen. Dann setzte er sich ans Harmonium und spielte etwas sehr Schwieriges, Strenges, Fugiertes, von Bach. Und schließlich faltete er die Hände hinter dem Kopf und blickte zum Fenster hinaus in den lautlos niedertaumelnden Schnee. Es gab da sonst nichts zu sehen. Es lag kein zierlicher Garten mit plätscherndem Springbrunnen mehr unter seinem Fenster. Die Aussicht wurde durch die graue Seitenwand der benachbarten Villa abgeschnitten.

Um vier Uhr wurde zu Mittag gegessen. Gerda Buddenbrook,

der kleine Johann und Fräulein Clementine waren allein. Später traf Hanno im Salon die Vorbereitungen zum Musizieren und erwartete am Flügel seine Mutter. Sie spielten die Sonate opus 24 von Beethoven. Bei dem Adagio sang die Geige wie ein Engel; aber Gerda nahm dennoch unbefriedigt das Instrument vom Kinn, betrachtete es mißmutig und sagte, daß es nicht in Stimmung sei. Sie spielte nicht weiter und ging hinauf, um zu ruhen.

Hanno blieb im Salon zurück. Er trat an die Glastür, die auf die schmale Veranda führte, und blickte ein paar Minuten lang in den aufgeweichten Vorgarten hinaus. Plötzlich aber trat er einen Schritt rückwärts, zog heftig den cremefarbenen Vorhang vor die Tür, so daß das Zimmer in einem gelblichen Halbdunkel lag, und ging in Bewegung zum Flügel. Dort stand er abermals eine Weile, und sein Blick, starr und unbestimmt auf einen Punkt gerichtet, verdunkelte sich langsam, verschleierte sich, verschwamm... Er setzte sich und begann eine seiner Phantasien.

Es war ein ganz einfaches Motiv, das er sich vorführte, ein Nichts, das Bruchstück einer nicht vorhandenen Melodie, eine Figur von anderthalb Takten, und als er sie zum erstenmal mit einer Kraft, die man ihm nicht zugetraut hätte, in tiefer Lage als einzelne Stimme ertönen ließ, wie als sollte sie von Posaunen einstimmig und befehlshaberisch als Urstoff und Ausgang alles Kommenden verkündigt werden, war gar nicht abzusehen, was eigentlich gemeint sei. Als er sie aber im Diskant, in einer Klangfarbe von mattem Silber, harmonisiert wiederholte, erwies sich, daß sie im wesentlichen aus einer einzigen Auflösung bestand, einem sehnsüchtigen und schmerzlichen Hinsinken von einer Tonart in die andere... eine kurzatmige, armselige Erfindung, der aber durch die preziöse und feierliche Entschiedenheit, mit der sie hingestellt und vorgebracht wurde, ein seltsamer, geheimnis- und bedeutungsvoller Wert verschafft ward. Und nun begannen bewegte Gänge, ein rastloses Kommen und Gehen von Synkopen, suchend, irrend und von Aufschreien zerrissen, wie als sei eine Seele voll Unruhe über das, was sie vernommen, und was doch nicht verstummen wollte, sondern in immer anderen Harmonien, fragend, klagend, erstrebend, verlangend, verheißungsvoll sich wiederholte. Und immer heftiger wurden die Synkopen, ratlos umhergedrängt von hastigen Triolen; die Schreie der Furcht jedoch, die hineinklangen, nahmen Gestalt an, sie schlossen sich zusammen, sie wurden zur Melodie, und der Augenblick kam, da sie wie ein inbrünstig und flehentlich hervortretender Gesang des Bläserchores stark und demütig zur Herrschaft gelangten. Das haltlos Drängende, das Wogende, Irrende und Entgleitende war verstummt und besiegt, und in unbeirrbar einfachem Rhythmus erscholl dieser zerknirschte und kindlich betende Choral... Mit einer Art von Kirchenschluß endete er. Eine Fermate kam, und eine Stille. Und siehe, plötzlich war, ganz leise, in einer Klangfarbe von mattem Silber, das erste Motiv wieder da, diese armselige Erfindung, diese dumme oder geheimnisvolle Figur, dieses süße, schmerzliche Hinsinken von einer Tonart in die andere. Da entstand ein ungeheurer Aufruhr und wild erregte Geschäftigkeit, beherrscht von fanfarenartigen Akzenten, Ausdrücken einer wilden Entschlossenheit. Was geschah? Was war in Vorbereitung? Es scholl wie Hörner, die zum Aufbruch riefen. Und dann trat etwas ein wie eine Sammlung und Konzentration, festere Rhythmen fügten sich zusammen, und eine neue Figur setzte ein, eine kecke Improvisation, eine Art Jagdlied, unternehmend und stürmisch. Aber es war nicht fröhlich, es war im Innersten voll verzweifelten Übermuts, die Signale, die darein tönten, waren gleich Angstrufen, und immer wieder war zwischen allem, in verzerrten und bizarren Harmonien, quälend, irrselig und süß, das Motiv, jenes erste, rätselhafte Motiv zu vernehmen... Und nun begann ein unaufhaltsamer Wechsel von Begebenheiten, deren Sinn und Wesen nicht zu erraten war, eine Flucht von Abenteuern des Klanges, des Rhythmus und der Harmonie, über die Hanno nicht Herr war, sondern die sich unter seinen arbeitenden Fingern gestalteten, und die er erlebte, ohne sie vorher zu kennen... Er saß, ein wenig über die Tasten gebeugt, mit getrennten Lippen und fernem, tiefem Blick, und sein braunes Haar bedeckte in weichen Locken seine Schläfen. Was geschah? Was wurde erlebt? Wurden hier furchtbare Hindernisse bewältigt, Drachen getötet, Felsen erklommen, Ströme durchschwommen, Flammen durchschritten? Und wie ein gellendes Lachen oder wie eine unbegreifliche selige Verheißung schlang sich das erste Motiv hindurch, dies nichtige Gebilde, dies Hinsinken von einer Tonart in die andere... ja, es war, als reize es auf zu immer neuen, gewaltsamen Anstrengungen, rasende Anläufe in Oktaven folgten ihm, die in Schreie ausklangen, und dann begann ein Aufschwellen, eine langsame, unaufhaltsame Steigerung, ein chromatisches Aufwärtsringen von wilder unwiderstehlicher Sehnsucht, jäh unterbrochen durch plötzliche, erschreckende und aufstachelnde Pianissimi, die wie ein Weggleiten des Bodens unter den Füßen und wie ein Versinken in Begierde waren... Einmal war es, als ob fern und leise mahnend die ersten Akkorde des flehenden, zerknirschten Gebetes vernehmbar werden wollten; alsbald aber stürzte die Flut der empordrängenden Kakophonien darüber her, die sich zusammenballten, sich vorwärts wälzten, zurückwichen, aufwärtsklommen, versanken und wieder einem unaussprechlichen Ziele entgegenrangen, das kommen mußte, nun kommen mußte, in diesem Augenblick, an diesem furchtbaren Höhepunkt, da die lechzende Drangsal zur Unerträglichkeit geworden war... Und es kam, es war nicht mehr hintanzuhalten, die Krämpfe der Sehnsucht hätten nicht mehr verlängert werden können, es kam, gleichwie wenn ein Vorhang zerrisse, Tore aufsprängen, Dornenhecken sich erschlössen, Flammenmauern in sich zusammensänken... Die Lösung, die Auflösung, die Erfüllung, die vollkommene Befriedigung brach herein, und mit entzücktem Aufjauchzen entwirrte sich alles zu einem Wohlklang, der in süßem und sehnsüchtigem Ritardando sogleich in einen anderen hinübersank... es war das Motiv, das erste Motiv, was erklang! Und was nun begann, war ein Fest, ein Triumph, eine zügellose Orgie ebendieser Figur, die in allen Klangschattierungen prahlte, sich durch alle Oktaven ergoß, aufweinte, im Tremolando verzitterte, sang, jubelte, schluchzte, angetan mit allem brausenden, klingenden, perlenden, schäumenden Prunk der orchestralen Ausstattung sieghaft daherkam... Es lag etwas Brutales und Stumpfsinniges und zugleich etwas Religiöses, etwas wie Glaube und Selbstaufgabe in dem fanatischen Kultus dieses Nichts, dieses Stücks Melodie, dieser kurzen, kindischen, harmonischen Erfindung von anderthalb Takten... etwas Lasterhaftes in der Maßlosigkeit und Unersättlichkeit, mit der sie genossen und ausgebeutet wurde, und etwas zynisch Verzweifeltes, etwas wie Wille zu Wonne und Untergang in der Gier, mit der die letzte Süßigkeit aus ihr gesogen wurde, bis zur Erschöpfung, bis zum Ekel und Überdruß, bis endlich, endlich in Ermattung nach allen Ausschweifungen ein langes, leises Arpeggio in Moll hinrieselte, um einen Ton emporstieg, sich in Dur auflöste und mit einem wehmütigen Zögern erstarb. –

Hanno saß noch einen Augenblick still, das Kinn auf der Brust, die Hände im Schoß. Dann stand er auf und schloß den Flügel. Er war sehr blaß, in seinen Knien war gar keine Kraft, und seine Augen brannten. Er ging ins Nebenzimmer, streckte sich auf der Chaiselongue aus und blieb so lange Zeit, ohne ein Glied zu rühren.

Später wurde zu Abend gegessen, worauf er mit seiner Mutter eine Partie Schach spielte, bei der niemand gewann. Aber nach Mitternacht noch saß er in seinem Zimmer bei einer Kerze vor dem Harmonium und spielte, weil nichts mehr erklingen durfte, in Gedanken, obgleich er gewillt war, morgen um halb sechs Uhr aufzustehen, um die wichtigsten Schularbeiten anzufertigen.

Dies war ein Tag aus dem Leben des kleinen Johann.

Drittes Kapitel

Mit dem Typhus ist es folgendermaßen bestellt [...]

Simon-André-David Tissot
Von der Onanie,
oder Abhandlung über die Krankheiten,
die von der Selbstbefleckung herrühren

Einleitung

Unsere Körper verlieren beständig. Könnten wir den mannigfaltigen Verlust, den wir daran leiden, nicht ersetzen, so würden wir gar bald in eine tödtliche Schwachheit verfallen. Der Ersatz geschieht durch Speise und Trank; diese aber müssen in unsern Körpern verschiedene Zubereitungen erhalten, die unter dem Namen des Nahrungsgeschäftes (nutritio) begriffen werden. Sobald dieses Geschäft entweder gar nicht, oder schlecht von statten geht, so haben wir von Speise und Trank keinen Nutzen, indem wir, unerachtet ihres Genusses, allen den üblen Zufällen unterworfen sind, die aus einer Erschöpfung der Kräfte zu entstehen pflegen. Unter allen Ursachen aber, welche die Nahrung unsrer Körper verhindern können, ist vielleicht keine gewöhnlicher, als die allzuhäufigen Ausleerungen.

Der Bau unsrer Maschine, und überhaupt aller thierischen Maschinen, bringt es so mit sich, daß, wenn die Nahrungsmittel denjenigen Grad der Zubereitung erhalten sollen, der zum Ersatz des Abgangs an unsern Körpern nöthig ist, eine gewisse Menge solcher Säfte, die bereits ausgearbeitet, und, so zu sagen naturalisirt sind, vorräthig bleiben muß. Wo dieses nicht geschieht, da bleibt die Verdauung und Kochung der Nahrungsmittel unvollkommen, und zwar um desto mehr, je ausgebreiteter die ermangelnde Feuchtigkeit, und je edler sie in ihrer Art ist.

Zapfet einer gesunden starken Amme innerhalb vier und zwanzig Stunden etliche Pfund Blut ab, so wird sie sterben. Indessen wird eben diese Amme, vier bis fünfhundert Tage nach einander, ohne merkliche Beschwerde, ihrem Kinde täglich einige Pfund von ihrer Milch abgeben können, weil unter allen Säften die Milch ausgearbeitet ist; sie ist beynahe noch als ein fremder Saft anzusehen, da hingegen das Blut ein wesentlicher Saft ist. Wir sind noch mit einem andern Safte, nämlich der Saamenfeuchtigkeit, versehen, die einen so starken Einfluß auf die Kräfte des Körpers, und auf die Vollkommenheit der zum Ersatz jener Kräfte erforderlichen Verdauung hat, daß die Aerzte aller Zeiten einmüthig dafürgehalten haben, der Verlust einer Unze Saamens schwäche den Körper mehr, als der Verlust von vierzig Unzen Bluts. Um sich einen Begriff zu machen, wie viel an dieser Feuchtigkeit gelegen seyn müsse, darf man nur auf die Wirkungen Acht geben, die sich zu äußern pflegen, wenn sich dieselbe zum erstenmal bey uns zu erzeugen anfängt; die Stimme, die Physiognomie, selbst die Gesichtszüge verändern sich; der Bart sticht hervor; oft bekömmt der ganze Körper ein anderes Ansehen, weil die Muskeln eine Dicke und Festigkeit erlangen, wodurch sich der Körper eines Erwachsenen, und der Körper eines noch unmannbaren jungen Menschen, sichtbar von einander unterscheiden. Alle diese Entwicklungen verhindert man durch Abnehmung des Gliedes, das zur Absonderung derjenigen Feuchtigkeit dienet, welche dieselben hervorbringt; und wahrhafte Beobachtungen beweisen, daß auf die Ausschneidung der Hoden das Ausfallen des Barts und eine weibische Stimme erfolgt ist. Kann man nach diesem noch zweifeln, daß der Saame einen starken Einfluß auf den Körper habe? und sollte man nicht schon hieraus abnehmen können, wie viele schädliche Folgen die Verschwendung eines so kostbaren Safts haben müsse? Seine Bestimmung setzt das einzige rechtmäßige Mittel fest, sich seiner zu entledigen. Krankheiten können zuweilen sein Ausfließen verursachen. Er kann uns auch, gegen unsern Willen, in wollüstigen Träumen entgehen. Moses hat uns die Geschichte von Onans Verbrechen hinterlassen, ohne Zweifel, damit wir seine Bestrafung erfahren sollten; und man lieset im Galenus, daß Diogenes sich durch Begehung eben desselben Lasters besudelt habe.

Wenn die gefährlichen Folgen des allzuhäufigen Verlusts dieses Saftes blos von seiner Menge abhiengen, oder wenn sie, bey gleicher Menge desselben, einerley wären, so würde, wenn wir die Sache physisch betrachten, wenig daran gelegen seyn, ob die Ausleerung auf diese, oder eine andere von den hier angezeigten Arten geschähe. Allein, hier kömmt die Figur und Stellung, in der der Saame verschüttet wird, eben so sehr in Betrachtung, als die Menge des Vorraths, der dabey verloren geht. (Man erlaube mir diesen Ausdruck; mein Vorwurf berechtiget mich zu Freyheiten dieser Art) Eine allzubeträchtliche Menge Saamens, die auf natürliche Art verloren geht, zieht sehr verdrießliche Uebel nach sich; aber diese Uebel sind noch weit ärger, wenn eben dieselbe Menge durch widernatürliche Mittel ausgeleeret wird. Diese Zufälle, welche diejenigen erfahren, die sich in einer natürlichen Beywohnung erschöpfen, sind schrecklich; aber die Zufälle, die auf die Selbstbefleckung folgen, sind weit schrecklicher. Diese letztern sind der eigentliche Gegenstand meines Werks; aber die genaue Verbindung, worinn sie mit den erstern stehen, verhindern mich, sie besonders zu schildern. Ich fasse daher, im ersten Theile dieser Schrift, die Zufälle von beyderley Art in eine Beschreibung zusammen. Hierauf wird im zweyten Theile, die Erklärung der Ursachen dieser Zufälle folgen, woraus die Gefährlichkeit des Handwerks der Selbstbefleckung noch deutlicher erhellen wird. Im dritten Theile werde ich die Heilungsmittel bekannt machen; und Anmerkungen über einige verwandte Krankheiten werden das Werk beschließen. Ueberall werde ich die Bemerkungen der besten Schriftsteller zu meinen eigenen hinzufügen.

Dritter Abschnitt:
Ursachen, warum die Onanie gefährlicher ist,
als die fleischliche Vermischung selbst

Ich habe oben behauptet, daß man seiner Gesundheit durch die Selbstbefleckung mehr Schaden zufüge, als wenn man sich mit Frauenspersonen vergeht. Diejenigen, welche bey allen Sachen eine besondere Vorsehung dazwischen kommen lassen, werden einen speciellen Willen Gottes dieses Laster zu strafen, als die Ursache angeben. Da ich aber überzeugt bin, daß die Körper seit ihrer Schöpfung an gewisse Gesetze gebunden sind, nach welchen sich alle Bewegungen derselben nothwendig richten müssen, und daß Gott die Einrichtung nur bey einer kleinen Anzahl ihm allein vorbehaltener Fälle ändert, so wollte ich nicht gern eher zu Wunderwerken meine Zuflucht nehmen, als bis man findet, daß etwas mit allen physikalischen Gründen in offenbarem Widerspruche stehe. Dieser Fall ist hier nicht, es läßt sich alles aus den Gesetzen der Mechanik des Körpers und seiner Harmonie mit der Seele sehr wohl erklären. Schon Hippokrates hat die Gewohnheit alles aus übernatürlichen Ursachen herzuleiten bestritten, wenn er bey Gelegenheit einer

Krankheit, welche die Scythen einem besondern Strafgerichte Gottes zuschrieben, die schöne Anmerkung macht: »Es ist wahr, daß diese Krankheit von Gott kömmt; aber sie kömmt von ihm so, wie alle andere Krankheiten. Die eine kömmt nicht mehr von ihm her, als die andere, weil sie alle eine Folge der Gesetze der Natur sind, die alles regieret«[82].

Die erste Ursache der besondern Gefährlichkeit der Onanie giebt uns Sanctorius in seinen Bemerkungen an die Hand, wo er sagt: »Ein gemäßigter Beyschlaf ist nützlich, wenn die Natur den Trieb dazu gegeben hat. Ist man aber nur durch die Einbildungskraft dazu gereizt worden, so schwächt er alle Kräfte der Seele, und insonderheit das Gedächtniß«[83]. Die Ursache läßt sich leicht erklären. Einer gesunden Mannsperson flößt die Natur nur alsdann Begierden ein, wenn die in den Saamenbläschen sich angehäufte Quantität Saftes einen gewissen Grad der Dicke erlangt hat, so daß er nicht mehr füglich in die Säuggefässe aufgenommen werden kann; und dieses zeigt an, daß seine Ausleerung den Körper nicht merklich schwächen wird. Allein, die Zeugungstheile sind dergestalt gebaut, daß sie nebst den Begierden nicht nur durch die Gegenwart einer in allzugroßen Ueberfluß vorhandenen Saamenfeuchtigkeit rege werden, sondern daß auch die Einbildungskraft einen großen Einfluß auf sie hat; denn diese kann, indem sie sich Bilder von der Lust macht, die Geschlechtsglieder in denjenigen Zustand setzen, der die Begierden hervorbringt; Die Begierde aber führt zur Handlung selbst, die desto schädlicher ist, je weniger sie nothwendig war. Es hat mit unsern Zeugungstheilen eben die Bewandniß, wie mit den Werkzeugen aller übrigen Bedürfnisse unsers Körpers, die ihre Dienste niemals recht verrichten, außer wenn die Natur sie dazu auffordert. Hunger und Durst zeigen die Bedürfniß an, Speise und Trank zu sich zu nehmen; genießt man mehr davon, als die Empfindungen erheischt haben, so schadet das Ueberflüßige dem Körper, und schwächet ihn. Die Bedürfnisse des Stuhlgangs und des Wasserlassens werden von der Natur ebenfalls durch gewisse Bedingungen angezeiget. Aber eine böse Gewohnheit kann die Einrichtung der Werkzeuge dermassen verderben, daß die Nothwendigkeit dieser Ausleerungen

82) De aëre, locis & aquis. Foëf. p. 293.
83) Sect. 6 aphor. 35.

endlich nicht mehr von der Quantität der auszuleerenden Materien abhängt. Man unterwirft sich Bedürfnissen ohne Noth; und dieses ist der Fall der Selbstbefleckung. Nicht die Natur, sondern die Einbildungskraft und die Gewohnheit bringen hier die Bedürfnisse hervor; sie entziehen der Natur, was ihr nöthig ist, und was sie sorgfältig zu Rathe hielt. Endlich erfolgt auch nach Verlauf einer gewissen Zeit ein beständiger Zufluß der Säfte nach diesen Theilen, zufolge des Gesetzes der thierischen Einrichtung, daß die Feuchtigkeiten sich dahin ziehen, wo ein Reiz vorhanden ist; und es geschieht, was schon Hippokrates angemerkt hatte: »Wenn ein Mensch den Beyschlaf begeht, so erweitern sich die Saamenadern, und locken den Saamen an sich«[84].

Hier kann ich nicht umhin, zu erinnern, daß die Selbstbefleckung, insonderheit für Kinder, die die Jahre der Mannbarkeit noch nicht erreicht haben, höchstgefährlich ist; und ob es gleich zu gutem Glück nicht sehr gewöhnlich ist, solche Ungeheuer des einen oder des andern Geschlechts zu finden, welche dergleichen Kinder zu ihrer Lust mißbrauchen; so ist es doch nur allzu gewöhnlich, daß sich solche Kinder selbst mißbrauchen. Eine Menge Umstände entfernen dieselben von einem lüderlichen Umgange, oder schränken ihn wenigstens ein: aber einer einsamen Ausschweifung steht nichts im Wege, und sie hat keine Schranken.

Eine zweyte Ursache, warum die Selbstbefleckung mehr als der Beyschlaf schadet, ist die Herrschaft, welche sie über die Sinnen gewinnt, und die in dem Buche Onania gut geschildert ist. »Sobald sich, heißt es daselbst, dieser schändliche Betrieb das Herz unterthan gemacht hat, so verfolgt er den Verbrecher allenthalben, bemächtiget sich seiner, und bemächtiget ihn zu jeder Zeit und an jedem Orte; mitten unter den ernsthaftesten Geschäften, ja, mitten im Gebete setzen ihm die Begierden und die geilen Gedanken zu, deren er nie los werden kann«[85]. Nichts schwächet so sehr, als wenn der Geist immer auf einerley Gegenstand geheftet ist. Den Selbstbeflekkern, die in ihre garstige Betrachtungen ganz vertieft sind, geht es in diesem Stücke wie den Gelehrten, die ihr ganzes Nachdenken auf

84) De natura pueri. Text. 22. Foéf. p. 242.
85) pag. 17. Eine sehr schöne Stelle von der Macht und Gefahr wollüstiger Gewohnheiten findet man in der vor einigen Jahren herausgekommenen Schrift des Herrn Pujatti, berühmten Professors zu Padua, de victu febricitantium S. 60.

eine einzige Sache richten; dergleichen Anstrengung schadet fast allemal. Derjenige Theil des Gehirns, der alsdann am geschäftigsten ist, wendet nach Art eines Muskels, der eine lange Zeit stark gespannt ist, die äußerste Bestrebung an; und hieraus entsteht entweder eine solche Beweglichkeit, daß nichts im Stande ist, den Trieb desselben Theils zu hemmen, und eben dadurch die Seele auf andere Gedanken zurück zu lenken, (ein Fall, der bey den Onansbrüdern nicht selten ist), oder es entsteht eine Untüchtigkeit in Trieb zu gerathen. Erschöpft durch die beständigen Anstrengungen ihrer Natur, verfallen endlich solche Patienten in allerley Krankheiten des Gehirns, in Schwermuth, in eine Unempfindlichkeit und Steifigkeit aller Glieder (Catalepsis), und Fallsucht, sie werden schwach am Verstande, blöde von Sinnen, schlaff an Nerven, u. s. w.[86]

Diese zweyte Ursache gereicht vielen jungen Leuten zu unendlichen Nachtheil, indem sie von ihren Fähigkeiten, woferne selbige nicht bereits erloschen sind, nicht den gehörigen Gebrauch machen können. Sie mögen sich gewidmet haben, welchem Berufe sie wollen, so werden sie nie etwas Vortreffliches leisten, weil ihre schlimme Gewohnheit sie zu demjenigen erforderlichen Grade der Aufmerksamkeit, ohne welchen man es in keiner Sache weit bringen kann, unfähig macht. Selbst unter der starken Anzahl derer, die sich gar keiner Berufsarbeit widmen mögen, findet man Leute, die nicht einmal geschickt sind, angenehme Müßiggänger abzugeben; sondern ihr zerstreutes Wesen, ihre zerstörte Minen, ihr dummer Anstand, ihre stumpfen Begriffe machen sie zu unerträglichen Limmeln. Ich könnte Beyspiele genug von Personen anführen, die durch ihre Unfähigkeit zu einer bestimmten Lebensart und zu allen ernsthaften Geschäften, und durch die Abnahme ihrer Seelenkräfte außer Stand gerathen sind, sich jemals die Achtung der Gesellschaft zuzuziehen. Trauriger Zustand, der den Menschen unter das Vieh herabsetzt, und ihn fast mit mehrerem Rechte zum Vorwurfe der Verachtung, als des Mitleids bey seines Gleichen macht.

Aus den zwo angeführten Ursachen entsteht nothwendig eine dritte, nämlich die öftern Wiederholungen der That. Denn sobald die Gewohnheit nur ein wenig mächtig geworden ist, so geben Leib und Seele einen Reiz und Sporn zur Begehung dieses Lasters her.

---

86) Man sehe Gaubii Institutiones pathologicas, p. 529.

Die mit unreinen Gedanken besessene Seele erregt geile Bewegungen; und wenn sie einige Augenblicke durch andere Begriffe zerstreuet wird, so wird sie durch die scharfen Feuchtigkeiten, welche die Zeugungstheile reizen, veranlasset sich wieder, in den vorigen Schlamm zu vertiefen. Wie dienlich würden diese wahrhaften Bemerkungen seyn, junge Leute vom Laufe nach ihrem Verderben zurück zu halten, wenn sie voraus sehen könnten, daß hier der erste Fehltritt einen andern nach sich zieht; daß die Versuchung fast ganz Meister über sie wird; daß in der Masse, als die Bewegungsgründe zur Verführung häufiger werden, die Vernunft, die sie im Zaum halten sollte, schwächer wird; und daß sie endlich nach Verlauf einer kurzen Zeit in ein Meer von Elend sinken müssen, vielleicht ohne alle Rettung. Giebt ihnen gleich das Gefühl abnehmender Kräfte anfänglich eine starke Warnung, und schreckt sie gleich die Gefahr auf einige Augenblicke, so stürzet doch der rasende Trieb sie aufs neue hinein. Man kann mit Recht von ihnen sagen:

> Virtutem videant, intabescantque delicta!
> *Pers.*

Inzwischen wird die Gefahr immer größer, und die Zeit zur Besserung kürzer.

> Cinis & manes & fabula fies:
> Vive memor lethi. Fugit hora; hoc, quod
> loquor, inde est.
> *Pers.*

Als ich noch die Philosophie zu Genf studirte, (eine Zeit, an die ich nie ohne Vergnügen zurückdenke,) war einer meiner Universitätsfreunde daselbst in einen so schrecklichen Zustand gerathen, daß er nicht Meister war sich dieser Greuel zu enthalten, sogar wenn er die Vorlesungen hörte. Seine Strafe blieb nicht lange aus; nach zwey Jahren starb er elendiglich an der Auszehrung. Man findet eine ähnliche Geschichte im Buche Onania[87]. Der sinnreiche Verfasser, der einen Auszug aus der lateinischen Ausgabe dieses meines Werkchens gemacht, und selbigen in das lateinische Journal, das vor sieben Jahren zu Bern herauskam, eingerückt hat, erzählt bey Gelegenheit obiger Bemerkung, daß die sämmtlichen Zuhörer eines gewissen sehr alten Professors, welcher öfters bey seinen schläfrigen

87) p. 126.

Vorlesungen über die scholastische Metaphysik selber einschlief, sich, um nicht gleichfalls einzuschlafen, mit diesem Greuel die Zeit zu vertreiben pflegte[88]. Doch dieses Histörchen dient nicht sowohl zum Beweise meines Satzes, als vielmehr der abscheulichen Ausgelassenheit, worein junge Leute verfallen können.

Eben derselbe Verfasser hat vor einigen Jahren in einem Werke, welches unter die besten Schriften dieses Jahrhunderts gehöret[89], folgendes erzählt: »Man entdeckte vor einigen Jahren in einer unserer schweizerischen Städte, daß eine ganze Gesellschaft vornehmer Buben von vierzehn und fünfzehn Jahren sich zu der gemeinen Ausübung dieses Lasters verbunden hatten. Ich weiß ganz zuverläßig, daß jetzt in eben dieser Stadt eine ganze Schule damit angesteckt ist, und daß die Vorsteher derselben die Urheber dieser sonst glücklich verbannten Kontagion weder anzeigen noch strafen dürfen, weil sie vornehme Buben sind.«

Die Gesundheit eines jungen Prinzen verschlimmerte sich täglich, und man konnte lange nicht hinter die Ursache kommen. Sein Wundarzt muthmaßte sie, lauerte auf seine Handlungen, und betraf ihn auf frischer That. Der Prinz gestand, daß er dieses Spiel von einem seiner Kammerdiener erlernet, und solches fleißig getrieben hätte. In der That hatte er sich schon so stark daran gewöhnt, daß die nachdrücklichsten und schärfsten Erinnerungen nicht vermögend waren diese Gewohnheit bey ihm auszurotten. Es wurde immer schlechter mit ihm, seine Kräfte verminderten sich von Tage zu Tage; und hätte man ihn nicht ganze acht Monate lang, Tag und Nacht aufs sorgfältigste bewacht, so wäre er nicht mehr zu retten gewesen.

Ein Patient beschrieb mir in einem seiner Briefe sehr lebhaft, was für einen harten Kampf es ihm kostete, über diese Gewohnheit zu siegen. »Es wird mir überaus schwer, dieß sind seine eigene Worte, mir ein Laster abzugewöhnen, zu welchem ich fast alle Augenblicke aufgefordert werde. Mit Erröthen gestehe ich Ihnen, daß jeder Anblick eines weiblichen Gegenstandes, er sey wie er wolle, Begierden in mir erreget. Ich bedarf nicht einmal dieses sinnlichen Beystandes, weil meine garstige Seele ohnehin schon geneigt ist, mir ohne Unter-

88) Excerptum totius italicae & helveticae litteraturae, pro anno 1759. T. I. p. 93.
89) Zimmermann, von der Erfahrung, T. II. S. 400.

laß unzüchtige Bilder vorzumalen. Zwar mischet sich, so oft sich meine Leidenschaft entzündet, jedesmal die Erinnerung Ihrer Warnungen dazwischen; ich kämpfe; aber dieser Kampf erschöpft mich. Könnten Sie nur ein Mittel ausfinden, meine Gedanken von dieser Sache abzuwenden, so glaube ich, daß meine Genesung bald erfolgen würde.«

Man hat bereits aus den Stellen, die ich aus dem Buche Onania ausgezogen, ersehen, daß die öftere Wiederholung dieses Lasters die Mutterwuth bey einer Frauensperson hervorgebracht habe. Wenn man gewöhnt ist, sich nur mit einer Vorstellung zu beschäftigen, so wird man unfähig, andere Vorstellungen zu haben; jene einzige maßt sich die Herrschaft an, und regiert unumschränkt. Theile, die immerfort gereizt werden, bekommen eine kränkliche Anlage, welche ohne Zuthun irgend einer äußerlichen Ursache, schon für sich beständig wie ein Stachel wirkt. Es giebt Krankheiten in den Urinwegen, wo ein beständiger Reiz zum Wasserlassen da ist; die öfters wiederholte Reizung der Zeugungstheile bringt eine ähnliche Krankheit in denselben hervor. Man darf sich aber nicht wundern, wenn der Zusammenfluß vereinigter moralischer und physischer Ursachen in einen so schrecklichen Zustand versetzt, wie die Liebeswuth ist. Alle Personen, bey denen sich noch einige Spuren von Vernunft und Scham befinden, sollten sich diese Vorstellung zur heilsamen Warnung dienen lassen.

Eine vierte Ursache, warum die Selbstbefleckung die Kräfte sehr mitnimmt, besteht darinn; weil, wenn man auch den Saamenverlust nicht rechnen will, schon die häufigen, obgleich unvollkommenen Erektionen, worüber dergleichen Weichlinge klagen, ihre Natur merklich schwächen müssen. Denn jeder Theil, der in einem Zustande der Spannung ist, zieht einen Abgang der Kräfte nach sich; sie haben aber keine Kräfte zu verlieren. Ferner, es ziehen sich die Lebensgeister in größerer Menge nach einem solchen Theile hin, und zerstreuen sich; dieß muß nothwendig schwächen; sie werden andern Verrichtungen entzogen, welche daher nur unvollkommen geschehen können. Wenn beyderley Ursachen zusammenkommen, so entstehen die gefährlichsten Folgen. Insonderheit wird man wahrnehmen, daß Personen, die sich dieses Laster angewöhnt haben, vorzüglich einer Art Lähmung der Zeugungstheile unterworfen sind, woraus durch Mangel der Erektion ein Unvermögen zum

Beyschlaf, und der einfache Saamenfluß (*gonorrhoea simplex*) erfolget, weil die erschlafften Theile den ächten Saamen, so wie er kömmt, ausfließen, und die von den Vorstehern (prostatis) abgesonderte Feuchtigkeit wegsiekern lassen, und weil endlich das ganze inwendige Häutchen der Harnröhre eine flußhafte Neigung annimmt, vermöge welcher ein dem weißen Fluße der Weiber nicht unähnlicher Abgang erfolget; [...].

Ein geschickter Wundarzt erzählte mir von einem Manne, daß er aus einem sonderbaren Geschmacke sich mit lauter Nymphen von der niedrigsten Klasse abgegeben, selbige, so wie er sie des Nachts in den Winkeln der Gassen angetroffen, allemal stehend abgefertigt habe und in einen gänzlichen Verfall der Kräfte gerathen sey, wozu sich die grausamsten Schmerzen in den Lenden, eine Dörrsucht oder Vertrocknung der Schenkel und Beine, und eine Lähmung derselben geschlagen haben; welche Zufälle eine Folge derjenigen Stellung zu seyn schienen, die er bey Vollziehung seiner geilen Lüste zu beobachten gewöhnt gewesen war. Er starb, nachdem er sechs Monate in einem eben so schrecklichen als mitleidswürdigen Zustande bettlägerig gewesen. Giebt uns nicht diese Bemerkung eine fünfte Ursache der Gefahren an die Hand, welche besonders der Selbstbefleckung gewöhnlich sind. Wenn man seine Kräfte durch zwey Mittel zugleich verliert, so ist die Entkräftung desto beträchtlicher. Eine Person, welche steht oder sitzt, muß, wenn sie sich in dieser Stellung, besonders in der erstern, erhalten will, eine große Menge Muskeln anstrengen; diese Handlung aber zerstreut die Lebensgeister. Schwache Personen, die sich keinen Augenblick im Stehen erhalten können, ohne eine Schwachheit zu empfinden, oder Kranke, die nicht ohne große Beschwerlichkeit sitzen können, zeugen von dieser Wahrheit augenscheinlich. Hingegen um ausgestreckt zu liegen, braucht man nicht so viele Kräfte anzuwenden. Hieraus sieht man, daß es bey einerley Handlung nicht einerley sey, ob man sie im Stehen oder Sitzen, oder ob man sie liegend und ausgestreckt verrichte; in den beyden erstern Fällen wird sie weit mehr entkräften, als im letztern Falle. Sanctorius hatte dieses bereits erkannt: »Der Beyschlaf im Stehen, schreibt er: ist schädlich, denn er greift die Muskeln zu hart an, und mindert ihre so nützliche Ausdünstung.«

Noch andere wohlbestättigte Bemerkungen reichen eine sechste Ursache dar, die vielleicht manchen sehr unerheblich vorkommen wird, die aber erleuchtete Naturverständige nicht ganz verwerfen werden. Alle lebendige Körper dünsten aus; es dringt jeden Augenblick, vielleicht durch die Hälfte der Schweißlöcher unserer Haut, eine erstaunlich dünne Feuchtigkeit, die weit beträchtlicher ist, als alle unsere andere Ausleerungen. Zu gleicher Zeit nehmen eine andere Art Schweißlöcher einen Theil der uns umgebenden Flüßigkeiten auf, und bringen selbige unsern Gefässen zu. Dieß sind, daß ich mich des glücklichen Ausdrucks des Herrn Senac bediene, die unsichtbaren Ströme, die aus unserm Körper herausgehen, und in ihn eintreten. Es ist erwiesen, daß in einigen Fällen diese Einhauchung sehr beträchtlich ist. Starke Personen hauchen mehr aus; schwache aber, die fast keinen eigenen Dunstkreis haben, hauchen mehr ein; und jener ausgehauchte Theil, oder jene Ausdünstung bey Personen, die sich wohl befinden, enthält etwas Nährendes und Stärkendes, welches, wenn es von einer andern Person eingehaucht wird, ihr neue Kraft mittheilt. Aus diesen Bemerkungen läßt sich erklären, wie das junge Mädchen, welches sich der alte David beylegte, ihm frische Stärke gab; wie eben dieser Versuch andern Greisen, denen er angerathen worden, gelungen ist; und darum dieses die junge Person schwächt, als welche verliert, ohne was dagegen zu empfangen; oder vielmehr, welche lauter schwache, verdorbene, faulende Ausdünstungen, die ihr schaden müssen, in Empfang nimmt. Man dünstet zur Zeit des Beyschlafs mehr aus, als zu jeder andern Zeit wegen des verstärkten Triebes des Umlaufs des Geblüts. Diese Ausdünstung ist auch vielleicht alsdann wirksamer und geistiger, als zu jeder andern Zeit; man leidet dadurch einen wirklichen Verlust, der, es mag die Saamenergießung geschehen auf welche Art sie wolle, allemal Statt findet, weil er von der erschütternden Bewegung herrührt, welche diese Handlung begleitet. Im Beyschlaf ist dieser Verlust wechselseitig, und alsdann zieht eines die Ausdünstungen des andern in sich. Dieser Wechsel wird durch zuverläßige Bemerkungen außer Zweifel gesetzt. Ich habe erst vor kurzem einen Mann gesehen, der keinen Tripper, auch nicht einmal den mindesten verdächtigen Ausschlag auf der Haut hatte, und gleichwohl einer Frau die Lustseuche mittheilte, wofür er in demselben Augenblicke die Krätze zum Gegengeschenk von ihr erhielt. Der eine Theil bekömmt hier wieder, was der andere verliert; der Selbstbeflecker aber verliert nur, und bekömmt nichts dagegen.

Wenn man auf die Wirkung beyder Leidenschaften Acht giebt, so entdeckt man einen siebenten Unterschied zwischen denen, die im Genuß der Frauenliebe, und denen, die in der Selbstbefleckung ihr Vergnügen suchen. Die Freude, welche die Seele rührt, und welche von der blos körperlichen Wollust, die der Mensch mit dem Vieh gemein hat, himmelhoch unterschieden ist, diese reine Freude, sage ich, hilft zur Ausarbeitung eines guten Nahrungssafts, belebet den Umlauf des Bluts, befördert alle Verrichtungen der thierischen Oekonomie, stellt die verlornen Kräfte wieder her, und stärket sie. Gesellet sich diese Freude zur Liebeslust, so wird der durch letztere verursachte Abgang gar bald wieder ersetzt. Die Erfahrung bestättigt solches, und Sanctorius hat es bereits bemerkt, da er sagt: »Wenn man gleich in den Umarmungen eines Frauenzimmers, das man von Herzen liebt, und wornach man sehnlich verlangt hat, einige Ausschweifung begeht, so empfindet man doch nicht diejenige Müdigkeit, die aus einem übertriebenen Genusse erfolgen sollte; weil die Freude, welche die Seele empfindet, die Kraft des Herzens vermehrt, die ganze Natur stärket, und das Verlorne ersetzen hilft,« Aus diesem Grunde behauptet auch Venette, (in dessen Buche man ein gutes Kapitel von der Gefährlichkeit der Ausschweifungen in den Liebesergötzlichkeiten findet), daß man von der Beywohnung einer schönen Frau weniger erschöpft werde, als wenn man es mit einer häßlichen zu thun gehabt. »Die Schönheit hat zauberische Reize, die unser Herz erweitern, und die Geister desselben vermehren. Man muß mit dem heiligen Chrysostomus glauben, daß, wer gegen die Gesetze der Natur die Lust hervorreizt, eine weit größere Sünde begehe, als der, den die Natur selbst dazu einladet.« Kann man aber wohl zweifeln, daß die Natur mehr Freude mit denjenigen Ergötzungen verbunden habe, die man sich durch Mittel verschafft, welche man auf ihren Wegen antrifft, als mit den entgegengesetzten Lüsten?

Die achte und letzte Ursache, welche die Gefahren der Selbstbefleckung vergrößert, ist die entsetzliche Angst und Reue, wann ihnen das Gefühl der traurigen Folgen die Decke von den Augen abgerissen hat, die ihnen bisher die Abscheulichkeit ihres Vergehens, und seine Gefahren verbarg.

Miseri, quorum gaudia crimen habent!

Elende Freuden, worauf Gewissensbisse folgen! Wenn je einige in diesem Falle sind, so sind es die Selbstbeflecker. Sobald der Vorhang weggefallen ist, stellt sich ihnen das Bild ihrer Aufführung unter den häßlichsten Gestalten dar. Sie finden sich eines Verbrechens schuldig, welches die göttliche Gerechtigkeit sogleich auf der Stelle mit dem Tode bestraft hat; eines Verbrechens, das selbst die Heiden für eines der größesten hielten.

> Hoc nihil esse putas? scelus est, mihi crede,
> sed ingens,
> Quantum vix animo concipis ipse tuo.
> *Martialis.*

Die Scham, die darauf folgt, vermehrt ihr Elend ungemein. Es hat schon die Frechheit an einigen Orten so stark überhand genommen, daß man sich die Vergehungen mit Frauenzimmern nicht mehr zur Schande rechnet, sondern sie als etwas betrachtet, daß mit zum Weltbrauch gehört. Selbst diejenigen, die sich am meisten damit vergangen, machen kein Geheimniß daraus; sie können sich gar nicht vorstellen, daß jemand sie deswegen geringer schätzen werde. Aber den Selbstbeflecker möchte ich sehen, der das Herz faßte, seine Schande öffentlich zu gestehen. Sollte nicht schon diese Nothwendigkeit, sich in die Schatten des Geheimnisses zu verhüllen, in seinen eigenen Augen einen Beweis für die Abscheulichkeit seines Verbrechens abgeben? Wie viel sind nicht solcher Weichlinge aus der Welt gefahren, weil sie sich nie getrauet hatten, die Ursachen ihres schlimmen Zustandes zu offenbaren. Man lieset in verschiedenen Briefen der Onania: »Lieber wollte ich sterben, als nach einem solchen Geständnisse Ihnen unter die Augen treten.« Man muß weit geneigter seyn, (und man ist es auch wirklich), jemand zu entschuldigen, der, nachdem er sich durch die Neigung verführen lassen, welche die Natur, um unser Geschlecht zu erhalten, in alle Herzen gegraben, nur in soferne Unrecht hat, daß er nicht in den Schranken geblieben ist, die er den Gesetzen und seiner Gesundheit schuldig war; es ist ein Mensch, der sich durch die Leidenschaft hat hinreißen lassen, der sich selbst vergessen hat; man wird ihn, sage ich, weit lieber entschuldigen, als den, der durch seine böse Handlung alle Gesetze muthwillig bricht, die Empfindungen der Natur verkehret, und alle ihre Absichten vereitelt. »Es dünkt mich, schrieb mir einer von diesen Missethätern in dem Briefe, woraus ich schon oben eine Stelle angeführet habe, daß jedermann die schändliche Ursache meines Übels auf meiner Stirne lesen könne; und dieser Gedanke macht mir jede Gesellschaft unerträglich.« Solche Leute verfallen in Traurigkeit und Verzweiflung; hievon haben wir schon im vierten Abschnitte dieses Werks Beyspiele gesehen. Sie empfinden alles das Elend, das aus einer anhaltenden Schwermuth erfolgt, und haben dabey, (welches für einen Verbrecher das schrecklichste ist) keinen Vorwand sich zu rechtfertigen, keinen einzigen Trostgrund. Und welches sind die Wirkungen der Schwermuth? Das Erschlaffen der Fäserchen, ein träger Umlauf des Bluts und der Säfte, eine unvollkommene Verdauung, ein Mangel des Gedeyens, Verstopfungen, wozu das Einschrumpfen der Gefässe Anlaß giebt, welches eine eigentliche Wirkung der Traurigkeit zu seyn scheinet; ein Austreten der Säfte, das eine Folge jenes Einschrumpfens ist; (»Die Säugröhrchen der Leber, sagt Herr Senac, verschließen sich, und die Galle ergießt sich in den ganzen Körper.«) Krämpfe, Zückungen, Lähmungen, Schmerzen, unendliche Vermehrung der Angst, nebst allen Zufällen, die aus diesen erzeugt werden können.

Dieses sey genug von der besondern Gefahr der Selbstbefleckung gesagt. Ich denke, zureichend erwiesen zu haben, daß diese Gefährlichkeit nicht in meiner Einbildung bestehe, sondern wirklich sey. [...]

Simon-André-David Tissot
Versuch von denen Krankheiten,
welche aus der Selbstbefleckung entstehen

Vorrede des Verfassers

von Canitz
Wenn schnöde Wollust dich erfüllt,
So werde durch ein Schrökenbild
Verdorrter Todenknochen
Der Küzel unterbrochen.

[...]

Ein anderes Buch, welches die Onania ist,(*) habe ich verschie-
dentlich angeführet, ich bemerke von ihm kürzlich folgendes: dasselbe ist kaum ein Buch zu nennen, sondern es ist vielmehr ein verwir-
tes Mischmasch oder ein Vorrath nüzlicher Beobachtungen. Denn
ein rechtschaffener Mann, der in der Heilungs-Kunst unwissend
ware, und der von einem Arzte einige Mittel gelernet hatte, wodurch
die aus der Selbstbeflekung entstandene Uebel gehoben werden
konte, und dieselbe als etwas Geheimes verkaufte, hat ein Büchelchen
herausgegeben, worinnen er diese garstige Gewohnheit moralisch
und *medicinisch* betrachtet. Er hat eine Menge Briefe von jungen
Leuten beederlei Geschechts erhalten, in welchen sie ihre Schuld
bekennen, die Krankheit treuherzig erzälen, und ihn sehnlich um
Hülfs-Mittel anflehen: eine große Anzal dieser Briefe, die mit seinem
Werkchen wieder abgedrukt worden sind, theilet uns die schönsten
Wahrnemungen mit, ich habe dieselben alle genau durchlesen, und
die vornemsten Zufälle in gewisse Tabellen gebracht, hieraus ist nun
eine zuverläsige Kranken-Geschichte entstanden; denn alle in der
Onanie angeführte Kranken haben ihr Siegel beigedrukt, und man
wird hierdurch zugleich des Verdrusses überhoben, dem man bei
dem Durchlesen einer weitläuftigen Samlung ausgesetzt ist, worinnen einerlei Zufälle so oft und unordentlich vorkommen.

(*) Onania: or: the heinous sin of self-pollution and all its frightful consequences in both
    sexes considored: With Spiritual and physical advice &c. the seventeenth edition. Lon-
    don 1752.

Der Verfasser ist sehr weitläuftig bei dem theologischen Beweise von der Abscheulichkeit dieses Lasters, ich aber bin sehr kurtz hierinnen; denn ich habe geistliche Dinge nicht mit ungeweiheten Händen berühren wollen: Ich überlasse gerne denen Priestern ihre Pflichten, und wolte GOtt! daß sie Gleiches mit Gleichem vergelten möchten. Ueberdeme bin ich Willens gewesen, von denen Krankheiten zu schreiben, die aus der Selbstbefleckung entstehen, nicht aber von dem Laster der Selbstbefleckung, [...] Denn ein mit Leidenschafften behaftetes Gemüte wird weit mehr gerühret durch die gegenwärtige Gefahr, als durch die Furcht vor dem Zorn eines Wesens, welches nicht in die Sinnen fällt. Lebe wol, und du Jugend, mache dir besonders meine Blätter zu nuze, denn deine unverrükte Gesundheit sol mir die beste Belohnung vor meine Mühe seyn.

Versuch von denen Krankheiten, welche aus der Selbstbefleckung entstehen

[...]

Alles was bisher gesagt worden ist, betrift vornemlich das mänliche Geschlecht, aber beklagenswürdig ist es, und ich erwehnte es nicht gerne, wenn mich nicht eine sehnliche Begierde Nuzen zu stiften dazu antriebe, daß duch selbst das schöne Geschlecht von der Schändlichkeit der Selbstbefleckung nich völlig frei ist. Ich will zwar hier nicht des Propertii Vorwurf hervorsuchen:

> Von dir wird unsre Brunst mir vielmahls vorgerückt;
> Doch glaube mir sie hat euch noch weit mehr bestrikt(n).

Dann so wol der Hippokrates(o) als auch viel andere geben dem Propertius keinen Beifal, und die Sache mag sich verhalten wie sie will, so komt hier wenig drauf an. So viel aber wissen wir aus der Erfahrung, daß es Weibs-Personhonen giebt, welche durch ein küzelndes Reiben an denen äusserlichen Geburths-Teilen und der Mutterscheide, eine dem Beischlaf ähnliche Wollust nachzuahmen trach-

(n) Lib. III. Eleg. 18.
(o) de Genitura Foef. p. 233.

ten. Hat wol die Verdorbenheit der Menschen so weit gehen können, daß dieselben einer sinnlichen Empfindung, welche ihnen gegeben ist, sich in angenehmer Verbindung zu einem bederseitigen Vergnügen zu reizen, schändlicher weise misbrauchen, und durch einzelne Besudelungen sich ihren gänzlichen Verfal zuziehen? Sind die Geseze und die Sitlichkeit in eine solche Vergessenheit gerathen? Gewis diejenige, welche fehlen, werden dieses mein Werkchen nicht mit neuen Wahrnehmungen bereichern.

Hieher gehöret die weibliche Schändung, welche mit dem Küzler geschiehet. Die Natur pflegt manchmahl zu spielen, und bringt solche Weibs-Persohnen hervor, welche bei der Gröse ihres Küzlers aus Unwissenheit des rechten Gebrauchs, in einen Misbrauch verfallen, und einen Mann vorstellen wollen. Gereizet reizen sie andere und trachten sich hierdurch die Lust eines rechten Beischlafs zu verschaffen. Diese Art Weibs-Persohnen hasset die Männer und ist ihnen feind, sie ware den Alten nicht unbekant, welche sie *tribates* (geile Weiber die mit ihres gleichen Schande treiben) nennten, und in gewisse Klassen abtheilten; auch haben die Schriftsteller ihre verschiedene Benennungen nicht mit Stillschweigen übergangen, und schreiben der jungen Sapho die Aufrichtung dieses Ordens zu. Ob das Laster, wieder welches ich schreibe, überhaupt seltener oder gemeiner bei dem weiblichen oder männlichen Geschlecht seie, daran ist wenig gelegen. Wenigstens haben so wol die Cleopatra als Messalina gezeigt, daß ein unmäsiger Beischlaf sie lange nicht so sehr schwäche als die Männer, es fehlet auch an neuern Beispielen nicht, und in der täglichen Praxis sehen wir, daß uns vielmehr Männer als Weiber vorkommen, die von wegen des öftern Beischlafs erkranken. Die Phisiologische Ursache lieget darinnen, weil der sogenannte weibliche Samen keine belebende Kraft hat, mit weit weniger Zubereitung und Umstanden abgesondert wird, und von geringerm Werth ist, als der rechte Hoden-Samen der Männer, jener scheinet vielmehr mit der Feuchtigkeit der Vorsteher (*prostratae*) übereinzukommen. Unterdessen sind doch nicht alle ausser den Schranken gehende Frauens-Persohnen vor Schaden sicher und frei, [...].

Es giebt Laster, worauf die Strafen langsam folgen, und es ist bewiesen worden, daß die Selbstbeflecker von denselben nicht frei sind, aber sie werden überdem noch geschwinde und scharf am

Gemüte und Körper heimgesucht, als schändliche Leute angesehen, und sind aller Entschuldigung und alles Trostes beraubet
die Genes-Mittel sind oft nicht hinläng-
lich, und es giebt folglich kein Laster,
das ein jeder, der nicht unsinnig ist, mit mehrerer Sorgfalt zu fliehen hat.

ENDE

Jean-Jacques Rousseau
Julie oder Die neue Héloïse

Zweiter Teil
Der fünfzehnte Brief

Von Julien

Ja, mein Freund, unsrer Entfernung ungeachtet werden wir vereinigt, trotz des Schicksals werden wir glücklich sein. Der Herzen Vereinigung macht ihre wahre Glückseligkeit aus; ihre Anziehungskraft weiß nichts vom Gesetz der Entfernung; und die unsrigen, wären sie auch an den zwei äußersten Enden der Welt, würden einander dennoch berühren. Ich finde, so wie Du, daß Verliebte tausend Mittel besitzen, der Abwesenheit Gefühl zu lindern und sich in einem Augenblicke einander zu nähern. Zuweilen sieht man sogar einander abwesend öfter als zu Zeiten, da man sich alle Tage sah; denn kaum ist einer von beiden allein, so sind beide alsbald beisammen. Wenn Du dieses Vergnügen alle Abende genießest, so genieße ich es des Tages hundertmal; ich lebe einsamer; ich bin von Deinen Spuren umringt, und ich kann die Augen auf keinen Gegenstand um mich her richten, ohne Dich ganz um mich zu sehen

> Quì cantò dolcemente, e quì s'assise:
> Quì si rivolse, e quì ritenne il passo;
> Quì co'begli occhi mi trafise il core:
> Quì disse na parola, e quì sorrise.*

Du aber, kannst Du bei diesem ruhigen Zustande stehenbleiben? Kannst Du eine stille, zärtliche Liebe genießen, die zum Herzen spricht, ohne die Sinne zu erregen? Und sind jetzt Deine Klagen vernünftiger, als es einstmals Deine Begierden waren? Deines ersten

---

* »Dort saß, hier sang er zum Entzücken: / Hier blieb er stehn, sein Fuß erhob sich dort; / Hier traf er mir das Herz mit schönen Blicken: / Sein Lächeln sah ich hier, dort hört ich froh sein Wort« (Gellius). – Aus Petrarcas Sonett »Sennuccio, i' vo'che sappi« (Canzoniere, CXII)

Briefes Ton läßt mich erzittern. Ich fürchte mich vor jenem trügerischen Ungestüme, das um so gefährlicher ist, als die Einbildungskraft, die es hervorruft, keine Schranken kennt, und ich fürchte, Du könntest Deine Julie noch aus zu großer Liebe beleidigen. Ach, Du fühlst nicht, nein, Dein wenig zartfühlendes Herz spürt nicht, wie sehr die Liebe durch eitle Verehrung gekränkt wird. Du bedenkst weder, daß Dein Leben mir gehört, noch, daß man oft dem Tode entgegeneilt, während man der Natur zu dienen glaubt. Sinnlicher Mensch, wirst Du niemals zu lieben wissen? Erinnere Dich doch, erinnere Dich jenes so gelaßnen, sanften Gefühls, das Du einmal gekannt und in so zärtlichem, rührendem Tone beschrieben hast! Wenn es das Köstlichste ist, das jemals die glückliche Liebe gespürt hat, so ist es auch das einzige, das getrennten Liebenden vergönnt ist, und wenn man es nur einen Augenblick lang genossen hat, darf man kein andres vermissen. Ich entsinne mich der Betrachtungen, die wir bei der Lektüre Deines Plutarch über einen verderbten Geschmack anstellten, der die Natur beleidigt. Wenn auch die traurigen Vergnügen, sagten wir uns, bloß das an sich hätten, daß sie nicht geteilt werden, so wäre es schon genug, sie unschmackhaft und verächtlich zu machen. Wenden wir ebendieselbe Vorstellung auf die Irrtümer einer zu lebhaften Einbildungskraft an, so sehen wir: Er gilt für sie nicht weniger. Unglücklicher! Was kannst Du genießen, wenn Du allein genießest? Diese einsame Lust ist tote Lust. O Liebe! Die deinige ist voll Leben; die Verbindung der Seelen belebt sie, und die Freuden, die man seinem Geliebten bereitet, machen erst die von ihm geschenkten wertvoll. [...]

Jean-Jacques Rousseau
Emile oder Von der Erziehung

Viertes Buch

[...]

Sie können sich nicht vorstellen, wie Emile mit zwanzig Jahren noch folgsam sein kann? Wie verschieden denken wir doch! Ich begreife nicht, wie er es im zehnten Jahre hat sein können; denn was für Gewalt hatte ich in diesem Alter über ihn? Ich habe fünfzehn Jahre Anstrengung gebraucht, mir diese Gewalt zu verschaffen. Ich erzog ihn damals noch nicht; ich bereitete ihn nur vor, damit er erzogen werden konnte. Jetzt ist er genug vorbereitet, um folgsam zu sein; er erkennt die Stimme der Freundschaft, und er weiß der Vernunft zu gehorchen. Ich lasse ihm zwar den Schein der Unabhängigkeit, er ist mir aber niemals besser unterworfen gewesen, denn er ist es, weil er es sein will. Solange ich mich nicht zum Herren über seinen Willen habe machen können, bin ich es über seine Person geblieben; ich verließ ihn nicht einen Schritt. Jetzt überlasse ich ihn zuweilen sich selbst, weil ich ihn stets beherrsche. Ich umarme ihn, wenn ich ihn verlasse, und ich sage zuversichtlich zu ihm: »Emile, ich vertraue dich meinem Freund an; ich übergebe dich seinem redlichen Herzen; er ist mir für dich verantwortlich.«

Es ist nicht das Werk eines Augenblicks, gesunde Gemütsneigungen, die vorher nie gestört wurden, zu verderben und Grundsätze, die unmittelbar aus den ersten Einsichten der Vernunft hergeleitet sind, auszulöschen. Wenn während meiner Abwesenheit irgendeine Veränderung eintreten sollte, so wird sie niemals gar zu lang sein; er wird sich niemals so sehr vor mir verbergen können, daß ich nicht die Gefahr vor dem Übel wahrnähme und daß ich nicht Zeit hätte, ein Gegenmittel anzuwenden. Wie man nicht gleich auf einmal schlecht wird, so lernt man auch nicht gleich auf einmal, sich zu verstellen; und wenn jemals ein Mensch ungeschickt in dieser Kunst gewesen ist, so ist es Emile, der in seinem Leben nicht eine einzige Gelegenheit hatte, sich ihrer zu bedienen.

Durch diese und andere ähnliche Vorsorgen glaube ich ihn vor fremden Einwirkungen und niedrigen Grundsätzen so gut bewahrt zu haben, daß ich ihn lieber mitten in der übelsten Gesellschaft in Paris als allein in seinem Zimmer oder in einem Park aller Unruhe seines Alters überlassen sehen wollte. Man mag tun, was man will, von allen Feinden, die einen jungen Menschen angreifen können, ist der gefährlichste und der einzige, den man nicht ausschalten kann, er selbst. Dieser Feind ist gleichwohl nur durch unsere Schuld gefährlich, denn, wie ich es tausendmal gesagt habe, die Sinne werden alleine durch die Einbildungskraft erweckt. Ihr Bedürfnis ist eigentlich kein physisches Bedürfnis; es ist nicht wahr, daß es ein echtes Bedürfnis ist. Wenn uns niemals ein unzüchtiger Gegenstand vor die Augen, wenn niemals eine unehrbare Vorstellung in unseren Geist gekommen wäre, so würde sich dieses vermeintliche Bedürfnis vielleicht niemals in uns geregt haben, und wir würden ohne Versuchungen, ohne Mühe und ohne Verdienst keusch geblieben sein. Man weiß nicht, was für heimliche Gärungen gewisse Situationen und gewisse Anblicke im Blut der Jugend erregen, ohne daß sie selbst die Ursache dieser ersten Unruhe zu erkennen vermag, die nicht leicht zu stillen ist und nicht säumt, wieder hervorzukommen. Je mehr ich für mein Teil über diese wichtige Veränderung und über ihre nahen oder entfernten Ursachen nachdenke, desto mehr bin ich überzeugt, daß ein einsamer Mensch, der in einer Wüste ohne Bücher, ohne Unterweisungen und ohne Frauen erzogen worden wäre, dort als ein keuscher Junggeselle sterben würde, welches Alter er auch erreichen mag.

Es ist hier aber nicht die Rede von einem Wilden dieser Art. Wenn man einen Menschen unter seinesgleichen und für die Gesellschaft erzieht, ist es unmöglich, ja ist es nicht einmal ratsam, ihn stets in dieser heilsamen Unwissenheit zu erziehen, und das Ärgste für die Züchtigkeit ist halbes Wissen. Die Erinnerung an die Dinge, die uns gerührt haben, die Ideen, die wir uns erworben haben, folgen uns in die Einsamkeit, bevölkern sie wider unseren Willen mit Bildern, die verführerischer sind als die Dinge selbst, und machen die Einsamkeit für denjenigen, der all dies hineinbringt, ebenso verderblich, wie sie demjenigen nützlich ist, der sich stets allein darin aufhält.

Wachen Sie also sorgfältig über den jungen Menschen; er wird sich vor allem übrigen schützen können, Ihnen aber kommt es zu, ihn vor sich selbst zu schützen. Lassen Sie ihn weder Tag noch Nacht allein; schlafen Sie wenigstens in seinem Zimmer. Trauen Sie dem Instinkt nicht, sobald Sie sich nicht mehr auf ihn beschränken; er ist gut, solange er allein wirkt; er wird verdächtig, sobald er sich mit menschlichen Einrichtungen verbindet; man darf ihn nicht zerstören, man muß ihn zügeln, und dies ist vielleicht schwerer, als ihn zu vernichten. Es würde sehr gefährlich sein, wenn er Ihren Zögling verleitete, seine Sinne zu betrügen und einen Ersatz zu finden für die Gelegenheiten, sie zu befriedigen. Wenn er diesen gefährlichen Ersatz einmal kennt, ist er verloren. Von der Zeit an werden sein Geist und Körper kraftlos sein, er wird bis ans Grab die traurigen Wirkungen dieser Gewohnheit in sich tragen, welche die unheilvollste ist, der ein junger Mensch erliegen kann. Ohne Zweifel würde es noch besser sein... wenn das Wüten eines hitzigen Temperamentes unüberwindlich wird, so beklage dich, mein lieber Emile; ich werde aber nicht einen Augenblick schwanken, ich werde nicht zulassen, daß der Endzweck der Natur umgangen wird. Wenn dich schon ein Tyrann unter das Joch zwingen muß, so werde ich dich lieber demjenigen überliefern, von dem ich dich befreien kann. Was auch geschehen möge, ich werde dich leichter den Frauen entreißen als dir selbst.

Der Körper wächst bis in das zwanzigste Jahr; er hat alle seine Kraft nötig. Die Enthaltsamkeit ist alsdann der Ordnung der Natur gemäß, und man verstößt gegen sie nur zum Nachteil seiner Gesundheit. Vom zwanzigsten Jahre an ist die Enthaltsamkeit eine sittliche Pflicht; es ist viel daran gelegen, daß man über sich selbst herrschen, daß man Herr über seine Begierde bleiben lernt; die sittlichen Pflichten aber ändern sich, haben ihre Ausnahmen, ihre Regeln. Wenn die menschliche Schwachheit das eine oder andere unvermeidlich macht, so wollen wir von zwei Übeln das kleinste wählen. In jedem Fall ist es besser, einen Fehler zu begehen, als einem Laster zu verfallen.

Erinnern Sie sich, daß ich hier nicht mehr von meinem, sondern von Ihrem Zögling rede. Seine Leidenschaften, welche Sie haben gären lassen, unterjochen Sie? Geben Sie ihnen also offen nach, ohne ihm seinen Sieg zu verhehlen. Wenn Sie ihm diesen in seinem wahren Licht zu zeigen wissen, so wird er darüber viel eher beschämt als stolz sein, und Sie werden sich das Recht sichern, ihn während seiner Verirrung zu führen, um ihn wenigstens die Abgründe vermeiden zu lassen. Es ist viel daran gelegen, daß der Schüler nichts tut, was der Lehrer nicht weiß und was er nicht will, auch sogar das nicht, was böse ist; und es ist hundertmal besser, daß der Erzieher einen Fehltritt billigt und sich dabei betrügt, als wenn er von seinem Zögling betrogen wird und der Fehltritt geschieht, ohne daß er etwas davon weiß. Wer glaubt, er müsse die Augen vor etwas verschließen, sieht sich bald gezwungen, sie vor allem zu verschließen. Der erste geduldete Mißbrauch führt einen andern herbei, und diese Kette endet erst mit der Umkehrung aller Ordnung und der Verachtung aller Gesetze.

Ein anderer Irrtum, den ich schon bekämpft habe, der aber niemals von kleinen Geistern abgelegt wird, ist, daß man sich stets einer schulmeisterhaften Würde befleißigt und in den Augen seines Schülers als ein vollkommener Mann gelten will. Diese Methode ist widersinnig. Wie sehen sie nicht, daß sie ihre Autorität zerstören, da sie sie festigen wollen, daß, wenn man dem, was man sagt, Gehör verschaffen will, man sich an die Stelle derjenigen setzen muß, an die man sich wendet, und daß man ein Mensch sein muß, wenn man zum menschlichen Herzen sprechen will. Alle diese vollkommenen Leute rühren und überzeugen nicht; man sagt sich stets, es sei ihnen sehr leicht, Leidenschaften zu bekämpfen, die sie nicht empfinden. Zeigen Sie Ihrem Zögling Ihre Schwäche, wenn Sie ihn von seiner heilen wollen; er sehe in Ihnen den gleichen Kampf, den er auszustehen hat, er lerne sich nach Ihrem Beispiel überwinden, und er sage nicht wie die anderen: »Diese Greise, die es ärgert, daß sie nicht mehr jung sind, wollen junge Leute als Greise behandeln, und weil alle ihre Begierden erloschen sind, machen sie aus unseren ein Verbrechen.«

Montaigne sagt, er habe eines Tages den Herrn von Langey gefragt, wievielmal er sich bei seinen Unterhandlungen in Deutschland im Dienste des Königs betrunken habe. Ich möchte gern den Erzieher eines gewissen jungen Menschen fragen, wievielmal er im Dienste seines Zöglings in ein verrufenes Haus gegangen ist. Wievielmal? Ich irre mich. Wenn dem Wüstling nicht das erstemal gleich die Lust benimmt, wieder dahin zu gehen, wenn er nicht Reue und Scham daraus zurückbringt, wenn er nicht Ströme von Tränen an Ihrer Brust vergießt, so verlassen Sie ihn auf der Stelle. Er ist nur ein Ungeheuer, oder Sie sind nur ein Schwachkopf; Sie werden ihm niemals zu etwas nützlich sein. Wir wollen aber diese ebenso traurigen wie gefährlichen äußersten Mittel beiseite lassen, die mit unserer Erziehung nichts zu tun haben.

Was für Vorsichtsmaßnahmen hat man doch bei einem jungen wohlerzogenen Mann zu ergreifen, bevor man ihn den ärgerlichen Sitten unserer Zeit aussetzt! Diese Vorsicht ist beschwerlich, aber sie ist unumgänglich. Nachlässigkeit in diesem Punkte stürzt die Jugend ins Verderben. Durch die Liederlichkeit im frühen Alter schlagen die Menschen aus der Art und werden das, was sie heutzutage sind. Niederträchtig und verzagt selbst in ihren Lastern, haben sie nur kleine Seelen, weil ihre abgenutzten Körper früh verdorben sind. Kaum bleibt ihnen noch so viel Leben, daß sie sich bewegen können. Ihre spitzfindigen Gedanken kennzeichnen Geister ohne Substanz; sie können nichts Großes und Edles empfinden; sie haben weder Einfachheit noch Kraft. Geringschätzig in allen Sachen und niederträchtig boshaft, sind sie nur eitel, betrügerisch, falsch; sie haben nicht einmal Mut genug, große Bösewichter zu sein. So sind die verächtlichen Menschen, welche die Ausschweifung der Jugend bildet. Wenn sich ein einziger darunter fände, welcher mäßig und nüchtern zu sein wüßte, welcher mitten unter ihnen sein Herz, sein Blut, seine Sitten vor der ansteckenden Seuche zu bewahren wüßte, so würde er mit dreißig Jahren all dieses Geschmeiß zertreten und mit weniger Mühe ihr Herr werden, als er gehabt hätte, sein eigener Herr zu bleiben.

[...]

Jean-Jacques Rousseau
Die Bekenntnisse

Zweites Buch

[...]

Während diese kleinen Streitigkeiten fortdauerten und die Tage mit Disputieren, Hersagen von Gebeten und Nichtsnutzigkeiten vorübergingen, erlebte ich ein übles, recht widerliches kleines Abenteuer, das sehr schlimm für mich hätte enden können.

Es gibt keine so niedrige Seele und kein so rohes Herz, das nicht für irgendeine Art Liebe empfänglich wäre. Der eine der beiden Banditen, die sich für Mauren ausgaben, schenkte mir seine Zuneigung. Er redete mich gern an, sprach mit mir in seinem barbarischen Kauderwelsch, erwies mir kleine Dienste, gab mir manchmal bei Tisch von seinem Essen ab und küßte mich besonders häufig mit einer Glut, die mir sehr unbequem war. Wenn ich auch natürlich Schrecken empfand vor dieser Pfefferkuchenfratze, die mit einer langen Schmarre geziert war, und vor den funkelnden Blicken, die eher wütend als zärtlich zu sein schienen, so duldete ich diese Küsse doch, indem ich mir sagte: der arme Mann hat eine sehr lebhafte Freundschaft für mich gefaßt, und ich täte unrecht, ihn zurückzuweisen. Er benahm sich allmählich freier und hielt mir so sonderbare Reden, daß ich glaubte, es sei nicht ganz richtig mit ihm. Eines Abends wollte er bei mir schlafen, dem widersetzte ich mich mit der Begründung, daß mein Bett zu klein sei. Darauf drängte er mich, in das seinige zu kommen; das wies ich auch zurück; denn der Elende war so unsauber und stank so nach Kautabak, daß mir übel wurde.

Am folgenden Morgen waren wir ziemlich früh alle beide allein im Versammlungssaal. Er begann von neuem mit seinen Liebkosungen, aber mit so heftigen Bewegungen, daß es erschreckend war. Endlich wollte er allmählich zu den anstößigsten Vertraulichkeiten übergehen und mich zwingen, indem er meine Hand leitete, ebenso zu tun. Ich riß mich ungestüm los, indem ich einen Schrei ausstieß und zurücksprang; und ohne Empörung oder Zorn zu zeigen (denn ich hatte nicht die geringste Vorstellung von dem, worum es sich handelte), drückte ich meine Überraschung und meinen Ekel so kräftig aus, daß er mich in Frieden ließ. Aber während er sich vollends abarbeitete, sah ich etwas Klebriges und Weißliches auf die Erde fallen, was mir Übelkeit erregte. Ich stürzte auf den Balkon, erregter, verwirrter, ja entsetzter, als ich je in meinem Leben gewesen war, und war einer Ohnmacht nahe.

Ich konnte nicht begreifen, was dieser Unglückliche hatte; ich glaubte ihn von der Epilepsie oder einer noch schrecklicheren Raserei befallen, und ich kann mir nichts Häßlicheres denken, als bei kaltem Blut dies unzüchtige und schmutzige Gebaren und dies scheußliche, von der brutalsten Begierde entflammte Gesicht zu sehen. Ich sah nie einen andern Menschen in einem ähnlichen Zustand; aber wenn wir in der Erregung bei den Frauen so aussehen, müssen ihre Augen ganz geblendet sein, um sich nicht vor uns zu entsetzen.

Ich hatte nichts Eiligeres zu tun, als aller Welt zu erzählen, was mir begegnet war. Unsre alte Hausverwalterin hieß mich schweigen, aber ich sah, daß diese Geschichte sie stark angegriffen hatte, und hörte sie zwischen den Zähnen brummen: »Can maledet! brutta bestia.« (Verdammter Hund! Abscheuliches Tier!) Da ich nicht begriff, warum ich schweigen sollte, ließ ich trotz des Verbots der Sache ihren Gang und schwatzte so viel, daß am nächsten Tag ganz früh einer der Verwalter kam und mir einen recht strengen Verweis erteilte, indem er mich beschuldigte, so viel Lärm wegen einer kleinen Unzuträglichkeit zu machen und die Ehre eines heiligen Hauses bloßzustellen.

Er dehnte seine Strafrede noch dadurch aus, daß er mir viele Dinge erklärte, die ich nicht kannte, die er aber, wie er glaubte, mich nicht zu lehren brauchte, da er überzeugt war, daß ich sehr wohl gewußt habe, was man von mir verlangte, und mich nur verteidigt hätte, weil ich nicht darein willigen wollte. Er sagte mir voller Ernst, es sei dies eine verbotene Sache so gut wie die Unzucht, aber für die Person, gegen die es versucht werde, auch nicht beleidigender, und man brauche sich nicht so sehr darüber zu erzürnen, liebenswürdig gefunden worden zu sein. Er erzählte mir ohne Umschweife, daß er selbst in seiner Jugend die gleiche Ehre erfahren habe und daß er, da er überrascht worden sei und daher keinen Widerstand habe leisten können, darin nichts so Schreckliches gefunden habe. Er trieb die Schamlosigkeit so weit, sich entsprechender Ausdrücke zu bedienen, und da er annahm, die Ursache meines Widerstandes sei nur die Furcht vor dem Schmerz, versicherte er mich, diese Furcht sei nichtig und man brauche sich deshalb nicht zu beunruhigen.

Ich hörte diesen Schuft mit um so größerem Erstaunen an, als er nicht für sich selbst sprach; er schien mich nur zu meinem eigenen Besten belehren zu wollen. Seine Auseinandersetzung erschien ihm so einfach, daß er nicht einmal eine geheime Zusammenkunft gesucht hatte; wir hatten als Dritten einen Geistlichen bei uns, der über all das nicht mehr empört war als der Verwalter. Dieser Ausdruck der Natürlichkeit machte solchen Eindruck auf mich, daß ich zu glauben begann, es handle sich zweifellos um eine in der Welt übliche Sitte, in die früher eingeweiht zu werden ich nur keine Gelegenheit gehabt hatte. Das bewirkte, daß ich ihn ohne Zorn anhörte, wenn auch nicht ohne Ekel. Das Bild dessen, was mir widerfahren war, vor allem dessen, was ich gesehen hatte, prägte sich meinem Gedächtnis so tief ein, daß, wenn ich daran denke, mir jetzt noch übel wird. Ohne daß ich mehr davon wußte, dehnte sich mein Abscheu vor der Sache auch auf ihren Verteidiger aus, und ich konnte mich nicht so weit beherrschen, daß er nicht die üble Wirkung seines Unterrichts gesehen hätte. Er warf mir einen wenig freundlichen Blick zu, und seitdem ließ er nichts unversucht, um mir den Aufenthalt im Hospiz unangenehm zu machen. Das gelang ihm auch so gut, daß, da ich nur einen einzigen Weg, es zu verlassen, kannte, ich mich beeilte, ihn einzuschlagen, und das um so rascher, je mehr ich mich bis dahin bemüht hatte, ihm fern zu bleiben.

Dies Abenteuer schützte mich in Zukunft vor den Unternehmungen solcher Liebesritter, und der Anblick von Leuten, die dafür galten, erinnerte mich an das Aussehen und Benehmen meines schrecklichen Mauren und erfüllte mich stets mit solchem Grauen, daß ich Mühe hatte, es zu verbergen. Die Frauen dagegen gewannen bei diesem Vergleich viel in meinen Augen. Mir schien, als schulde ich ihnen zur Genugtuung für die Beleidigungen meines Geschlechts die Zärtlichkeit meiner Gefühle und die Huldigung meiner Person, und die häßlichste Dirne wurde in meinen Augen durch die Erinnerungen an diesen falschen Afrikaner anbetungswürdig.

Was diesen Afrikaner betrifft, so weiß ich nicht, was man ihm hat sagen können; es schien mir aber nicht, als habe ihn außer der Frau Lorenza jemand unfreundlicher angesehen als vorher. Indes ging er mir aus dem Wege und sprach nicht mehr mit mir. Acht Tage später wurde er mit großer Feierlichkeit getauft, von Kopf bis Fuß in Weiß gekleidet, um die Reinheit seiner wiedergeborenen Seele darzutun. Am nächsten Tag verließ er das Hospiz, und ich habe ihn nie wiedergesehen.

[...]

Drittes Buch

Vom ersten Tage an stellte sich das süßeste Vertraulichkeitsverhältnis ein, so wie es zwischen uns bis zum Ende ihres Lebens geblieben ist. Ich hieß »Kleiner«, sie »Mama«; und stets blieben wir »Kleiner« und »Mama«, selbst als die Zahl der Jahre den Unterschied zwischen uns fast verwischt hatte. Ich finde, daß diese beiden Namen unsern Umgangston, die Harmlosigkeit unseres Verkehrs und vor allem das Verhältnis unserer Herzen zueinander treffend wiedergeben. Sie war für mich die zärtlichste der Mütter, die nie ihr Vergnügen, sondern stets mein Wohl suchte; und wenn bei meiner Zuneigung für sie die Sinne ins Spiel kamen, so veränderten sie nicht die Natur dieses Gefühls, sondern liehen ihm nur einen höheren Reiz und machten mich vor Entzücken trunken, eine so junge und hübsche Mama zu haben, die zu liebkosen meine Lust war. Ich sage liebkosen, buchstäblich genommen, denn nie kam es ihr in den Sinn, mir ihre Küsse und die zärtlichsten mütterlichen Liebkosungen vorzuenthalten, und nie stieg der Gedanke in mir auf, sie zu mißbrauchen. Man wird sagen, daß schließlich unsere Beziehungen doch ein anderes Aussehen gewannen; ich gebe es zu, aber man muß abwarten, ich kann nicht alles auf einmal sagen.

Der kurze Augenblick unseres ersten Zusammentreffens war der einzige wirklich leidenschaftliche Moment, den sie mich je hat fühlen lassen, und dazu war dieser Augenblick noch das Werk der Überraschung. Nie suchten meine Augen unbescheiden unter ihr Halstuch zu dringen, obschon eine darunter schlecht verhüllte Fülle sie wohl dahin hätte ziehen können. Ich fühlte neben ihr weder Sinnenrausch noch Verlangen; ich lebte in einer mich entzückenden

Ruhe, indem ich genoß, ohne zu wissen, was ich genoß. Ich hätte so mein Leben und selbst die Ewigkeit verbracht, ohne mich einen Augenblick zu langweilen. Sie ist die einzige Person, bei der ich nie jene Trockenheit in der Unterhaltung zu spüren bekam, die mir die Pflicht, sie fortzuführen, zur Strafe macht. Unsere Zusammenkünfte waren weniger Unterhaltungen als unerschöpfliches Geplauder, das unterbrochen werden mußte, sollte es enden. Sie mußte mich eher zum Schweigen als zum Reden auffordern. Da sie viel über ihre Pläne nachdachte, verfiel sie oft in Träumerei. Dann ließ ich sie träumen, schwieg, betrachtete sie und war der glücklichste Mensch. Noch eine sonderbare Wunderlichkeit hatte ich. Ohne die Gunst eines Alleinseins mit ihr zu beanspruchen, suchte ich es unaufhörlich und genoß es mit einer Leidenschaft, die zur Wut wurde, wenn zudringliche Menschen es störten. Sobald jemand, Mann oder Frau, kam, ging ich murrend fort, da ich es nicht zu dritt bei ihr aushalten konnte. Ich zählte die Minuten in ihrem Vorzimmer, indem ich tausendmal diese ewigen Besucher verfluchte und nicht begriff, was sie ihr so viel mitzuteilen wußten, weil ich noch mehr auf dem Herzen hatte.

Ich fühlte die ganze Kraft meiner Neigung für sie nur, wenn ich sie nicht sah. Sah ich sie, so fühlte ich nichts als Zufriedenheit, aber meine Unruhe, war sie fern, steigerte sich bis zur Pein. Das Bedürfnis, bei ihr zu leben, versetzte mich in zärtliche Wallungen, die mich oft Tränen kosteten. Ich werde mich stets daran erinnern, wie ich an einem hohen Festtage, während sie am Nachmittagsgottesdienst teilnahm, außerhalb der Stadt spazierenging, das Herz erfüllt von ihrem Bilde und voll brennender Begier, alle meine Tage bei ihr zu verbringen. Ich war verständig genug, um zu sehen, daß das vorderhand nicht möglich war und daß ein Glück, das ich so reich genoß, nur kurz sein könne. Das gab meiner Träumerei eine Schwermut, die doch nichts Düsteres hatte und von einer schmeichelnden Hoffnung gemildert wurde. Der Klang der Glocken, der mich stets sonderbar ergriffen hat, der Sang der Vögel, der schöne Tag, die anmutige Landschaft, die zerstreuten Landhäuser, in die ich in Gedanken unsere gemeinsame Wohnung verlegte, all das machte mir einen so lebhaften, zärtlichen, traurigen und rührenden Eindruck, daß ich mich wie in schwärmerischem Entzücken in die glückliche Zeit und an die beglückende Stätte versetzt sah, wo mein Herz, im Besitz aller

Seligkeit, die es ersehnte, sie in unbeschreiblichen Entzückungen empfand, ohne auch nur an Sinnenlust zu denken. Ich erinnere mich nicht, mich je mit größerer Kraft und Illusion in die Zukunft versenkt zu haben als damals, und was mich bei der Erinnerung an diese Träumerei nach ihrer Verwirklichung am meisten überrascht hat, ist, daß ich manches genauso wiederfand, wie ich es mir vorgestellt hatte. Wenn je der Traum eines wachen Menschen einer prophetischen Vision glich, so war es gewiß dieser. Nur seine eingebildete Dauer täuschte mich, denn die Tage, die Jahre und das ganze Leben verflossen darin in unveränderlicher Ruhe, während in Wirklichkeit das alles nur einen Augenblick gedauert hat. Ach, mein beständigstes Glück fand ich nur im Traum, seiner Erfüllung folgte fast sogleich das Erwachen.

Ich fände kein Ende, wollte ich im einzelnen all die Torheiten aufzählen, zu denen mich der Gedanke an die teure Mama trieb, wenn ich sie nicht vor Augen hatte. Wie oft küßte ich mein Bett, weil ich mir vorstellte, daß sie darin gelegen, meine Vorhänge, alle Möbel meines Zimmers, im Gedanken, daß sie ihr gehörten, daß ihre schöne Hand sie berührt hatte, sogar den Boden, auf den ich mich streckte, im Gedanken, daß sie über ihn gegangen war. Manchmal trieb es mich sogar in ihrer Gegenwart zu Narrheiten, die nur der heftigsten Liebe entstammen zu können schienen. Eines Tags bei Tisch, gerade als sie einen Bissen in den Mund gesteckt hatte, schrie ich auf, daß ich daran ein Haar gesehen hätte; sie läßt ihn wieder auf ihren Teller fallen, ich nehme ihn gierig und schlinge ihn hinab. Mit einem Wort: zwischen mir und dem leidenschaftlichen Liebhaber gab es nur einen einzigen, aber wesentlichen Unterschied, und dieser ist es, der meinen Zustand für die Vernunft fast unbegreiflich macht.

Ich war von Italien nicht ganz so zurückgekommen, wie ich dorthin gegangen war, aber doch so, wie vielleicht nie jemand in meinem Alter von dort wiedergekehrt ist. Ich hatte, wenn auch nicht meine seelische Unberührtheit, so doch meine körperliche Keuschheit zurückgebracht. Auch ich hatte den Fortschritt der Jahre empfunden, mein lebhaftes Temperament war endlich durchgebrochen, und seine erste, sehr unfreiwillige Entladung hatte mich über meine Gesundheit in eine Unruhe versetzt, die besser als alles andre die Unschuld beweist, in der ich so lange gelebt hatte. Bald wieder beruhigt, kam ich auf jenen gefährlichen Ausweg, der die Natur betrügt und junge Leute meiner Sinnesart vor vielen Ausschweifungen bewahrt, freilich auf Kosten ihrer Gesundheit, ihrer Kraft, manchmal sogar ihres Lebens. Dies Laster, das die Scham und die Schüchternheit so bequem finden, hat für lebhafte Phantasien noch einen besondern Reiz, den, gleichsam über das ganze Geschlecht nach eigenem Belieben zu verfügen und ihren Lüsten die Schönheit, die sie verlockt, dienstbar zu machen, ohne ihre Einwilligung erringen zu müssen. Von diesem unheilvollen Reiz verführt, arbeitete ich daran, die gute Gesundheit zu zerstören, die mir die Natur geschenkt und der ich Zeit gelassen hatte, sich kräftig zu entwickeln. Nun füge man zu diesem Hange noch den Schauplatz meines gegenwärtigen Lebens; ich wohnte bei einer hübschen Frau, liebkoste ihr Bild in der Tiefe meines Herzens, sah sie den ganzen Tag; abends, von den Gegenständen umgeben, die mich an sie erinnerten, lag ich in einem Bett, wo, wie ich wußte, sie geschlafen hatte. Welche Reizungen! Mancher Leser, der sie sich vergegenwärtigt, wird mich schon für halb tot betrachten. Ganz im Gegenteil, was mich hätte verderben müssen, rettete mich gerade, wenigstens eine Zeitlang. Berauscht von der Wonne, bei ihr zu leben, von dem heißen Wunsch, meine Tage bei ihr verbringen zu können, sah ich in ihr, fern oder gegenwärtig, stets eine zärtliche Mutter, geliebte Schwester, reizende Freundin, nichts mehr. Ich sah sie stets so, immer die gleiche, und sah nur sie. Ihr Bild, meinem Herzen stets gegenwärtig, ließ darin keinen Platz für ein andres; sie war für mich die einzige Frau auf der Welt, und da die wundersame Süßigkeit der Gefühle, die sie mir einflößte, meinen Sinnen nicht die Zeit ließ, für andre zu erwachen, schützte sich sie vor sich selbst und ihrem ganzen Geschlecht.

[...]

Christian Gotthilf Salzmann
Carl von Carlsberg oder
über das menschliche Elend

Der Oberste von Brav an Carl v. Carlsberg

Holdersleben, den 1. Jul.

Lieber Carl!

So wichtig auch die Auftritte sind, die du mir in deinem lezten Briefe gemeldet hast, und so sehr sie auch meine ganze Theilnehmung erfordern, so ist doch mein Herz vom Schmerze so zerrissen, daß ich ohnmöglich an etwas anders, als an meine eignen Leiden, denken kann.

Gestern war der Tag, auf welchen ich mich mit meinem lieben Weibe so sehr gefreut habe, der Tag der Ankunft Ferdinands. Wir reisten ihm zwey Stunden weit entgegen, und unterhielten uns von nichts, als von ihm. Meine Frau wußte sich noch der geringsten Umstände seiner Lebensgeschichte zu erinnern. Sie erzählte, wie viele Schmerzen er ihr während der Schwangerschaft und Geburt verursacht, wie viel sie ausgestanden habe, als sie ihn an ihren wunden Brüsten saugen ließ. Sie rechnete mir alle die schlaflosen Nächte her, die sie bey dem Zahnen, in den Pocken, in den Masern, und andern Zufällen bey ihm zugebracht habe, und weinte herzlich dazu. Aber, sagte sie, mit herzinniglicher Freude, nun ists alles überstanden, nun lohnt mir Gott allen Schmerz und Jammer wieder, wenn ich ihn heute an meine Brust drücken, und denken kann, dein Leben hast du mir zu danken.

Ich belohnte ihre Muttertreue mit einigen Küssen, und überließ mich mit ihr den süssen Vorstellungen von den Freuden, die unserer warteten, wenn er Bräutigam, Mann und Vater, werden würde. Meine Frau gieng in ihren süssen Träumen so weit, daß sie ihm schon ein kleines liebenswürdiges Fräulein in unserer Nachbarschaft zu seiner künftigen Frau bestimmte.

Unter diesen Vorstellungen kamen wir im Gasthofe an, und erwarteten sehnsuchtsvoll die Ankunft der Post.

Sie kam, meine Frau sprang zur Treppe herunter, streckte ihre

Armen weit aus einander, dem Postwagen entgegen, und rief, ach mein Ferdinand! mein Sohn! mein lieber trauter Sohn! Sie war so trunken von Freuden, daß sie ihn an ihre Brust drückte, küßte, und mit ihren Thränen benetzte. Und ob sie gleich einigemal zurück treten wollte, so war die Freude doch so heftig, daß sie immer wieder an seinen Hals fiel, und mit tausend Thränen und Küssen ihre herzliche Liebe und Freude ausdrückte.

Ich hatte unterdessen ganz andere Empfindungen. Ich hatte mir Ferdinanden als einen schlanken blühenden Jüngling gedacht, und wurde nicht wenig bestürzt, da ich ein kleines zusammengeschrumpftes Männchen, mit schwarzgelben, kupfrichtem Gesichte, und gebeugten Nacken, von der Post herabsteigen sahe.

Guten Morgen! das war alles, was er sagte, und die brünstigste mütterliche Umarmung die tausend Mutterthränen, die über seine gelben Backen herabflossen, erwiederte er mit nichts, als mit einem dummen, unbedeutenden Lächeln.

Ich verabscheuete ihn, und es kostete mich viele Ueberwindung, ihm einen kalten Kuß zu geben.

Wir nahmen ihn in unsern Wagen, und meine Frau war so begeistert, daß sie die schreckliche Veränderung nicht bemerken konnte, die mit ihm vorgegangen war. Sie that hunderterlei Fragen an ihn, die er alle sehr kurz beantwortete, und nicht die geringste Fähigkeit blicken ließ, ein Gespräch zu führen. Ich versank in tiefe Melancholie.

So bald wir zu Hause waren, eilte meine Frau, um Anstalten zu einer Mahlzeit zu machen. Ich aber führte den Elenden in ein Nebenzimmer, und fragte ihn, ob er krank sey? und da er es verneinte, fragte ich weiter, woher es käme, daß er so elend geworden wäre? er sagte, mit einer unaussprechlich dummen Miene, er wisse es nicht. Diese alberne Antwort brachte mich so in Zorn, daß ich ihn bey der Brust faßte, und sagte, den Augenblick gestehe mir, ob du nicht die Selbstschwächung getrieben hast? Er konnte es nicht leugnen, sondern mußte mir gestehen, daß alle seine Mitschüler mit dieser Seuche angesteckt wären, und wunderte sich, daß dieses etwas unerlaubtes seyn sollte.

Voller Unwillen wandte ich mich von ihm weg, gieng auf meine Stube, und sammelte alle meine Kräfte, um mein aufgebrachtes Gemüth zu beruhigen, damit mein Unwille nicht etwa ausbräche, und meiner unglücklichen Frau die wenigen vergnügten Stunden, die sie noch mit ihm geniessen wollte, raubte.

So bin ich denn also meiner Vaterfreuden mit einemmale beraubt. Die Belohnung die meine gute Frau für alle Schmerzen, die sie mit ihm ausgestanden hat, für alle Muttertreue erwartete, ist nun auf immer dahin. Nun bin ich kinderlos. Doch nein, ich bin mehr als kinderlos. Hätte ihm in der Schlacht eine Kanonenkugel an meiner Seite den Kopf zerschmettert, wäre mir sein Gehirn in das Gesichte gesprützt, so wäre dieß hart. Aber jedermann hätte mich doch bedauert, er hätte den Ruhm mit in sein Grab genommen, daß er als ein Held gestorben wäre, und die Länge der Zeit würde den Schmerz über seinen Verlust gemindert haben.

Wer wird aber mich nun bedauern? Jeder der ihn sieht, und einige Menschenkenntniß hat, wird seine Schande in seiner Bleichheit und seinen schlaffen Muskeln lesen, und mir, wenigstens in Gedanken, den Vorwurf machen, als wenn ich durch schlechte Erziehung den Grund zu seinem Elende gelegt hätte.

So lange ich lebe, werde ich meinen Schmerz fühlen müssen. Immer werde ich mich von einem dummen Jungen müssen Vater rufen lassen. Immer wird meinen Namen ein Elender führen, der die niederträchtigste Seele hat. Denn sage selbst, muß der nicht eine niedrige Seele haben, der das Scheusliche der Selbstschwächung nicht fühlt? Kannst du von ihm das geringste Gefühl für gute Handlungen, die Fähigkeit zu irgend einer edlen That, erwarten? Eher wird der ein Tänzer werden, dessen Mark die englische Krankheit ausgesogen hat. Wie kann der Neigung haben, andre glücklich zu machen, der sich selbst auf eine so dumme Art ausmergelt, und alle die Anlagen zur Glückseligkeit, die ihm sein Schöpfer gegeben hat, zerstört?

Ach dieser Elende wird nie des Ehestands süsse Freuden schmekken. Und wenn er ehelich wird, so wird er doch nichts als Krüpel in die Welt setzen. Und die Bravische Familie bestand doch immer aus Leuten, die an Leib und Seele stark waren. Von mir stammen die ersten Auswüchse her.

Lieber Carl, beklage mich! Ich werde dir den Elenden nächstens zuschicken, suche ihn, wo möglich, zu bessern, und die Trümmern, die von ihm noch übrig sind, zu retten!

Was deine Liebesbegebenheiten betrift, so bitte ich dich recht herzlich, sey nicht zu voreilig. Mache dem guten Mädchen nicht eher Hofnung, bis du von der Güte ihres Charakters überzeuget bist, und meinen Rath vernommen hast. Ich bin Dein

v. Brav.

Der Oberste v. Brav an den Rector Californius

Grünau, den 7. Jul.

Mein Herr Rector!

Ich hatte schon einen Brief entworfen, den ich Ihnen schreiben, und Ihnen damit meinen herzlichen Dank, für die gute Unterweisung und Erziehung, die Sie meinem Ferdinand gegeben hätten, abstatten wollte. Meine Dankbegierde ist aber ziemlich verloschen, seitdem ich Ferdinanden gesehn habe, und ich muß sehr an mich halten, daß ich nicht in Verwünschung gegen Sie ausbreche.

Bedenken Sie nur, ich habe Ihnen meinen Sohn als einem Vater übergeben, und habe Sie, sowohl mündlich, als schriftlich, gebeten, für ihn, wie für Ihren eignen Sohn, zu sorgen. Sie haben es mir theuer versichert. Hätte er aber irgendwo, als bey Ihnen, schlechter versorgt seyn können? Die Selbstschwächung hat er bey Ihnen gelernt, seine leibliche und geistliche Gesundheit hat er bey Ihnen verloren. O Mann! Mann! wie wollen Sie dies vor dem Richter aller Welt verantworten!

Doch ich will Sie mit keinen Vorwürfen kränken, weil diese doch nunmehr zu spät sind. Dieß muß ich Ihnen aber sagen, daß Ihre ganze Schule mit diesem Laster angesteckt ist, daß noch viele Eltern und viele Jünglinge über Sie seufzen werden.

Thun Sie Ihr möglichstes, um diese Seufzer durch gänzliche Reformation Ihrer Schule von sich abzuwenden. Ich bin Ihr

v. Brav.

Die Oberstin von Brav an ihren Mann

Holdersleben, den 11. Jul.

Ich sehne mich sehr nach dir, mein Lieber! denn ich vermisse nicht nur das Vergnügen deines Umgangs, sondern auch deinen Trost, Rath und Beystand. Unser Ferdinand ist gar nicht das geworden, was ich glaubte, das er werden würde. Du kannst dir nicht vorstellen, wie träge und verdrossen er ist. Seine Stellung und Gang ist so schlaff und langsam, wie eines Menschen, der von einem langwierigen Krankenlager aufgestanden ist. Er ist immer in sich selbst gekehrt, ohne die geringste Theilnehmung. Ich habe ihm alles gezeigt, was wir so oft Hand in Hand besehen, und uns dessen gefreuet haben. Ich bin mit ihm durch unsere Gärten und Wiesen und Äcker gegangen, habe ihm unsere Heerden vortreiben lassen, habe ihn zum Tauben- und Bienenhause, zum Fischteiche geführt. Er hat es alles gesehen, ohne darüber die geringste Freude und Wißbegierde blicken zu lassen.

Wie sehr freute ich mich auf seine Ankunft, und träumte von süssen Stunden, die ich an seiner Seite mit Lesung nützlicher Bücher zubringen, da ich alle die Empfindungen mit ihm theilen wollte, die ich bey manchen vortreflichen Stellen unserer besten Schriftsteller gehabt habe. Es ist aber nichts mit ihm anzufangen. Seit einigen Tagen muß er mir täglich ein Stück aus Gellerts Moral lesen, ich kann dir aber nicht beschreiben, wie verdrießlich mir dieß Lesen wird. Stellen, bey welchen wir beyde geweint haben, sagt er so kalt her, als wenn er nicht das geringste Gefühl für das Gute und Schöne hätte. Einigemale habe ich mit ihm ein Gespräch über das, was er gelesen hat, anfangen wollen, es ist aber in seinem Kopfe eine solche Verwirrung und Leere, daß er nicht im Stande ist, einen einzigen Satz mit recht deutlichen und bestimmten Worten auszudrücken, oder zu allgemeinen Sätzen ein Exempel zu finden.

Gott gebe doch, daß unser lieber Carl bald wieder hergestellt werde, daß ich dich bald wieder bey mir sehen und mit dir überlegen kann, was wir mit ihm thun sollen. Die Beschreibung, die du mir von den Akademien machst, benimmt mir alle Lust, ihn dahin zu thun, und gleichwohl, was soll er bey uns anfangen? ein Müßiggänger werden?

O kehre bald zurück, mein Lieber! mein Vertrauter! theile meinen unbeschreiblichen Schmerz mit mir, nachdem du so viele Freuden mit mir getheilt hast. Ich bin deine sehnsuchtsvolle Frau

v. Brav.

Der Rector Californius an den Obersten v. Brav

Troppenheim, den 18. Jul.

Hochwohlgebohrner Herr!
Hochzuverehrender Herr Oberster!
Aus Ew. Hochwohlgebohren geehrten vom 7 huj. habe ich ersehen, daß Dieselben mit Ferdinanden unzufrieden sind. Ich, als ein alter Schulmann, bin dergleichen Vorwürfe schon gewohnt, nur befremdet es mich, daß sie mir Ferdinands wegen gemacht werden. Wollten Ew. Hochwohlgebohren die Gnade haben, und denselben, durch einen gelehrten sachverständigen Mann, examiniren lassen, so würden Dieselben finden, daß er gute Studia von unserer Schule gebracht habe, aus welcher schon viele brave Männer gekommen sind, die itzo in öffentlichen Ehrenämtern stehen. Er hat seine Specimina immer gut ausgearbeitet, hat in prima Ciceronis Orationes, Horatium, Virgilium und einen grossen Theil Ovidii, im griechischen, Homeri Odysseam, gelesen, und ist in der hebräischen Bibel bis auf die Propheten gekommen. Seinen Seelenzustand betreffend, so zweifle ich gar nicht, daß er in der Gnade stehe. Er hat nicht nur bey dem öffentlichen Gottesdienste sich allezeit christlich und anständig betragen, sondern auch an den Gewissensübungen, die wir nach dem sonntäglichen zweymaligen Gottesdienst anzustellen pflegen, mit sichtbarer Rührung Theil genommen, auch niemals Neigung zu weltlichen Lustbarkeiten bezeigt.

Was aber den Punct der Onanie anbetrifft, so rechne ich sie unter die Schwachheiten, von denen wir, so lange wir im Leibe wallen, nie ganz frey sind. Sie ist ein Uebel, das aus unsern Gymnasten, ohne öffentliches Aergerniß zu geben, nicht wohl weggeschaft werden kann. Es wird auch dadurch viel Unglück verhindert, indem doch junge Leute dadurch mehrentheils von dem so gefährlichen Umgange mit dem weiblichen Geschlechte abgehalten werden, der nur Weltliebe, Zerstreuung und Abneigung vom Lesen der Alten, her-

vorbringt. Sollte Ferdinand einmal ehelich werden, so wird es sich
schon von selbst geben. Gott leite ihn ferner durch seinen guten
Geist. Ich verbleibe allstets

Californius.

Der Oberste v. Brav an den Rector Californius

Grünau, den 19. Jul.

Mein Herr Rector!

Ich glaube nicht, daß ich nöthig habe, meinen Sohn durch irgend
jemand anders, als durch mich selbst, prüfen zu lassen, um mich zu
überzeugen, daß er von Ihnen sehr schlecht sey unterrichtet worden. Denn ob ich gleich kein sprachverständiger Mann bin, so
glaube ich mich doch einen Sachverständigen nennen zu können.
Ich weiß zwar wenig von Achilles und Hektor, Pallas und Danae,
zu erzählen, aber ich habe mich mein Lebelang bemüht, gesunden
Menschenverstand zu erhalten, der in meinen Augen mir tausendmal mehr, als alle Wortkrämerey und Buchgelehrsamkeit, werth
ist.

Dieser gesunde Menschenverstand sagt mir, daß es dumm und
albern ist, eines jungen Menschen Aufmerksamkeit von sich und
den Dingen, die um ihn sind, abzuziehen, und sie durch allerhand
Künsteleien auf das alte Rom, Troja, und Griechenland, und auf
syntaktische Regeln zu lenken, daß man ihn eher mit der Kriegs-
kunst, Rede- und Dichtkunst der Alten bekannt macht, ehe er die
Kunst versteht, seinen Magen, Blut und Nerven gesund zu erhalten, sein Herz vor Niederträchtigkeit, und sein Gewissen vor pei-
nigender Reue zu bewahren. Daher kommt es denn, daß ihr
Buchgelehrten immer die Unglücklichsten seyd, daß euer Körper
der elendeste und schwächlichste ist, daß eure Haushaltungen
höchst unordentlich, eure Ehen misvergnügt, eure Kinder
schlecht erzogen sind, daß ihr von den gemeinsten Vorfällen des
menschlichen Lebens ganz schief urtheilt, und öffentliche Aemter
schlecht verwaltet. Denn immer habt ihr eure Ideale im Kopfe,
die ihr aus Büchern geschöpft habt, und sucht sie auf vaterländischen Boden zu pflanzen, da sie bald eben so eine elende Figur
machen, als der Kaffeebaum, wenn er in die norwegischen Ei-

chenwälder verpflanzt würde – was mir dabey das ärgerlichste ist, das ist euer unerträglicher Hochmuth, mit dem ihr auf andere herab seht, die die gegenwärtige Welt mehr als die alte kennen, und sich mehr auf Sachen als auf Worte verstehen. Sie denken, z. E. wunder wer Sie sind, daß Sie die Selbstschwächung auf lateinisch und griechisch zu nennen wissen, und mir vielleicht eine Menge Stellen, aus Horatio, Ovidio, Cicerone und Homeri odyssea, anführen können, die davon handeln, ich kenne aber ihre Natur. Ich weiß, daß sie ein verfluchtes Laster ist, das den Menschen unter das Thier erniedrigt, ihn dumm, weibisch, und zum Ehestande untüchtig macht. Daß der Selbstschwächer seiner Nachkommenschaft Mörder ist, das weiß ich, Herr! Und wessen Wissenschaft ist nun wohl mehr werth?

Ach wenn ich doch meinen Grundsätzen treu geblieben wäre, und den Aussprüchen meines gesunden Menschenverstands mehr, als dem Geschwätze des Doctor Markolphs, getrauet hätte, der mir den Unterricht in Humanioribus so sehr anprieß. So hätte zwar mein Sohn Horatium und Ovidium nicht gelesen, aber er wäre gewiß noch gesund an Leib und Seele. Er könnte zwar Homeri odysseam nicht exponiren, aber er könnte doch Kinder zeugen, deren sich der Großvater nicht schämen dürfte.

Daß die Alten schön und stark geschrieben haben, weiß ich, ob ich schon seit vielen Jahren Ovidium, Horatium und Virgilium nicht gelesen habe, und daß das, was die mehresten unserer Neuen schreiben, dagegen wahre Schmirerey ist, weiß ich auch. Aber die Alten waren auch der Natur vertraute Freunde, hatten selbst das Roß wiehern gehört, und seine sträubenden Mähnen gesehen, waren selbst Augenzeugen gewesen von den Wellen des Oceans, der Unschuld des Schäferlebens, und hatten zugesehen, wie der Bauer seine Vaterländischen Furchen pflügte. Deswegen schrieben sie so schön und stark.

Ihr Herren hingegen versteht gemeiniglich von dem allen nichts, ihr zittert, wenn ein Roß wiehert, habt nie das Meer gesehen, noch den Menschen in seinen mannichfaltigen Verhältnissen beobachtet, grabt euch unter die Alten ein, und schmiert eure Bücher in euren Studierlöchern, bey einer Schale Kaffee und einer Pfeife Tobak. Was kann da kluges heraus kommen?

[...]

Wenn Sie nun gar die Selbstschwächung als ein Mittel entschuldigen, das zu dieser Absicht führet, so verabscheue ich Sie.

Sie sagen, mein Sohn stünde in der Gnade. Das muß doch eine seltsame Gnade seyn, die mit diesem Laster bestehen kann. Gottes Gnade kann es nicht seyn, denn diese kann nimmermehr den Menschen antreiben, den Tempel Gottes zu verderben.

Ich schliesse mit dem herzlichen Wunsche, daß doch alle Eltern ihre Kinder vor Ihrem Gymnasium, wie vor einem Hause, das von der Pest inficirt ist, warnen mögen, und verbleibe mit wahrem Abscheu

v. Brav.

Der Oberste von Brav an Carln

Holdersleben, den 6. Aug.

Hier überschicke ich dir, lieber Carl! meinen unglücklichen Sohn. Die verständigsten meiner Freunde haben mir gerathen, ihn zu dir zu thun, theils, weil Leuten, die so tief als er gesunken sind, die Einsamkeit sehr gefährlich sey, theils, weil sie glauben, daß durch deinen Umgang sein Herz, und durch den D. Rieland in Grünau, seine Gesundheit am sichersten wieder hergestellt werden könne. Nimm ihn auf, als den Sohn deines Vetters, der dich allezeit wie sein eignes Kind geliebt hat, gieb ihm stets ein lehrreiches Exempel, und erinnre ihn oft an die Häßlichkeit seines Fehlers, an den traurigen Zustand eines entmannten Jünglings, und suche in ihm das Gefühl für die Freuden der Ehe zu erregen.

[...]

v. Brav.

Carl an den Obersten von Brav

Grünau, den 10. Aug.

Ihr Sohn, liebster Herr Vetter! ist glücklich angekommen, [...].

Ich will an ihn thun was ich kann. Und wenn man das Gefühl für die Freuden des Ehestands dadurch erregen kann, wenn man mit Begeisterung von seiner Geliebten spricht, so muß Ihr Sohn dieses

Gefühl bekommen, weil schwerlich ein Jüngling von seiner Schöne so eingenommen seyn kann – als ich.

[...]

Carl.

Carl an den Obersten von Brav

Grünau, den 1sten Sept.

[...]

Das einzige Tröpfchen Erquikkung, das ich Ihnen, mein zweyter Vater, vor dießmal schicken kann, ist die Versicherung, daß sich die Umstände Ihres Sohns bessern. Der Arzt hat mir versichert, daß seine Kräfte zunehmen, und ich habe guten Grund zu glauben, daß er seine Sünde, seitdem er bey mir ist, nicht wiederholet hat. Ich thue ihm von Zeit zu Zeit deswegen Vorstellungen und beobachte ihn sehr genau. Nur ist er noch immer zu sehr in sich selbst geschlossen, tiefsinnig, furchtsam, und beweist eine Abneigung gegen alles Frauenzimmer. Ich habe ihn schon zweymal mit zu Henrietten nehmen wollen, aber mit alle meinen Zureden habe ich es dahin nicht bringen können.

[...]

Carl.

Carl an den Obersten von Brav

Grünau, den 12ten Sept.

[...]

Und ich sahe [im Traum], und siehe, da stunden Menschen, Männer und Weiber, Jünglinge und Jungfrauen, und ihrer waren eine sehr große Zahl. Ihre Lokken troffen von Pomade, und stäubten von Puder, ihre Wangen waren bemalt mit Roth und Weiß, und ihre Säfte verdorret, wie es im Sommer dürre wird.

Diese lachten, da sie höreten die Worte, die der Jüngling mit mir redete.

Und ich antwortete und sprach zu ihm: hörst du auch wohl, daß diese über dich lachen? von wannen sind sie?

Und er thät seinen Mund auf und sprach: dieses sind die, die sich

117

durch Selbstbeflekkung und andere Arten der Unzucht schwächen, und ihren Verstand und Blut verderben. Sie vermögen nichts zu thun, als der Unzucht pflegen und Jesum Christum lästern. Darum hat sie auch Gott dahin gegeben, in verkehrten Sinn, daß ihr Verständniß nicht fassen mag die Wahrheit, und ihre Seele nicht begreifen kan, irgend einen großen Gedanken. Wenn daher ein Wort des Herrn, von Abnehmung der Lasten seines Volks, gesprochen wird, so lachen sie.

Und ich redete weiter und sprach: aber werden diese nicht das Gute verhindern, das der Herr seinem Volke erzeigen will?

Und er antwortete und sprach zu mir: mit nichten! Es ist noch um ein kleines, so werden sie nicht mehr seyn. Denn ehe noch die Kinder, die itzo gebohren werden, unterscheiden lernen Gutes und Böses, so werden diese, die itzo Jesum Christum lästern, an Hexen und Gespenster glauben, und es werden auferstehen viel falsche Propheten, die thun werden große Zeichen und Wunder; sie werden Geister beschwören, Todte herbeyrufen, Schätze heben: und diese alle werden ihnen anhängen. Aber dann ist auch das Ende da, und sie werden vergehen wie Mükken, wann Platzregen einfällt.

Und es wurden Tische herbeygetragen, und Stühle gesetzt, und Männer traten herzu, deren Blikke waren wie der Blitz, und deren Angesicht war voll Ernst, wie das Angesicht eines Mannes Gottes, und sie satzten sich an die Tische. Und ihrer waren bey drey und dreyßig, die sich satzten. Und jeder zog sein Federmesser aus der Scheide und seinen Federkiel aus der Tasche, und schnitt ihn und schärfte ihn. Und nachdem dieß alles geschehen war, erhoben sie ihre Hände und schrieben.

Und ich antwortete und sprach zu dem, der mit mir redete: Herr, wer sind diese?

Und er antwortete und sprach zu mir: Das sind diejenigen, die sich nicht entnervt haben durch Selbstbeflekkung und Unzucht, die ihr Verständniß nicht verdüstert haben durch die Dogmatik und das Corpus juris, und haben nicht getrunken aus dem Becher der Eitelkeit, und haben ihre Knie nicht gebeugt vor dem Despotismus. Diese sind es, auf denen der Geist des Herrn ruht, und durch welche der Ewige seinem Volke Heil senden wird.

Und es erhob sich ein großes Getümmel, wie das Geräusche von großen Wassern, da sie anfingen zu schreiben.

Und ich thät meinen Mund auf und fragte: Herr, was ist das?

Und er antwortete und sprach zu mir: Das sind die Wirkungen von den Arbeiten dieser Männer Gottes. Der Ewige hat sich seines Volks erbarmet, und diesen den Geist der Allmacht und Allgegenwart ertheilt, [...]

Und nach diesen Geschichten brach ein großes Volk hervor und bedeckte den Erdkreis. Sie waren männiglich schön und lieblich anzusehen. Ich sahe braune Jünglinge, die in ihren Armen hielten Jungfrauen, deren Wangen lieblich waren wie die Morgenröthe, und deren Augen funkelten wie die Sterne Gottes. Auch sahe ich Weiber, die waren alle voll Kraft, jede hielt den Säugling im Arme, der holdselig am vollen Busen spielte, auf dem die Haarlokken walleten. Und die Blikke, die sie warfen auf die Säuglinge, waren wie die Blikke der Engel Gottes. Neben ihnen stunden nervigte Männer, die ihre Augen an dem Anblikke weideten. Auch sahe ich Gebährende, die in wenigen Minuten, ohne fremde Hülfe, ihre Kinder zur Welt brachten. Und ich sahe mich umher weit und breit, und siehe, da ward unter allen Menschenkindern nicht gefunden ein bucklicher, oder pokkengrübiger, noch ein solcher, dessen Schenkel krum gewachsen waren, noch ein Mensch ohne Nase. Auch ward nicht gefunden ein bleicher, man sahe nirgends Sorge und Gram, und hörte nicht Zank noch Streit, sondern sie waren allesamt munter und guter Dinge. Und ich fragte den, der mit mir redete: Herr! sind das Engel?

Und er antwortete und sprach zu mir: Mitnichten. Sondern es sind die bessern Menschen, die hervorkommen werden; wenn der Herr sein Werk vollendet und das Reich der Unwissenheit, Dummheit und Bosheit zerstöret hat.

[...]

Doktor Feldland an den Diakonus Rollow

Koldingen, den 11. November

Mein lieber Herr Diakonus!

Ihrem Auftrage gemäs habe ich Ihre Schwägerinn besucht, und sie in sehr traurigen Umständen gefunden. Ihr ganzer Körper ist zerrüttet. Sie hat die schmerzhaftesten Krämpfe und hysterischen Zufälle. Bisweilen auch Anfälle von der Epilepsie. Ihre ganze Einbildungskraft

ist verwirrt, und zu gewissen Zeiten äußert sich wirklich Wahnwitz. Ich will an ihr thun, was mir möglich ist, um ihren Zustand einigermaßen erträglich zu machen. Helfen kann ich ihr aber nicht, das sage ich voraus. Einen so sehr zerrütteten Körper wieder herzustellen, ist mir so unmöglich, als einem alten grauen Kopfe die jugendliche Munterkeit wieder zu verschaffen. Durch vieles Zureden habe ich sie endlich dahin gebracht, daß sie mir causam morbi entdeckt hat. Sie war die nämliche, die ich gleich anfänglich argwohnte. Sie hat sich nämlich dieses Elend zugezogen, indem sie . . . .
. . . .

Bey dieser Gelegenheit muß ich Ihnen doch sagen, lieber Herr Diakonus, daß dieses Uebel immer weiter um sich greift, und im Stillen die größten Verwüstungen unter dem weiblichen Geschlechte anrichtet. Ein großer, vielleicht der größte Theil der weiblichen Krankheiten, Melancholie, Empfindeley, Launen, die so viele Ehen unglücklich machen, entspringen daraus. Die vielen schwächlichen Kinder, die in unserm Jahrhundert auf die Welt treten, schreibe ich großentheils diesem Uebel zu. Denn wie kann ein zerrütteter Körper einen gesunden und starken hervorbringen? Ja, so wie ein Instrument, dessen Saiten theils zu hoch, theils zu niedrig gespannt sind, immer falsch anspricht, wenn auch der Spieler immer richtig greift, so empfindet auch ein Frauenzimmer, dessen Nerven in einer so kläglichen Zerrüttung sich befinden, immer falsch. Und ich weiß nicht, ob ich recht habe, ich schreibe die Fühllosigkeit gegen das wirklich Schöne, Edle und Gute, und die Neigung zum Grotesken und Fratzenhaften, die oft nur allzusichtbar ist, großentheils auf die Rechnung dieses Uebels.

Was mich am mehresten dauert, das ist, daß dieß Uebel fast immer von der großen Unwissenheit herrührt, in der unsre Mädchen aufwachsen. Sie lernen den Katechismus und Spruchbuch, und, wenn sie vornehm erzogen werden, Tanzen, Musik, Französisch und etwas Geographie. Wo sind aber die, die sie mit der Beschaffenheit, der hohen Bestimmung ihres Körpers, und mit den Gefahren, denen er ausgesetzt ist, bekannt machen?

Man sage mir nur nicht von Aufklärung, so lange die Mittel noch nicht da sind, diesem Uebel abzuhelfen. Die Entdeckung von Südindien, die Erfindung des Luftschifs, die Wegräumung vieler Vorurtheile, in der Theologie und der Staatsverfassung, das hilft warlich alles wenig, so lange die Gesundheit unserer Mädchen, in deren Armen unsre Jünglinge ihre Zufriedenheit suchen, und die uns die künftigen Bürger des Staats liefern sollen, nicht hinlänglich gesichert ist. Ich wollte lieber, daß meine Töchter, Hexen, Gespenster, Nixen und Kobolde, glaubten, und dabei gesund wären, als daß sie das alles nicht glaubten, und durch ihren zerrütteten Körper ihre künftigen Männer und Kinder unglücklich machten.

Woher kommt aber diese himmelschreyende Verwahrlosung? So viel ich bemerkt habe, aus der falschen Schamhaftigkeit und der großen Unverschämtheit, die zu gleicher Zeit sich allenthalben ausbreiten. Man will nicht von der Natur reden, wie sie ist, zugleich ist man aber außerordentlich sinnreich, auf die unverschämteste Art, die Einbildungskraft junger Leute so zu erhitzen, daß sie ihnen die Natur in einem Reize zeigt, den sie nie hat.

Glauben Sie mir, lieber Herr Diakonus, auf mein Wort, als einem erfahrnen Arzte, wenn wir unsern Kindern die Natur beschrieben, wie sie ist, sie würden tausendmal enthaltsamer seyn. Ein Bild, das man richtig sich vorstellt, thut beyweitem die Wirkung nicht, die erfolgt, wenn eben dieß Bild durch die Einbildungskraft hervorgebracht wird. Völlige Nacktheit ist nie so gefährlich, als wenn ihr ein Schleier umgehängt wird. Ich will ohne Bedenken jedem Frauenzimmer eine umständliche Beschreibung von den verschiednen Theilen des menschlichen Körpers, und ihrer Bestimmung in die Hände geben: ich würde aber für ihre Wohlfahrt zittern, wenn ich sie bey einem wollüstigen Gedichte anträfe.

Wenn Gott, der Allerheiligste, sich nicht geschämt hat unsern Körper so zu bilden, wie er ist, so sollten wir armen Sünder uns nicht schämen ihn so zu beschreiben, wie er ist. Gottes Werk kann nie schändlich seyn. Das gezierte, verblümte, Reden kommt wohl noch von dem alten Pfaffengeiste her, der einst in aller Propheten Munde war, und die Leute überredete, das heilige Geschäfte der Erzeugung des Menschen, und alles, was darauf Beziehung hat, sey ein Werk des Teufels. Die Bibel hat nie so geredet. Nehmen Sie mir es nicht übel, lieber Herr Diakonus, daß ich Ihnen dieß alles so schreibe, ich hielt mich dazu als ein gewissenhafter Arzt für verbunden. Und Sie, als ein gewissenhafter Geistlicher, sind verbunden an Wegschaffung dieses Uebels zu arbeiten.

Aber freylich – wie Sie das anfangen sollten weis ich nicht. Ich glaube man verböte Ihnen die Kanzel, wenn Sie so etwas unternehmen wollten. Leute von Ihrem Stande müssen sich ja immer stellen, als wenn Sie nicht wüßten, daß es zweyerley Geschlechte gebe. Ich bin

Ihr
ergebenster Diener,
D. Feldland.(*)

Henriette an die Hofräthin Grimmlein

Koldingen den 5ten Decemb.

Unsere Friderike ist tod, liebste Frau Muhme. Es fliessen mir die Thränen über die Wangen indem ich dieses schreibe, nicht deswegen weil sie von uns ist, denn ach sie hat uns alle gar zu sehr geplagt, so sehr, daß es mir fast noch lieber ist, daß wir sie nicht mehr bey uns haben, sondern um deswegen, weil ich besorge, daß sie in ihrem gegenwärtigen Zustande sich nicht gar wohl befinde.

Woher ich das wisse? ach das kann ich selbst nicht sagen. Mein Herz fühlt aber so etwas. Ich denke einem kranken Körper wäre nicht wohl, er möchte auf den Bergen oder in den Thälern, in Norden oder in Süden seyn, und so wäre es auch mit einer kranken, zerrütteten, Seele.

Ihr Beichtvater macht zwar gute Hoffnung, ich kann aber nur nicht recht daran glauben. Sie selbst hoffte recht mit Freuden. Aber – doch ich will ihnen den Ausgang ihrer Krankheit erzählen, und Sie selbst darüber urtheilen lassen!

Im Anfange der Krankheit war sie nicht nur ungeduldig, ach liebe Frau Muhme, wenn ich die Wahrheit erzählen soll, so muß ich es sagen wie es wirklich war, sie war auch wild, gar schrecklich wild. Sie schimpfte ihre Wärterin, schlug wohl nach ihr, und da ich sie einmal an die Güte und Weisheit Gottes erinnern, und sie zur Geduld und zum Vertrauen auf Gott ermahnen wollte, reckte sie die Zunge heraus, so weit sie konnte.

(*) Wenn dieser Brief etwas räthselhaft ist, so lege man es dem guten Doctor nicht zur Last. Ich habe seinen Brief umändern müssen, um der Delicatesse gewisser Leser zu schonen. Eben deswegen ist auch eine Stelle ausgestrichen. 1884 wird so etwas schon nicht mehr nöthig seyn.

Ich erschrack so sehr über diesen Anblick, daß ich mich entfernen mußte, und mich in einigen Tagen nicht wieder zu ihr wagte.

Da kam ihr Beichtvater, und verlangte zu ihr eingelassen zu werden, weil er gehört habe, daß sie gefährlich krank sey. Ich begleitete ihn zu ihr.

Sie sahe ihn mit starren Augen an, sobald er eintrat, dann schlug sie die Augen nieder, und unterstützte den Kopf mit ihrer Hand.

»In Christo unserm Seelen Bräutigam, geliebte Freundin,« fing er an, »die Zukunft Jesu unsers Seelen Bräutigams ist dreyerley: Die Zukunft ins Fleisch, die Zukunft in die Herzen der Menschen, und die Zukunft zum Gericht.«

Er ermahnte sie darauf an die Zukunft Jesu in das Fleisch zu glauben, so werde Er auch, als der rechte Adventskönig, in ihrem Herzen seinen Einzug halten, und sie werde einst bey seiner Zukunft zum Gerichte nicht erschrecken dürfen, sondern, mit den klugen Jungfrauen ihr Lämplein schmücken, und ihm als ihrem Ehren- und Adventskönig entgegen gehen, und in himmlischer Glorie und Herrlichkeit mit ihm ewig, ewig, ewig die Hochzeit halten können, dann schloß er mit den Worten:

Schmücke ihm dein Haus!
Und gieb ihm in deinem Herzen Ruh!
Und was er dich heißt das thu!
So wirst du seine allerliebste seyn!
In heilger Zierde geben Schein,
Und mit ihm ewig seyn ohne Pein.

Bey dem Schlusse dieser Worte, faßte sie seine Hand, küßte sie brünstig, und sagte:

O daß du selber kämest bald,
Ich zähl die Augenblicke.
Ach komm eh mir das Herz erkalt
Und sich zum Sterben schicke.
Komm doch in deiner Herrlichkeit,
Schau deine Braut hat sich bereit,
Die Lenden sind umgürtet.

Der Prediger sahe dieses Betragen als ein Zeichen der Wiedergeburt an, faltete seine Hände und dankte unserm Erlöser recht herzlich,

daß er ihn gewürdigt habe, ihm eine Braut zuzuführen. Und die
Kranke faßte seine Hand, und bat ihn, ja täglich seine Besuche zu
wiederholen.

Er that es, und sprach jedesmal von Liebe, Hochzeit, Bräutigam,
Braut, Inwohnung, und betete dazu Verse, weis selbst nicht mehr
was es für Verse waren. Ich verstund sie nicht, ich wurde aber doch
roth, wenn ich sie mit anhören mußte.

[...]

Henriette

Christian Gotthilf Salzmann
Über die heimlichen Sünden der Jugend

Erster Abschnitt:
Von der Nothwendigkeit über die heimlichen
Sünden der Jugend zu schreiben

So manche Schrift fertigte ich schon aus, und fast immer mit Muth und Freudigkeit. Nur die gegenwärtige fange ich mit ungemein traurigen Empfindungen an. Es geht mir fast wie einem Baumeister, der einige schadhafte Theile an einem Hause bemerkt, auf Bitte des Bewohners die Reparatur übernimmt, aber, so bald er eine genauere Untersuchung anfängt, entdeckt, daß alle Säulen und Schwellen morsch sind. Wirklich hätte ich nicht geglaubt, da ich gegenwärtige Schrift ankündigte, daß das Uebel, gegen welches ich schreibe, so gar weit um sich gegriffen habe. Ich kannte Schulen, die davon angestekt waren, ich hatte Jünglinge und Mädchen gesehen, denen es Gesundheit, Muth und Freudigkeit, am Ende das Leben, raubte, ich hatte daher starken Grund, dessen weite Ausbreitung zu vermuthen: Daß es aber fast die ganze junge Welt angegriffen habe, glaubte ich doch noch nicht. Nun aber weiß ich es leider, weiß es mit ziemlicher Zuverläßigkeit, da ich die glaubwürdigsten Zeugnisse davon, sowohl von Angestekten, als Lehrern, die ihre Ansteckung entdekten, in Händen habe. Wenn man mir nur einiges Gefühl für die Glükseligkeit meiner Brüder, nur einige Liebe zu der lieben kleinen Nachwelt, zutrauet, so wird man sich leicht vorstellen können, wie viel meine Gemüthsruhe, durch diese traurige Entdeckungen, gelitten habe. Die Freuden sind dahin, die ich sonst empfand, wenn ich ein Kind an meine Brust drücken und küssen konnte. Nach den Erfahrungen, die mir theils redliche Jünglinge, theils weise und rechtschaffene Erzieher mitgetheilt haben, erblicke ich in den mehresten Gesichtern die sterbende Unschuld, die ich küsse mit der Empfindung, mit welcher man überhaupt Sterbende zu küssen pflegt. Man kann auch leicht daher muthmaßen, daß ich mit sehr schwerem Herzen die Feder itzo ergreife. Aber ergreifen muß ich sie. Man kann nicht immer sich freuen mit den Frölichen, die Pflicht erfordert, daß man auch bisweilen traure mit den Traurenden.

Von verschiedenen Orten her wurde ich gebeten und gewarnt, diese Schrift nicht auszufertigen; und diese Bitten und Warnungen waren nicht ganz umsonst. Sie haben wirklich dazu gedient, daß ich mich entschlossen habe, jeden Ausdruck mit möglichster Behutsamkeit zu wählen, welches sonst vermuthlich nicht würde geschehen seyn. Aber diesen Bitten geradezu Gehör zu geben ließ mein Gewissen nicht zu. Wenn man in des Nachbars Haus Feuer sieht, so muß man ja doch Lärm machen, wenn man auch gleich die Möglichkeit sich vorstellt, daß vielleicht eine in der Nachbarschaft liegende, Wöchnerinn, nebst ihrem Säuglinge, durch das entstandene Geräusch, in Todesgefahr kommen könnte.

[…]

Wie wahr dies alles sey will ich nun mit Documenten belegen, die aus Briefen genommen sind, die mir unter dem Siegel der Verschwiegenheit anvertraut sind. Dies werde ich durch alle Abschnitte thun. Die Briefe ganz abdrucken zu lassen, habe ich nicht für gut gehalten, theils, weil ich dadurch das Buch sehr weitläufig machen, theils weil dadurch mancher Verfasser zu kenntlich werden würde, theils weil auch in manchen Briefen verschiedenes vorkommt, daß anstößig werden könnte.

I.

Die Menschen in der Stadt waren so unwissend oder vielmehr unachtsam in Ansehung dieses Lasters, daß ich selbst die Söhne zweyer lebender Ärzte gekannt habe, welche es so heftig trieben, daß man es ihnen gleich ansehen konnte. Die Lehrer aber bekümmerten sich nichts darum, und fragten überhaupt nicht darnach, ob ihre Schüler aufgeklärter, besser, tugendhafter und glükseliger, oder dummer, lasterhafter und elender wurden. Ihr Religionsunterricht bestand aus elendem Schulgeschwätze und jämmerlicher Polemik; und konnte keinen Menschen vernünftiger, weiser, tugendhafter und glükseliger machen. Der Rektor, besinne ich mich, sahe es einigemal selbst: so ungescheut und öffentlich wurde es getrieben; aber, anstatt nachzudenken, wie dieses eingerissene Übel gründlich zu heben sey, anstatt die Schüler von der Schädlichkeit und den schreklichen Folgen dieser Ausschweifung überzeugend zu unterrichten, und sie dadurch davon abzubringen, fieng er an, ihnen den Fluch zu geben, und ihnen Gottes ewige Strafen im Pfuhle der Hölle und der Gesellschaft der Teufel anzukündigen, darum daß sie die Schule, diesen Tempel des H. Geistes so entweiheten. Ausser der Schule also, dachten wir, wird es wohl erlaubt seyn. Von den natürlichen, unausbleiblichen Folgen dieses schändlichen Verbrechens sagte er kein Wort. Die Androhung zukünftiger Strafen aber rührte diese sinnliche Menschen nicht; und von dem Elende, das sich schon der Sünder in diesem Leben unausbleiblich zuzieht, hörten und wußten sie nichts. Sie trieben es also nach wie vor.

Und nun, ist dies nicht beweinenswerth! so lange, bis in mein ein und zwanzigstes Jahr, blieb ich in der schädlichsten Unwissenheit, und bleiben es, durch Schuld ihrer Eltern, Lehrer, Erzieher, Aufseher etc. zu ihrem schreklichsten Verderben, tausend Jünglinge und noch mehr Mädchen. Niemals kam es mir in den Sinn, daß diese Handlung schädlich sey, und entsezliche Schaudern erregende Folgen nach sich ziehe. Ich hielt es für nichts weiter, als höchstens etwas unanständiges, das man nicht öffentlich thun dürfe. Hätte ich nur einmal gehört, es sey etwas schädliches, unerlaubtes und sündliches! ich würde gewiß davon abgestanden haben. Denn, Gott sey Dank, von meiner frühensten Jugend auf, war ich gewissenhaft, und begieng nicht leicht eine wissentliche Sünde. Nur, leider! war ich von dem, was Sünde, und schädlich und verderblich ist, zu wenig belehret. So lange ich auf der Schule war, hatte ich den Namen dieser Sünde nicht gehört; vielweniger etwas von ihrer Schädlichkeit und Strafbarkeit. Von der Onanie hatte ich einigemal reden hören; aber nicht gewußt, was dies für ein Laster sey. Als ich auf die hohe Schule kam, hörte ich wieder einigemal, etwan von Studenten, von der Onanie sprechen; einesmals aber von einem Professor, in den moralischen Vorlesungen, von den schreklichen Folgen der Onanie wie wohl nur ein paar Worte. Denn er war selbst ein Onanist gewesen, woran er auch noch starb. Ich war begierig zu wissen, was das für ein so schädliches Laster sey; schämte mich aber Jemanden deswegen zu fragen, und meine Unwissenheit zu gestehen. Ich hielt es also lange für etwas noch schändlichers, für Bestialität. So sehr ist zu rathen, sich nicht des unverständlichen Wortes Onanie, sondern des deutschen, jedem von dieser Seuche Angestekten so gleich verständlichen, zu bedienen!

Anmerkung

So sehr auch der Verfasser dieses Briefs darauf dringt, das eigentliche deutsche Wort das zu Bezeichnung dieser Sünde bestimmt ist, zu wählen, so haben mir doch meine Freunde so dringend vorgestellt, daß es anstößig sey, daß ich mich desselben habe enthalten, und es nicht nur in diesem, sondern auch in allen übrigen Briefen, durchstreichen müssen. In der That glaube ich auch, daß man die Jugend sehr Nachdrüklich von der großen Schädlichkeit dieser Sünde belehren kann, ohne nöthig zu haben, sich dieses Wortes zu bedienen. Man braucht ja nur von der Verlezbarkeit gewisser Theile zu reden, wie ich dies weiter unten zeigen werde.

II.

Sehen Sie! dies ist meine Geschichte: Die Geschichte eines Unglüklichen, den die Unwissenheit oder Unbesonnenheit seiner Eltern, Lehrer, Freunde etc. der rasenden Ausschweifung überließ, ihn dadurch selbst unaussprechlich elend machte; und der menschlichen Gesellschaft, deren irrdisches und ewiges Wohl er, nach den ihm von Gotte verliehenen vortreflichen Anlagen und seiner brennenden Menschenliebe, thätigst befördert haben würde, entriß. Und zugleich, ich wiederhole es nochmals mit Entsetzen, ist dies die Geschichte tausend und aber tausend deutscher Jünglinge, die eben so verführt werden, eben so unwissend in Ansehung der entsezlichen Folgen dieser Sünde bleiben; eben so der menschlichen Gesellschaft entzogen; und eben so elend und unglüklich werden. Freylich dies nicht alle in dem Grade wie ich, aber die mehresten doch unglüklich und elend genug. Welches nur nicht an den Tag kömmt; indem Jeder aus Schaam seine Noth geheim hält. Und wenn ich nun noch an das weibliche Geschlecht denke, unter welchem die Sünde eben so sehr im Schwange geht, als unter dem männlichen, und eben so schrekliche Zerstörungen und Verwüstungen anrichtet, als unter diesem; nur aber noch weit unbemerkter und also ungehinderter: so ergreift mich Zittern und Entsetzen. O du armes, verkauftes und verrathenes junges Menschengeschlecht beyderley Geschlechts, will sich denn Niemand deiner erbarmen, dich niemand der verderblichen Unwissenheit entreissen, und über die fürchterlichen Folgen der heimlichen Sünden unterrichten! O ihr Denker, Menschenfreunde und Aufklärer unsers Jahrhunderts, wer ihr auch seyd; o ihr Fürsten und Obrigkeiten, o ihr Volkslehrer, o ihr Ärzte, o ihr Eltern, Lehrer und Erzieher, saget, wie wollet ihr es vor Gottes Richterstuhle und dem Richterstuhle eurer Vernunft verantworten, daß ihr bisher das Menschengeschlecht nicht aufmerksamer auf diese, im finstern schleichende und im verborgenen unübersehbare Verwüstungen anrichtende, Pest, gemacht habt; wie wollet ihr es verantworten, daß ihr diese fruchtbarste Quelle des menschlichen Elendes nicht allgemeiner bekannt gemacht, und jedermann entdekt, und hinlängliche Mittel zur schleunigsten Verstopfung derselben ausfindig gemacht habt? Eure Unbesonnenheit oder Unwissenheit muß unglaublich groß seyn.

[...]

IV.

So habe ichs – o Gott!!! – vier Jahre lang, bald mit kürzern bald mit längern Zwischenraum getrieben. Einmal machte ich sogar eine Pause von zehn Wochen, aber, erwarten Sie ein fürchterliches Geständniß! ich kann mich noch nicht davon losreissen . . . .
. . . .
Das konnte und mußte ich bald einsehen, daß ich – zum mindsten eine Thorheit begieng, lernte auch bald, aus einem aus dem Englischen übersetzten Buche, über die Onanie, und aus Tissot, die Schädlichkeit und Abscheulichkeit dieses Lasters; allein alles dieses machte so wenig bleibenden Eindruk, daß ich es sogar einmal, den Tissot in der Hand, begieng! Vielleicht verabscheuen Sie mich nun ganz, einer Äusserung in Ihrem herrlichen Carlsberg zu folge? – Ich verdiente es – und theils des Andenken an dergleichen Scenen, theils meine Unfähigkeit mich zu bessern, hat mich selbst schon gegen mich mit so vielem Abscheu erfüllt, daß mich der Gedanke des Selbstmords schon seit anderthalb Jahren zuweilen stärker, zuweilen schwächer beunruhigt hat.

Anmerkung

Der Verfasser des Briefs, aus dem dieses Fragment genommen ist, ist etwas ängstlich, daß er vielleicht, durch Bekanntmachung desselben, würde erkannt werden. Ich bitte ihn, sich deswegen gänzlich zu beruhigen, indem ich sorgfältig alles weglasse, was ihn etwa im Zirkel seiner Freunde charakterisiren könnte. Aus diesem Fragmente ihn zu errathen, ist schlechterdings unmöglich.

Den Gedanken des Selbstmords bitte ich ein vor allemal aufzugeben, und wohl zu überlegen, daß wir alle erworbene Fertigkeiten, Gute und Böse, mit in jene Welt nehmen. Daß auch diese traurige Fertigkeit in einer andern Welt sein Peiniger seyn werde, so wie die Unkeuschheit auch den kraftlosen Greis peinigt, der sie bey sich zur Fertigkeit hat auswachsen lassen, wenn er auch gleich schon halb entkörpert ist; daß also schlechterdings kein ander Mittel zur Besserung seines Zustandes übrig sey, als – Besserung seiner selbst.

[…]

Vergangnen Sommer besuchte mich einer meiner besten Schulfreunde ganz unvermuthet in – – Beym ersten Anblik kennte ich ihn beynahe nicht; ich trat einige Schritte zurük: »um Gotteswillen, Bruder, bist du krank? oder bist du krank gewesen? Du bist entsezlich verfallen, und es ist doch noch kein Jahr, daß wir uns nicht gesehen haben?« so rief ich ihm gleich entgegen. O Nein, antwortete er mir, mit heitrer Stimme, ich bin niemals gesunder gewesen als itzo. Nun es wäre mir auch nicht lieb, erwiederte ich, und hierbey hatte es sein Bewenden. Es wurde während seiner Anwesenheit nicht mehr von krank seyn gesprochen, wir lebten ziemlich lustig mit einander, und er reißte nach einigen Tagen ziemlich – – traurig wieder ab. Ob ich dies nun schon dem Abschiede zuschrieb, weil er sehr ungern wieder von mir gieng, von mir einem seiner besten Freunde, mit dem er manches jugendliche Vergnügen genossen hatte; so erfuhr ich doch durch folgenden Brief, den ich, fast ein halbes Jahr nach seinem Abschiede von mir, erhielt, die eigentliche Ursache seiner damaligen Traurigkeit.

»Mein einziger wahrer Freund!«

»Wie du so gut bist, und ich dagegen so … Zweymal hast du an mich geschrieben, zweymal mich aufs heiligste beschworen, nicht kalt gegen deine Freundschaft zu werden. Und! ach! ich Unglüklicher, ich war dies nicht werth, war der Liebe eines so treuen, eines so redlichen, eines so tugendhaften Freundes unwürdig. Ja, meiner Unwürdigkeit bewußt, hatte ich mir vorgenommen, nicht wieder an Dich zu schreiben, um Dich gegen meine Freundschaft kalt zu machen, kalt gegen die Freundschaft eines Bösewichts, eines Mörders seines eignen Leibes. –

Du wirst Dich entsetzen, Du wirst erstaunen. Ja schaudern mußt Du für diesem entsezlichen Bekenntnisse; allein ich will Dir lieber alles entdecken, als diesen tödtenden Kummer ohne ihn Dir entdekket zu haben, mit in mein baldiges Grab nehmen. Vor Dir allein will ich mein Herz ausschütten, Dir allein mein Leiden entdecken; Dir, der manche frohe Stunde, manche Lustbarkeit mit mir genossen hat. – Doch hieran darf ich nicht mehr denken – zur wirklichen Entdekkung. Du mußt Dich noch zu erinnern wissen, wie du mich beym ersten Anblik unsrer Zusammenkunft in – sogleich fragtest: was mir fehle? ob ich krank sey? oder gewesen sey? Ich dir aber antwortete, daß ich vollkommen gesund sey. Und nach meiner Einbildung war ich es auch, denn bis itzt hatte mir noch nie etwas angefochten. Allein kaum war ich einige Tage bey Dir, so fand ich, als Du eben im Collegio warest, unter Deinen übrigen Büchern, Tissots Onanie. Weil ich nun niemals das Wort Onanie hatte nennen hören, so blätterte ich in dem Buche hin und her, und zu meinem Unglücke fand ich, daß Onanie das sey, was ich seit einigen Jahren täglich getrieben hatte. Ich las die schreklichen Beyspiele die sie angerichtet hatte, und seit dieser Zeit bin ich immer traurig. Schaam und Reue lassen mir nun nirgends Ruhe, lassen mir keine Freude des Lebens mehr genießen. Ich vergehe wie ein Schatten, zehre alle Tage mehr ab, weine und darf Niemanden mein Leiden klagen. Denn, Bruder, ehe ich dies Buch las, wußte ich nicht, daß es was Böses sey, und daß es so üble Folgen nach sich ziehe. Ganz insgeheim trieb ich dies Laster, niemand hat mir was davon entdekt oder gelernt, und niemals habe ich auch Jemanden etwas davon gesagt. Kurz mich allein muß ich anklagen. Nunmehro weiß ich wohl, was an dem Unglücke schuld ist, nemlich mein verdammt lange Liegen im Bette, und dann mein vieler Umgang mit Frauenzimmern. Im Sommer wachte ich mehrentheils um 4 Uhr auf, und weil mir dies zum Aufstehen immer noch zu früh war, so dachte ich, und dachte – und dachte – und doch an weiter nichts als an das Frauenzimmer, das ich am vorigen Tage gesehen hatte, und hier geschahe denn mehrentheils die böse Handlung. Itzt aber stehe ich nach verrichtetem Morgengebet gleich auf, und so mache ich mich nun dieser Sünde nicht mehr theilhaftig. Zu spät! zu spät! – – Hätte ich es eher gethan, so hätte ich vielleicht noch Hofnung, meinen guten Eltern dereinst zum Troste zu gereichen. Aber itzt höre ich nichts wie Klagen um mich her. Mein Vater fragt: bist du denn krank mein Sohn? was fehlt dir denn? Meine Mutter sieht mich traurig an, und dringet in mich ihr doch die Ursachen meines melancholischen Wesens zu entdecken. Der Arzt zwingt mir mit Gewalt Medicin auf, von der ich doch gewiß weiß, daß sie mir nichts helfen wird. Denn aus Scham werde ich Niemanden die wahre Ursache meiner Krankheit entdecken. Lieber, bester Bruder, ich erzittre für dem Gedanken, daß ich vielleicht künftiges Frühjahr nicht erleben werde. Tödtende Vorwürfe, Harm und die Krankheit selbst, machen mich beynahe sinnlos, so gern ich mich auch einige Augenblicke noch mit Dir unterredete, so muß ich doch itzt aufhören. Noch bitte ich dich, mich nicht gänzlich zu vergessen. Bete, daß mir Gott nur meine fünf Sinne erhalte. Dir möge der Himmel ein besser Loos zu Theil werden lassen, als mir. Sey der Trost und die Stütze deiner Eltern, lebe ruhig und vergnügt und glaub gewiß, daß Du in jener Ewigkeit wieder finden wirst«

Deinen
alsdann glüklichen Z.«

Itzt fliessen meine Thränen, denn ach Z., mein theurer, mein bester Z., ist nicht mehr; er hat das Frühjahr nicht erlebt. Er hat seine Thorheit hart, sehr hart büßen müssen. Drum schauert Jünglinge, die ihr dies Laster zu einer eurer Hauptbeschäftigungen macht.

Fünfter Abschnitt:
Von den Merkmalen, an welchen man
die heimlichen Sünden der Jugend entdecken kann

Ehe ich diesen Abschnitt anfange, muß ich eine sehr wichtige Erinnerung vorausschicken. Sie ist diese: fast keines von den Kennzeichen die ich anführe, ist so untrüglich und so nothwendig mit der Unkeuschheit dieser Art verbunden, daß man mit völliger Gewißheit schliessen könnte, wo dies ist, da sind auch heimliche Sünden, und wo es fehlt, da ist die Unschuld. Einerley Wirkung kann, wie bekannt, mehrerley Ursachen haben, und es giebt oft Ursachen, deren gewöhnliche Wirkung erst sehr spät sichtbar wird. So trägt manche Raupe einen Wurm in ihrem Balge, der erst zur Zeit der Verwandelung sich entdekt.

Dies bitte ich, alle meine Leser, wohl zu beherzigen, damit ja nicht etwa das, was ich hier aus redlichen Absichten niederschreibe, zu lieblosen Urtheilen und Behandlungen, Anlaß gebe, oder auf der andern Seite die Wachsamkeit der Eltern, Lehrer und Erzieher einschläfere.

Ein ungenannter Erzieher hat mir einen Aufsaz zugeschikt, aus dem ungemein viel Beobachtungsgeist hervorleuchtet. Da seine Bemerkungen mit den meinigen sehr übereinstimmen, so will ich ihn, in so ferne er die Merkmale der heimlichen Sünden betrift, ganz einrücken, und nur einige Anmerkungen und Erweiterungen beyfügen. Zugleich wünsche ich auch, daß dieser ungenannte Freund sich entschliessen möchte, auf die von Herrn Campe aufgegebene Preisfrage, wegen der besten Mittel, die heimliche Sünden der Jugend zu verhüten, eine Antwort auszuarbeiten. Sie würde gewiß grossen Nutzen stiften.

Hier sind seine Bemerkungen:

Nichts ist schwerer, als bestimmte Kennzeichen anzugeben, woraus sicher auf das Daseyn des Uebels geschlossen werden könne. Und die größte Behutsamkeit ist kaum hinreichend, wenn man sich davon überzeugen will[a]. Übereiltes unvorsichtiges Betragen kann

---

a) Viele von den Kennzeichen, die hier angegeben sind, findet man auch bey Kindern, die Würmer haben. Vielleicht wäre es gut, wenn man denen, an welchen man diese Kennzeichen bemerkt, erst eine Woche lang, Morgens und Abends, eine Messerspitze voll Zitt-

hier, wie mir Beyspiele bekannt sind, das Uebel selbst lehren, welches sie verhindern oder vertilgen will. Doch will ich höchst wahrscheinliche Merkmale angeben, auf deren Vorhandenseyn man bauen kann.

Kinder, die mit dem Uebel bekannt sind, und es ausgeübt haben, verändern[a)]

1. Ihre blühend rothe Gesichtsfarbe in blaß.
2. Die Muskeln werden[b)]schlaff.
3. Um die Augen auffallend braunroth und schwärzlich, die Augen selbst erscheinen eingesunken, blicken trüb und scheu[c)].
4. Die Lippen sind blaß.
5. Alle Bewegungen der Theile des Gesichts geschehen mühsam, ihr lächeln ist nur halb.
6. Der ganze Körper ist matt und ohne Dauer[d)].
7. Das Kind wird träg bey seinen Beschäftigungen[e)].
8. mißmuthig.
9. leicht gereizt, zu übler Laune und Zorne nimmt leichter als gewöhnlich übel[f)].
10. Man beobachte wachend die Hände des Kindes, sein Sitzen,

wersaamen gäbe, und erwartete, was für Wirkungen darauf erfolgten, ehe man gegen sie Argwohn schöpfte.

a) Man übersehe das Wort verändern nicht. Manchen Kindern ist die blasse Farbe natürlich.

b) Eben so wenig darf das Wort werden unbemerkt bleiben. Ein Kind, das von Natur phlegmatisch ist, hat immer schlaffe Muskeln. Wenn es aber sonst lebhft war, und hernach erschlaffet, dann ist es sehr bedenklich.

c) Ich kenne Familien, bey denen schwärzliche Ringe um die Augen erblich sind. Wenn aber ein Kind diese Merkmale an sich hat, und doch von Eltern abstammt, die frische Augen haben, denn hat man Ursache Argwohn zu schöpfen. Scheue Augen hat fast jedes Kind, das in der Entfernung von grossen Gesellschaften erzogen wurde, wenn es mit einem Fremden sprechen soll. Sollte es aber die Augen niederschlagen, wenn es von dem Vater oder Erzieher liebreich angeredet wird, dann ist es sehr verdächtig.

d) Es müßte denn von Natur einen ausserordentlich festen Körper bekommen haben.

e) In Ansehung dieses Merkmals muß wohl untersucht werden, ob das Kind nicht eine natürliche Trägheit hat, oder ob nicht eine andere Ursache der Trägheit, z. Ex. schwüle Witterung, der Genuß unverdaulicher Speisen, vorhergegangene Ermüdung und dergl. da sey.

f) Wenn man aus diesem Merkmale mit einiger Zuverläßigkeit schliessen will, so muß man die Familie und Gesellschaft beobachten, in der das Kind erzogen wird. Herrscht in dieser üble Laune, so hat man keine Ursache einen anderweitigen Grund von der Mißmuthigkeit desselben zu argwohnen. Wenn aber ein Kind, das in fröhlicher Gesellschaft aufwächst, doch mißmuthig und zur üblen Laune geneigt ist, so ist dies sehr bedenklich, besonders wenn man weiß, daß das Kind nicht kränklich ist, oder durch unpädagogische Behandlung erbittert wird.

Lehnen, Wanken, Spielen, auch seine Blicke wie und worauf sie gehen [a].

11. Im Schlaf wird man, besonders an den Theilen, selbst manches wahrnehmen können, vorzüglich des Morgens [b].

12. Auch das allzuöftere Urinlassen ist verdächtig, so wie das Verunreinigen des Bettes damit [c].

Es versteht sich, nicht jedes dieser Merkmale allein giebt wahrscheinliche Schlüsse, sondern das Beysammenseyn mehrerer derselben.

Zu diesen sehr richtigen Bemerkungen brauche ich nur noch wenige Zusätze zu machen.

Die Sünden, von denen ich schreibe, sind so beschaffen, daß sie immer Spuren von sich hinterlassen. So wie der Insektensammler aus den Excrementen gewisser Raupenarten, die er unter einem Baume findet, schließt, daß auf den Zweigen sich diese Raupenart aufhalte, so schließt auch der Pädagoge aus den Spuren dieser Sünden, auf ihr Daseyn.

Man findet diese Spuren am sichersten in der Leibwäsche!

Damit man aber sich in Aufführung derselben nicht irre, so sind dabey zweyerley Cautelen zu beobachten. Erstlich muß die Leibwäsche alle Morgen und Abende gewechselt werden. Spuren in der Leibwäsche junger Leute, die sich der Mannbarkeit nähern, die des Nachts getragen wird, beweisen wenig, weil sie von ganz natürlichen Ursachen herrühren können. Eben diese Spuren in der Leibwäsche, die am Tage getragen wurde, sind fast untrügliche Merkmale. Zweytens muß die Untersuchung der Leibwäsche ja auf das

---

a) Dies Merkmal ist eines der zuverläßigsten. Ein angestecktes Kind hat gern die Hände bey den angesteckten Theilen, lehnt sich, so oft es kann, so an, daß diese gerieben werden, gewöhnt sich leicht zu unanständigen Stellungen, und blikt den Personen, mit welchen es spricht, mehr nach dem Unterleibe, als nach dem Gesichte. Bey Kindern, die von Jugend auf zur Verstellung gewöhnt werden, fällt dies Merkmal weg, aber nicht die Sache, deren Merkmal es ist.

b) Dieses verstehe ich nicht recht. Man kann aber leicht muthmassen, was damit gemeynet sey.

c) Nicht nur das allzuöftere Urinlassen, sondern auch das öftere Besuchen des heimlichen Gemachs ist verdächtig. Aus dem, was ich vorhin gesagt habe, ergiebt sich von selbst, daß Eltern und Erzieher hierauf vorzüglich aufmerksam seyn müssen. Daß das Verunreinigen des Bettes, durch den Urin, ein Merkmal heimlicher Sünden sey, ist mir nicht bekannt. Ich glaube sonst, daß es entweder von schlechter Erziehung, oder von einem Naturfehler herrühre. Doch leugne ich nicht, daß ich junge Leute gekannt habe, bey denen dies Laster, und dieser Fehler beysammen waren.

sorgfältigste verheimlicht werden, und wenn man Spuren entdekt, und deswegen mit dem Verirrten reden muß, darf man ja nicht merken lassen, aus welchem Grunde, man Argwohn geschöpft habe. Sobald man dies merken läßt, so ist der Verirrte listig genug, seine Ausschweifungen so fortzutreiben, daß davon in der Leibwäsche keine sichtbaren Spuren zurük bleiben.

Da aus dem Vorhergehenden erhellet, daß diese Sünden gewöhnlich in der Einsamkeit getrieben werden, so folgt von selbst, daß ein, damit angestektes, Kind die Einsamkeit lieben und suchen werde. Dieser Hang zur Einsamkeit kann also ebenfalls als ein Merkmal angesehen werden, das Eltern und Erzieher aufmerksam machen muß.

Wenn Kinder an gesellschaftlichen Vergnügen gar keinen Theil nehmen, sondern lieber auf ihrem Zimmer bleiben wollen, wenn sie sich von der Gesellschaft wegstehlen und Winkel suchen, wo sie nicht bemerkt werden: dann haben diejenigen, die über ihre Wohlfahrt wachen, grosse Ursache, sie zu belauschen, und sich nach der Ursache ihrer Entfernung zu erkundigen.

Weil ferner die gesellschaftlichen Vergnügungen der Kinder immer mit Geräusch verknüpft sind, so ists sehr bedenklich, wenn in ihren Gesellschaften Stille herrscht. Sie ist dem Erzieher allemal ein Wink, auf seiner Hut zu seyn. [...]

[...]

Die Kinder, wird man sagen, werden durch die beständige Beobachtung scheu gemacht und zur Heucheley gewöhnt werden.

Dies sind freylich unangenehme Eigenschaften, die die Kinder sehr verunstalten. Allein man hat keinen Grund zu besorgen, daß beständige Beobachtung dieselben hervorbringen werden, wenn sie nur mit der gehörigen Klugheit angestellt wird. Der kluge Beobachter der Kinder thut sein Amt, ohne es merken zu lassen, daß er es thue; er sieht den Spielen und Beschäftigungen seiner Kleinen lächelnd zu, nimmt daran Antheil, ist in Verweisen sehr sparsam, hingegen sehr aufmerksam, die wahre Denkungsart der Kinder auszuspühren, und die Grundsätze, nach welchen sie behandelt werden müssen, zu erfinden. Ists ja nicht möglich, die Beobachtung selbst zu verbergen, so verbirgt er doch wenigstens den Grund davon, und läßt es merken, daß sie blos von zärtlicher Besorgniß, sie möchten vielleicht ein Unglük nehmen, herrühre.

Johann Friedrich Oest
Versuch einer Beantwortung
der pädagogischen Frage:
wie man Kinder und junge Leute vor dem Leib und Seele
verwüstenden Laster der Unzucht überhaupt, und der
Selbstschwächung insonderheit verwahren, oder, wofern sie
schon davon angesteckt waren, wie man sie davon heilen könne?

Eine gekrönte Preisschrift

Allen Eltern, Erziehern und Jugendfreunden gewidmet

Wahrhafte Geschichte eines unglücklichen Selbstverderbers

Wilhelm (sein wahrer Name soll verschwiegen bleiben, weil ich seine Geschichte, wie gesagt, nur zu eurer Belehrung, nicht zu seiner Beschämung erzählen will) Wilhelm hatte sehr rechtschaffene Eltern, die an seine Erziehung viel wendeten, weil er ihr einziger Sohn war, und also auf ihn allein alle Freude, die sie als Eltern erwarten konnten, sich einschränken mußte. Wilhelm war auch aller der Sorgfalt werth, mit der er erzogen und unterrichtet ward. Er begriff alles leicht und bald; sein Herz war dabei auch folgsam und keiner Hartnäckigkeit oder Bosheit fähig. Sein gesunder und wohlgebauter Körper machte ihn überdies auch liebenswürdig.

Seine Eltern verwahrten ihn vor bösen Gesellschaften und behielten ihn gewöhnlich bei sich. Er war auch gern um und bei ihnen; aber er konnte dies doch nicht immer seyn. Die Eltern mußten zuweilen in Gesellschaften gehn, wohin sie ihn nicht mitnehmen konnten, und dann wiesen sie ihm einiges Geschäft im Hause an, um ihn von dem Umgange mit Hausbedienten, die oft nicht vorsichtig genug sich gegen die Jugend betragen, abzuhalten. Sie glaubten es auch wagen zu dürfen, ihn allein zu lassen, weil er nie etwas unbedachtsames und verwegenes zu unternehmen pflegte und sich gern möglichst nach dem Willen seiner Eltern richtete. Er that überhaupt nie etwas, wovon er wußte, daß es böse sey. In dieser guten Richtung war Wilhelm, als er zehn Jahr alt wurde.

Sein Vater hatte ihn bis dahin selbst unterwiesen und gedachte es auch noch eine Zeitlang zu thun, weil keine gute Schule in der Nähe war und er auch nicht gut so viel erübrigen konnte, als nöthig war, ihm einen eigenen Lehrer zu halten. Seine anderweitigen Geschäfte riefen ihn indeß oft von dieser angenehmen Arbeit ab, und dann war Wilhelm entweder unbeschäftigt oder er hatte aufgegebene Arbeit, mit der es nicht immer so recht fort wollte, so daß er oft ermüdete und manchmal Langeweile hatte. Dafür konnte nun der gute Vater nichts. Kaum hatte er aber gemerkt, daß sein Wilhelm manche Arbeit mittelmäßig machte, manche unvollendet liegen ließ, als er gleich darauf bedacht war, ihm, es koste auch, was es wolle, einen Lehrer zu verschaffen.

Dieser kam. Nur Wilhelm freute sich nicht so sehr über seine Ankunft, als der Vater erwartet hatte. Seine Lernbegierde schien viel verloren zu haben. Er fieng an, nach und nach immer träger zu werden. Man wechselte die Materien zu seiner Unterhaltung; man wählte andere Beschäftigungsarten: aber er war auch hier gleichgültig, und wenn er ja etwas anfieng, so kam er selten damit zu Stande, und dann war es immer noch schlecht gerathen. Er überlegte nichts, sondern handelte so aufs Gerathewohl hin. Selbst unternahm er nie etwas, weder Spiel, noch einen Spaziergang, noch häusliche Arbeit. Er mogte am liebsten gar nichts thun.

Die Eltern betrübten sich über diese traurige Veränderung ihres Sohnes, und sein Lehrer war unzufrieden, daß er nicht weiter mit ihm kommen konnte. Wenn er zuweilen mit ihm aufs Feld gieng, so sah er nirgends um sich herum, bemerkte nichts, fragte nach nichts, sondern schlenderte seinen Weg ganz still fort. Redete sein Lehrer ihn an, so verstand er ihn selten das erstemal. Er mußte immer erst wie aus dem Schlaf geweckt werden, so abwesend war er mit seinen Gedanken. Wurde er endlich mit vieler Mühe auf eine Blume, eine schöne Gegend, eine ländliche Arbeit aufmerksam gemacht: so dauerte dies doch nicht lange. Er sank bald in seine vorige Stille zurück, und es war nicht daran zu denken, mit ihm über eins und das andre ein lehrreiches Gespräch anzufangen.

Oft schlich er sich auch von seinem Lehrer weg und ging ganz für sich allein. Ueberhaupt fieng er nun an, ordentlich menschenscheu zu werden. Kamen etwa Freunde in seines Vaters Haus und Wilhelm sollte erscheinen, so mußte man ihn erst lange suchen. Bald steckte er in diesem, bald in jenem Winkel. Er that so schüchtern und verlegen, wenn er hereintreten sollte, daß er kaum die Augen aufzuschlagen wagte. Alle Welt war erstaunt über die unbegreifliche Verwandelung des jungen Menschen.

Er war nun schon über eilf Jahr alt und hatte bis dahin seinen Eltern vorsetzlich nichts zuwider gethan, ihnen auch nie eine Unwahrheit gesagt. Aber nun fieng er an, sie zu hintergehen. Es konnte nicht fehlen, daß sie nicht von ihm zu wissen verlangen sollten, was er denn so oft allein mache. Und da pflegte er denn zu sagen, er mache nichts. Wie er aber mit dieser Antwort endlich nicht ausreichen konnte, so fiel er darauf, sich zu stellen, als wenn er läse. Er trug deswegen ein Buch in der Tasche, und wenn man ihn auf seiner Stube überraschte, so fand man ihn am Tische sitzen und ein Buch lag vor ihm. Aber Wilhelm lernte aus diesem Buche nie etwas; er vergaß vielmehr alles, was sein Vater ihn vorher gelehret hatte. Sein Gedächtniß war so schwach, daß, da er vorher ganze Begebenheiten aus der Geschichte umständlich und gut hatte erzählen können, er sich jetzt kaum der bloßen Namen zu erinnern wußte. Diese Gedächtnißschwäche, die ihn zu allem Studiren untüchtig machte, und die Stumpfheit aller seiner Seelenkräfte, wozu eine große Abneigung gegen alle anstrengenden Kopfarbeiten kam, war Schuld daran, daß sein Lehrer ihn verlassen und der Vater den ganzen Unterricht aufgeben mußte.

Dieser dachte nun darauf, wie er seinen Sohn doch zu etwas bestimmen mögte, wodurch er einmal andern Menschen nützlich werden könnte, und beschloß, ihn ein Handwerk lernen zu laßen. Aber Wilhelm konnte keins wählen. Jedes war ihm gleich gut und gleich schlecht. Und bald zeigte es sich auch, daß er zu keinem tauge. Nicht nur, daß auch dazu Verstand und Lust erfodert wird, sondern es gehört auch ein gesunder, starker und nerviger Körper dazu. Mit jedem Tage bemerkte man aber immer mehr, daß Wilhelms Gesundheit abnahm. Seine rothen Wangen fiengen an zu verbleichen und schlaff zu werden. Sein volles blaues Auge trat zurück und lag in einer tiefen Höle. Seine Lippen waren blaß und mit einer trockenen Haut überzogen. Seine Hände wurden zitterhaft. Seine Beine wegerten sich, ihn zu tragen. Er erlag unter der kleinsten Anstrengung seiner Kräfte. Keine Speise bekam ihm, denn sein Magen war zu schwach, sie zu verdauen. Daher nahm er immer mehr ab.

Seine bekümmerten Eltern merkten nun, daß er krank sey, und glaubten, diese Krankheit müße lange in seinem Körper gesteckt haben; und daraus erklärten sie sich seine bisherige Trägheit und Unfähigkeit, von der sie sich sonst keine Ursache hatten angeben können. Sie wurden nun recht besorgt um ihn; gaben ihm Arzenei; nahmen ihn vor Luft und Kälte in Acht, weil er sich beklagte, daß er sie nicht ertragen könne; ließen ihn lange im Bette liegen und gaben ihm in vielen Dingen seinen Willen, weil es ihnen schwer wurde, ihrem geliebten kranken Sohne, den sie zu verlieren fürchteten, etwas abzuschlagen. Aber Wilhelm sollte noch lange nicht sterben. Er sollte selbst noch viele Schmerzen ausstehen und seinen Eltern noch viel Herzeleid machen.

Es verging beinahe wieder ein Jahr, daß er nicht viel kränker, aber auch um nichts besser wurde. Er war ein elender schwacher Mensch. Sein Kopf, der ihn oft schmerzte, war so dumm und wüst, daß er nicht einmal von gewöhnlichen Alltagsdingen sprechen und seine Gedanken ordentlich vortragen konnte. Er wurde also nach und nach den Eltern eine große Last im Hause, da er vorher ihre Lust und Freude gewesen war. Kam ein Fremder zu ihnen, so mußten sie sich schämen, daß dieses einfältige Geschöpf ihr einziger Sohn sey. Daher beschlossen sie endlich, ihn, da er nun in seinem 13ten Jahre war, von Hause zu schicken.

Sie hatten von einem Prediger gehört, der auf dem Lande wohnte und sich mit der Erziehung fremder Kinder beschäftigte. Zu diesem schickten sie ihn, theils weil sie glaubten, er würde da mehrere Pflege haben, theils, wenn die Landluft seine Gesundheit beförderte hätte, einen für ihn zweckmäßigen Unterricht genießen können. Er reifte also, und zwar mit vieler Gleichgültigkeit, dahin. Beim Abschiede war er ungerührt. Er konnte nichts denken, nichts empfinden. Liebe gegen seine Eltern fühlte er nicht mehr, denn kein Ding in der Welt hatte Reize für ihn. Bisher werdet ihr ihn, meine jungen Freunde, bedauert haben; aber hier müßt ihr unwillig über ihn werden, daß ihm seine Eltern gleichgültig waren. Doch ihr werdet nachher noch mehr Ursache dazu finden.

Der gute Prediger gab sich alle Mühe, ihn nur erst aufzumuntern.

Er zeigte ihm seinen Garten, seine Viehzucht und Wirthschaft. Seine Kinder thaten auch alles, ihm Freude über seine Ankunft bei ihnen einzuflößen. Sie zeigten ihm ihre Pflanzensammlungen, ihre Naturseltenheiten, ihre Bücher. Aber Wilhelm sahe alles ohne Theilnehmung und stillschweigend an, und that nur selten eine alberne Frage, die keiner Antwort werth war.

Man kann leicht denken, daß dem Prediger nicht wohl zu Muthe war, als er Wilhelms Stumpfsinn und sein ganzes untheilnehmendes Wesen bemerkte. Dies beunruhigte ihn noch mehr, als der Anblick seines kleinen zusammengeschrumpften Körpers, seines blassen Gesichts und seiner triefenden Augen, welches er für Folgen der Stadtlebensart und einer vernachläßigten körperlichen Erziehung hielt. Er überlegte nun ernstlich, was er mit ihm vornehmen wollte, indeß Wilhelm selbst sich hier so, wie zu Hause betrug, nur, daß er noch scheuer und einfältiger that, weil er sich hier unter lauter fremden Leuten befand. Auch war er eben so hier oft für sich allein und sahe sehr verstört aus, wenn ihn unvermuthet jemand überfiel. Davon wollte nun der Prediger schlechterdings die Ursache wissen, und ihr, meine jungen Freunde, werdet auch begierig seyn, zu erfahren, was Wilhelm dazu bewog und was ihn eigentlich so dumm, krank und elend gemacht hatte.

Ich sagte euch vorher, er wäre nicht vorsetzlich, aber doch durch eigene Schuld unglücklich geworden. Höret denn nun weiter, wie es damit zugegangen war.

Der Prediger mußte, um die Wahrheit zu erfahren, Wilhelm oft nachgehen und ihn heimlich beobachten, welches sonst seine Gewohnheit nicht war; aber Wilhelm, der nun einmal an Leib und Seele krank war, war versteckt und lügenhaft geworden und wollte nicht aufrichtig behandelt seyn.

Einsmals, als der gute Mann unvermuthet ins Zimmer trat, wo Wilhelm sich allein befand, traf er ihn in einer Stellung an, von der ihr alle, meine Lieben, und jeder sittsame Mensch die Augen mit Eckel und Abscheu wegwenden würde. Wilhelm hatte sich vor sich selbst auf eine unschaamhafte und schändliche Art entblößt und diejenigen Theile seines Körpers aufgedeckt, die Menschen sorgfältig vor einander verbergen, und um derentwillen man Knaben frühe angewöhnt, bei nothwendigen täglichen Naturerleichterungen bei Seite zu gehen, oder sich gegen eine Wand zu kehren. Ihr würdet, ohne höchst unschaamhaft zu seyn, euch so vor keinem Menschen entblößen; ihr würdet aber auch schon wider die Schaamhaftigkeit handeln, wenn ihr euch ohne Noth auch nur vor euch selbst entblößtet. So unschaamhaft war Wilhelm. Er fand einen Gefallen an dem, woran sonst wohlerzogene Menschen einen Eckel finden. Er entblößte diese Schaamtheile, beschauete und berührte sie; und dies hatte er so oft gethan, bis endlich eine Gewohnheit daraus geworden war, der er nicht widerstehen konnte, weil die Natur diese Theile sehr reizbar gemacht hat und weil er ein Vergnügen darin fand, sie zu berühren. Aber eben darum, weil diese Theile so reizbar sind, sind sie auch so leicht zu verletzen, und diese Verletzung geht so unmerklich zu, daß Kinder, die sich dieser Gewohnheit überlassen, so lange keine schmerzhafte Empfindung verspüren, bis sie sich in alle das Unglück gestürzt haben, das nun Wilhelm leiden mußte. Seine Gewohnheit schmeichelte seiner Empfindung, daher überließ er sich ihr, ohne zu wissen, daß sie ihn auf seine ganze Lebenszeit unglücklich machen würde. In so fern muß er von uns innig bedauert werden; euch aber, meinen jungen Freunde, eine schreckliche Warnung seyn. Darum erzähle ich euch seine Geschichte, damit ihr nicht aus Unwissenheit in eine gleiche Gewohnheit gerathet.

Doch ihr sollt nun weiter hören. Wie dem Prediger ums Herz wurde, da er diese Entdeckung machte, könnt ihr euch kaum vorstellen. Lange stand er bestürzt da; endlich kamen ihm die Thränen in die Augen. Aber sagen konnte er nichts, als: armer Knabe, unglücklicher Wilhelm! Er sah ihn hiebei mit herzlichem Mitleid an. Wilhelm schien anfangs auch bestürzt, aber es währte nicht lange, so nahm er seine alberne Miene wieder an.

Mit nassem Blick nahte sich endlich der Prediger ihm und sagte: ach, Wilhelm, du bist ein Verbrecher! Diese Entblößungen und Berührungen sind die größte Sünde, die von dir begangen werden kann. Du bist ein Selbstschwächer; bist ein Schänder deines eigenen Körpers, ein Mörder deiner Gesundheit und Kräfte! Sage mir, unglücklicher Jüngling! wie bist du in dies schreckliche Laster gerathen? Der Prediger mußte viel hin und her fragen, ehe er aus Wilhelms verworrenen Antworten klug werden konnte. Endlich aber begriff er leider! doch so viel, daß er sich von selbst dieses Laster angewöhnt habe, ohne zu wissen, daß es ein Laster sey. Auch ihr, meine Lieben, werdet es bisher nicht alle gewußt haben, daß es ein

Laster sey, wenn man einen Gefallen daran finde, jene geheimen Theile des Körpers zu berühren und zu reizen, und daß dies Laster die Selbstschwächung genennet werde. Erfahret es denn nun, damit ihr euch davor hütet. Daß es ein Laster sey, könnt ihr nun schon daraus einsehen, weil es so unglücklich macht; weil es einen Knaben seines Verstandes und seiner Gesundheit beraubt, ihn folglich ungeschickt macht, das geringste Gute in der Welt selbst zu genießen, oder anderen zu erweisen. Hieraus könnt ihr auch schon einsehen, daß dies Laster, so wie jedes Laster, Sünde sey, weil alles, wodurch Menschen sich selbst unglücklich machen, von Gott verboten ist. Aber die Größe dieser Sünde sollt ihr erst nachher recht einsehen lernen.

Wilhelm erzählte nun, wie er zuerst mit dieser schändlichen Gewohnheit bekannt geworden wäre. Damit war es so zugegangen. Er pflegte, wann er allein war und nichts zu thun hatte, die unschickliche Geberde anzunehmen, daß er die Hände in die Beinkleider steckte. Dieses wurde ihm nachher so geläufig, daß er es that, ohne daran zu denken; denn so geht es mit allen Gewohnheiten. Sucht man sie nicht gleich abzulegen, so übt man sie nachher, ohne sichs bewußt zu seyn, was man thut, und warum man es thut. Bei dieser Stellung konnte es nicht fehlen, daß er nicht oft, selbst unvorsetzlich, diejenigen Theile seines Körpers berührte, von denen ich euch schon gesagt habe, daß sie so leicht zu verletzen sind. Weil er indessen keinen Schmerz, vielmehr ein Vergnügen dabei empfand, so glaubte er auch, dies könne ihm nicht schaden; denn Kinder beurtheilen oft Dinge bloß nach dem ersten Eindruck, den sie auf ihre Empfindung machen. Endlich gerieth er darauf, sich zu entblößen und sich noch öfter zu berühren. Und in kurzer Zeit war er mit der unseligen Gewohnheit so vertraut, daß er sie fast täglich ausübte. Durch sie war er so entnervt, so ganz seiner Menschheit beraubt, daß ihm kaum die menschliche Gestalt noch übrig blieb.

Der theilnehmende bekümmerte Prediger wandte nun alles an, dem unglücklichen Verbrecher die Gefahr seines Zustandes recht vor Augen zu stellen. Hoffnung, ihm seine Gesundheit wieder zu verschaffen, konnte er freilich nur wenig haben; aber er wünschte ihn doch dahin zu bringen, daß er seine That bereuen, Gott diese unerkannte Sünde abbitten und sich fest entschließen mögte, sie nie wieder zu begehen.

Er erzählte ihm zu dem Ende die Geschichte eines anderen Selbstschwächers, der in seinem frühesten Alter an der fallenden Sucht starb; einer Krankheit, durch die der Leib mit schmerzhaften Krämpfen gefoltert wird; und eines Jünglings, der durch ähnliche Vergehungen sich einen um sich fressenden Krebsschaden an den gemißbrauchten Theilen seines Körpers zugezogen hatte. Diese Beispiele, hoffte er, würden Wilhelms Seele erschüttern und gegen sein verübtes Laster mit Abscheu erfüllen. Dabei bat er ihn auch recht inständig, daß er doch bedenken mögte, wie sehr er Gott beleidigen und seine Eltern betrüben würde, wenn er von nun an auch nur ein einziges mal die Sünde wieder begehen würde.

Aber Wilhelm war nicht so glücklich, daß diese Vorstellungen recht würksam bei ihm werden konnten, so sehr war sein Verstand zerrüttet; und dies, meine Lieben, ist gerade das traurigste, was aus der Selbstschwächung erfolgt, daß die Seele nicht so viel Stärke übrig behält, als nöthig ist, die Gefahr und Abscheulichkeit dieser Sünde recht einzusehen und sich von ihr loszumachen. Wilhelm konnte sich nichts im Zusammenhang denken. Zuweilen war er gerührt und fing an zu weinen; dann sah er wieder so starr aus, als wenn er nachdächte, aber es war nichts als Gedankenlosigkeit. Er fühlte wol einen Augenblick, daß er unglücklich wäre und sich selbst unglücklich gemacht habe; aber mit Überlegung an sein künftiges Schicksal denken und nun einen ernsthaften Entschluß fassen, das konnte er nicht.

So ein elendes Geschöpf wird der Mensch, wenn sein Verstand geschwächt ist! Der Prediger wollte ihm auch hier zu Hülfe kommen, und bat ihn, nur so folgsam zu seyn, immer in seiner Gesellschaft, oder bei den Seinigen im Hause zu bleiben und niemals allein zu seyn. Das that er auch einige Tage; aber entweder hatte er sobald sein Versprechen vergessen, oder seine schändliche Gewohnheit überfiel ihn mit so unwiderstehlicher Gewalt, daß er doch Gelegenheit finden mußte, sein Laster von neuem auszuüben. Es gibt in allen Lastern einen gewissen Grad, wo die Besserung äußerst schwer ist, und eben dies lehrt uns die Nothwendigkeit einer frühen Besserung. Diesen Grad des Lasters hatte Wilhelm leider! erreicht und was ohnehin seine Besserung in diesem Stück so schwer machte, war der Verlust aller seiner Seelenkräfte. Seine Seele beherrschte nicht mehr den Körper, sondern der Körper die Seele. In diesem Zustande konnte er auch von seinem gänzlichen Untergange nicht mehr weit seyn.

Als man auf alle seine Schritte und Tritte Acht gab, konnte er seine Sünde nirgends, als im Bette ausüben. Hier lag der Elende und schändete sich von Menschen ungesehen; aber das allsehende Auge des Richters aller Menschen sah ihn. Seine Sünde konnte auch nun durch nichts mehr entschuldigt werden. Er hatte sie erkannt und bereuet. Er wußte, was er that und er that es doch. Daher fühlte er auch oft Unruhe in seinem Gewissen. Manchmal sah er sehr ängstlich aus; ja er fuhr sogar oft, wenn er schlief, in schreckhaften Träumen auf und schrie um Hülfe. Es dünkte ihn dann, als wollte ihn jemand umbringen. Nun verlor er endlich nach und nach ganz den klaren Überrest seines Verstandes. Er beging allerlei Handlungen, die einen völlig wahnsinnigen Menschen verriethen. So nahm er zum Beispiel einmal seine Kleider, trug sie in den Obstgarten, wo ein abgesägter Ast lag und zerhackte sie auf diesem mit einem Beil. Sobald es anfieng dunkel zu werden, so verkroch er sich. Konnte er das nicht, so ward ihm so bange, daß er sich nicht zu lassen wußte. Er sahe dann in seiner verwirrten Einbildungskraft allerhand Erscheinungen und Schreckgestalten und rief mit kläglicher Stimme um Hülfe. Es half nichts, daß man ihm dies auszureden suchte. Ja er ängstigte sich sogar noch mehr, wenn ihn jemand anredete, der sich ihm nur in der Dunkelheit näherte.

Unter diesen Umständen fand der Prediger es für rathsam, ihn nicht länger in seinem Hause zu behalten; denn er mußte fürchten, daß Wilhelm entweder sich selbst, oder einem andern einmal ein Unglück anthäte. Er schrieb also an die Eltern und meldete ihnen die Nachricht; zugleich auch die Ursache von Wilhelms Krankheit.

Tiefer hätten die armen Eltern nicht gebeugt werden können, als durch diese Nachricht. Sie konnten sich auch nach der traurigen Beschreibung von ihrem Sohne nicht entschließen, ihn zu sehen, oder wieder zu sich zu nehmen. Es wurden daher Anstalten gemacht, daß er nach einer entlegenen Stadt gebracht wurde, wo seine Familie unbekannt war, und wo er niemanden, als sich selbst, zur Last und Schande seyn konnte. Da wurde er in den Pesthof gesetzt, welches ein Ort ist, wo unheilbare, mit allerlei schauderhaften Zufällen behaftete Kranke und Wahnsinnige sich aufhalten, damit sie der menschlichen Gesellschaft nicht beschwerlich fallen.

Hier bekümmerte sich nun niemand um ihn. Er lag als ein unflätiger eckelhafter Mensch auf einem Strohlager und genoß keiner Hülfe, ausser daß etwa junge Ärzte, die sich in ihrer Kunst üben wollten, dann und wann einen Versuch mit ihm machten. Seine Krankheit nahm unter diesen Umständen immer zu, und wurde immer schmerzhafter. Er bekam Reißen in allen Gliedern. In den Augenblicken, da der Schmerz nachließ, hatte er unbeschreibliche Gewissensangst und stieß oft fürchterliche Flüche über sich selbst aus. So wechselten Leiden des Körpers und der Seele mit einander ab.

Stellt euch einen solchen Zustand vor, meine Lieben. Das Gefühl eigener großer Schuld, ach! das ist drückend. Und dann nun bei aller der Reue, die man empfindet, keine Hoffnung zu haben, seinen Fehler je wieder gut machen zu können; keine Hoffnung nur eine einzige gute That noch auszuüben; so voller Schuld, wie man da liegt, vor dem Richter aller Handlungen, auch der verborgensten, zu erscheinen.

In dem Zustande hatte Wilhelm beinahe ein halb Jahr zugebracht, als der Prediger mit seinen Kindern, die er schon mit Wilhelms Vergehen bekannt gemacht hatte und sie nun durch sein sichtbares Beispiel warnen wollte, nach G. reiste, den unglücklichen Jüngling zu sehen. Entsetzen überfiel ihn und seine Kinder, wie sie ihn da so liegen sahen. Er schien sie nicht zu kennen. Seine erstorbenen Augen verkannten alle Gegenstände, die um ihn waren. Ausser einigen Seufzern hörte man nichts von ihm, denn er konnte nicht vernehmlich reden. Seine Ausdünstungen waren so unleidlich, daß niemand gern bei ihm bleiben wollte. Ein Geruch der Verwesung scheuchte jeden Menschen von ihm zurück.

Wie gern hätte dennoch der gute Prediger etwas zu seiner Erleichterung beigetragen, wäre es auch nur durch ein tröstendes Wort gewesen, welches man auch dem größten Schuldigen nicht versagen muß; aber Wilhelm war für alles todt und lebte nur für seinen Schmerz. Mit beklemmten Herzen mußte er also von ihm gehen, nachdem er seine Kinder ermahnt und gebeten hatte, dies Bild des unglücklichsten Jünglings Lebenslang nicht aus ihrer Seele kommen zu lassen. Er gab ihnen auch noch manche weise Regel, wie sie sich vor der Sünde der Selbstschwächung hüten könnten, die ich euch, meine jungen Freunde, nachher mittheilen will. Wilhelms Schicksal ward nun bald entschieden. Wenige Tage nach der Zuhausekunft des Predigers machte der Tod, den sich jener Elende als eine unverdiente Wohlthat oft gewünscht hatte, seinem Jammerleben ein Ende.

So starb ein fünfzehnjähriger Jüngling des kläglichen und schimpflichen Todes; ein Jüngling, der seiner guten Anlage nach ein froher, und glücklicher nützlicher Mann hätte werden können!

Aus den Zusätzen des Herausgebers
Joachim Heinrich Campe:

[...]
Ich füge endlich noch das sicherste aller Rettungsmittel, besonders für den Fall hinzu, daß jedes andere unglücklicher Weise fruchtlos geblieben wäre. Dies ist,
III. »Die Infibulation. Vermuthlich werden die meisten meiner Leser in Ansehung dieses Wortes in dem nemlichen Falle seyn, worin ich selbst noch vor einigen Jahren war, d. i. sie werden entweder gar nicht, oder doch nicht bestimmt wissen, was darunter verstanden werde.«
[...]
»Allein vor ohngefähr drei Jahren wurde ich auf einmal aufmerksamer darauf gemacht. Ein gewisser Erzieher von starker Leibesbeschaffenheit und blühender Gesundheit (ich characterisire ihn von dieser Seite nicht umsonst) meldete mir folgende Anecdote aus seiner eigenen Lebensgeschichte: er sahe als ein zehnjähriger Knabe einige seiner Mitschüler das schändliche Laster der Selbstschwächung treiben. Nicht lange nachher fiel ihm Tissots eben damals herausgekommenes Buch in die Hände, und erfüllte ihn mit Entsetzen vor den Folgen dieses Lasters. Er traute sich gleichwol nicht so viel Seelenstärke zu, der Versuchung jedesmal zu widerstehn, und aus Verzweifelung darüber war er mehr als einmal im Begriff, sich das Zeugungsglied ganz und gar abzuschneiden, um sich dadurch in die Unmöglichkeit zu versetzen, ein so verderbliches Laster jemals auszuüben. Indem er aber hiermit umgieng, fiel ihm ein anderes, weniger grausames und gleichwohl eben so sicheres Mittel zu diesem Zwecke ein. Er nahm einen Nagel, legte die Vorhaut etwas hervorgezogen auf den Tisch, setzte den Nagel darauf und – man bewun-

dere den tugendhaften Heldenmuth des Knaben! – nagelte sich, indem er einen derben Schlag mit einem Buche darauf versetzte, fest.«

»Er riß hierauf den Nagel aus, und wurde ohnmächtig. Nachdem er sich wieder erholt hatte, zog er durch die noch blutigen Löcher einen mit Kampferspiritus eingeweichten Faden, wie man es beim Einbohren der Ohrenlöcher zu machen pflegt. Durch Hülfe eines heilendes Balsams, den er sich von einem Wundarzte geben ließ, heilten die beiden Wunden nach und nach wieder zu, und es blieben an denjenigen Stellen, wo der Faden durchging, ein Paar Löcher. Durch diese steckte er hierauf einen messingenen Drath, den er in der Mitte, wo er über der Eichel hinging ein wenig gebogen hatte, damit er ihn nicht drückte. Dann krümmte er auch, durch Hülfe einer kleinen Zange, die Enden des Draths, so daß sie das Stückchen Vorhaut über jeglichem Loche umfaßten und den Drath daran befestigten. Der auf diese Weise entstehende Ring hatte diese Figur:

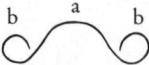

Jedes umgebogene Ende b umklammerte das Stückchen Vorhaut über dem eingebohrten Loche. Die Krümmung a in der Mitte kömmt grade vor den Ausgang der Röhre, drückt da nicht, sondern mehr auf den Seiten die Eichel, wo sie auch mehr ertragen kann.«

»Der Nutzen eines solchen Ringes ist dreifach. Erstlich macht er die Selbstschändung schlechterdings unmöglich; zweitens verhindert er auch die bloße Erection durch den Schmerz, der in dem nemlichen Augenblicke, da dieselbe sich ereignen will, alle wollüstigen Empfindungen sogleich unterdrückt; und hierdurch wird er drittens ein vollkommen sicheres Verwahrungsmittel auch gegen alle unwillkürlichen Schwächungen im Schlafe.«

»Um allen Fragen, welche dem nachdenkenden Leser bei dieser Erzählung noch übrig geblieben seyn dürften, auf einmal ein Genüge zu thun, will ich die schriftlichen und mündlichen Erläuterungen, welche der neue Erfinder dieses Verwahrungsmittels mir darüber gegeben hat, hinzufügen.«

»Ich habe, sagt er, dieselbe Operation, aber auf eine viel bequemere Weise in der Folge an vielen jungen Leuten ausgeübt, und dieses Mittel an ihnen eben so bewährt und zugleich in jeder Betrachtung eben so unschädlich befunden, als an mir selbst. Ich nehme nemlich eine Nadel mit einem Faden und steche erst auf der einen, dann auf der andern Seite, und zwar jedesmal von inwendig hinaus durch die Vorhaut; ziehe den Faden, der mit einer guten Heilsalbe bestrichen ist, hindurch und knüpfe jede Seite für sich fest. Wenn das Glied zu schwellen beginnt, so lasse ich es in warme Milch halten, oder überlasse auch die Kur einem Wundarzte. Sobald alles heil ist, nehme ich die Fäden weg und applicire den Ring auf obenbeschriebene Weise.«

»Ich selbst, fährt er fort, habe meinen Ring nun schon 15 Jahr getragen, und habe noch bis diesen Tag alle Ursache Gott zu danken, daß er mich dies Mittel meine Unschuld, meine Gesundheit und meine Gemüthsruhe zu sichern, finden ließ.«

»Ich äusserte ihm zwei Zweifel; allein er lösete sie zu meiner völligen Ueberzeugung. Der erste war: ob nicht zu besorgen stehe, daß sich unter der nun immer vorgezogenen Vorhaut nach und nach allerlei Unreinigkeiten häuften und zuletzt Schaden anrichteten? Allein er berief sich auf seine fünfzehnjährige Erfahrung und zugleich auf die Unmöglichkeit, daß nun irgend etwas unter die Vorhaut kommen könnte, weil sie, sobald der Ring sie hält, niemals mehr zurückgeschoben werden kann. Den andern Zweifel; ob nicht etwa zu besorgen sey, daß die Vorhaut durch das ununterbrochene Zusammenhalten dergestalt verengt werde, daß sie sich künftig ganz und gar nicht mehr über die Eichel zurückziehen könne, welches eine Unfähigkeit zum Ehestande zur Folge haben würde? hob er mir auf folgende Weise: gesetzt, sagte er, daß dieser Fall einträte, so würde einer solchen Folge sehr leicht abzuhelfen seyn. Man brauchte nemlich in diesem Falle nur mit der Schere einen kleinen Schnitt in die Vorhaut zu wagen, und das Uebel wäre auf einmal gehoben. Ein glücklicher Ehemann geworden zu seyn, ist eines so kleinen Schmerzes ja wol werth!«

»Ich füge zu diesem allen nur noch Folgendes hinzu:«

»Zuvörderst thut es mir leid, daß ich nicht reich genug bin, um den würdigen Mann, der mich in den Stand gesetzt hat, dieses untriegliche Verwahrungsmittel bekannt machen zu helfen, sowol für seinen jugendlichen Tugendheroismus, als auch für die Mittheilung einer so wichtigen Erfahrung nach Verdienst zu lohnen.«

»Dann sehe ich mich verpflichtet, was meine eigene Meinung über dieses Mittel betrifft, öffentlich zu gestehn, daß ich, wenn die

Vorsehung mir selbst einen Sohn geschenkt hätte, und ich entweder mich genöthigt sähe, ihn als Knaben oder Jüngling von mir zu lassen oder nur im geringsten zu besorgen Ursache hätte, ihn mit dem Leib und Seele verderbenden Laster der Selbstschändung bekannt werden zu sehen, daß ich keinen Augenblick anstehen würde, seine Unschuld durch dieses Mittel zu schützen. Hätte ich besonders einen Knaben oder Jüngling zu erziehn, der so unglücklich wäre, dieses scheußliche Laster schon eine Zeitlang getrieben zu haben: so würde ich glauben, nicht zu sehr eilen zu können, ihn durch dieses Mittel – für ihn vielleicht das einzige, wovon man sich einen glücklichen Erfolg mit Gewißheit zu versprechen hätte – zu retten. Denn wer über diesen Krebsschaden der Menschheit eben so viele Erfahrungen zu sammeln Gelegenheit hatte, als ich, der wird mir beistimmen, daß die Heilung eines davon angesteckten Unglücklichen durch jedes andere Mittel immer – äusserst mislich bleibe.«

»Was ich übrigens bedaure, ist, daß dieses allersicherste Mittel nur bei der einen Hälfte unserer Jugend, nämlich bei Knaben, aber nicht bei Kindern des andern Geschlechts eine Anwendung leidet.«

Campe.

Immanuel Kant
Die Metaphysik der Sitten

Zweiter Teil
Metaphysische Anfangsgründe der Tugendlehre

Ethische Elementarlehre
1. Teil.
Von den Pflichten gegen sich selbst überhaupt

Zweiter Artikel
Von der wohllüstigen Selbstschändung

§ 7

So wie die Liebe zum Leben von der Natur zur Erhaltung der *Person*, so ist die Liebe zum Geschlecht von ihr zur Erhaltung der *Art* bestimmt; d. i. eine jede von beiden ist *Naturzweck*, unter welchem man diejenige Verknüpfung der Ursache mit einer Wirkung versteht, in welcher jene, auch ohne ihr dazu einen Verstand beizulegen, diese doch nach der Analogie mit einem solchen, also gleichsam absichtlich Menschen hervorbringend gedacht wird. Es frägt sich nun, ob der Gebrauch des letzteren Vermögens, in Ansehung der Person selbst, die es ausübt, unter einem einschränkenden Pflichtgesetz stehe, oder ob diese, auch ohne jenen Zweck zu beabsichtigen, den Gebrauch ihrer Geschlechtseigenschaften der bloßen tierischen Lust zu widmen befugt sei, ohne damit einer Pflicht gegen sich selbst zuwider zu handeln. – In der Rechtslehre wird bewiesen, daß der Mensch sich einer *anderen* Person dieser Lust zu Gefallen, ohne besondere Einschränkung durch einen rechtlichen Vertrag, nicht bedienen könne; wo dann zwei Personen wechselseitig einander verpflichten. Hier aber ist die Frage: ob in Ansehung dieses Genusses eine Pflicht des Menschen gegen sich selbst obwalte, deren Übertretung eine *Schändung* (nicht bloß Abwürdigung) der Menschheit in seiner eigenen Person sei. Der Trieb zu jenem wird Fleischeslust (auch Wohllust schlechthin) genannt. Das Laster, welches dadurch erzeugt wird, heißt Unkeuschheit, die Tugend aber, in Ansehung dieser sinnlichen Antriebe, wird Keuschheit genannt, die nun hier als Pflicht des Menschen gegen sich selbst vorgestellt werden soll. *Unnatürlich* heißt eine Wohllust, wenn der Mensch dazu, nicht durch den wirklichen Gegenstand, sondern durch die Einbildung von demselben, also zweckwidrig, ihn sich selbst schaffend, gereizt wird. Denn sie bewirkt alsdann eine Begierde wider den Zweck der Natur, und zwar einen noch wichtigern, als selbst der der Liebe zum Leben ist, weil dieser nur auf Erhaltung des Individuum, jener aber auf die der ganzen Spezies abzielt. –

Daß ein solcher naturwidrige Gebrauch (also Mißbrauch) seiner Geschlechtseigenschaft eine und zwar der Sittlichkeit im höchsten Grad widerstreitende Verletzung der Pflicht wider *sich selbst* sei, fällt jedem, zugleich mit dem Gedanken von demselben, so fort auf, erregt eine Abkehrung von diesem Gedanken, in dem Maße, daß selbst die Nennung eines solchen Lasters bei seinem eigenen Namen für unsittlich gehalten wird; welches, bei dem des Selbstmords, nicht geschieht, den man, mit allen seinen Greueln (in einer species facti) der Welt vor Augen zu legen im mindesten kein Bedenken trägt; gleich als ob der Mensch überhaupt sich beschämt fühle, einer solchen ihn selbst unter das Vieh herabwürdigenden Behandlung seiner eigenen Person fähig zu sein: so daß selbst die erlaubte (an sich freilich bloß tierische) körperliche Gemeinschaft beider Geschlechter in der Ehe im gesitteten Umgange viel Feinheit veranlaßt und erfordert, um einen Schleier darüber zu werfen, wenn davon gesprochen werden soll.

Der Vernunftbeweis aber der Unzulässigkeit jenes unnatürlichen, und selbst auch des bloß unzweckmäßigen Gebrauchs seiner Geschlechtseigenschaften, als Verletzung (und zwar, was den ersteren betrifft, im höchsten Grade) der Pflicht gegen sich selbst, ist nicht so leicht geführt. – Der *Beweisgrund* liegt freilich darin, daß der Mensch seine Persönlichkeit dadurch (wegwerfend) aufgibt, indem er sich bloß zum Mittel der Befriedigung tierischer Triebe braucht. Aber der hohe Grad der Verletzung der Menschheit in seiner eigenen Person durch ein solches Laster in seiner Unnatürlichkeit, da es, der Form (der Gesinnung) nach, selbst das des Selbstmordes noch zu übergehen scheint, ist dabei nicht erklärt. Es sei denn, daß, die trotzige Wegwerfung seiner selbst im letzteren, als einer Lebenslast, wenigstens nicht eine weichliche Hingebung an tierische Reize ist, sondern Mut erfordert, wo immer noch Achtung für die Menschheit in seiner eigenen Person Platz findet, jene, welche sich gänzlich der tierischen Neigung überläßt, den Menschen zur genießbaren, aber hierin doch zugleich naturwidrigen Sache, d. i. zum *ekelhaften* Gegenstand macht, und so aller Achtung für sich selbst beraubt.

Immanuel Kant
Über Pädagogik

Wir wollen hier nun noch zum Schlusse einige Bemerkungen bei-
bringen, die vorzüglich von der Jugend bei ihrem Eintritte in die
Jünglingsjahre sollten beobachtet werden. Der Jüngling fängt um
diese Zeit an, gewisse Unterschiede zu machen, die er vorher nicht
machte. Nämlich *erstens* den Unterschied des Geschlechtes. Die
Natur hat hierüber eine gewisse Decke des Geheimnisses verbreitet,
als wäre diese Sache etwas, das dem Menschen nicht ganz anständig
und blos Bedürfnis der Thierheit in dem Menschen ist. Die Natur
hat aber gesucht, diese Angelegenheit mit aller Art von Sittlichkeit
zu verbinden, die nur möglich ist. Selbst die wilden Nationen betragen sich dabei mit einer Art von Scham und Zurückhaltung. Kinder
legen den Erwachsenen bisweilen hierüber vorwitzige Fragen vor,
z. E. wo die Kinder herkämen. Sie lassen sich aber leicht befriedigen,
wenn man ihnen entweder unvernünftige Antworten, die Nichts
bedeuten, giebt, oder sie mit der Antwort, daß dieses Kinderfrage
sei, abweist.

Die Entwickelung dieser Neigungen bei dem Jünglinge ist mechanisch, und es verhält sich dabei, wie bei allen Instincten, daß sie sich
entwickeln, auch ohne einen Gegenstand zu kennen. Es ist also unmöglich, den Jüngling hier in der Unwissenheit und in der Unschuld, die mit ihr verbunden ist, zu bewahren. Durch Schweigen
macht man das Übel aber nur noch ärger. Dieses sieht man an der
Erziehung unserer Vorfahren. Bei der Erziehung in neuern Zeiten
nimmt man richtig an, daß man unverhohlen, deutlich und bestimmt mit dem Jünglinge davon reden müsse. Es ist dies freilich ein
delicater Punkt, weil man ihn nicht gern als den Gegenstand eines
öffentlichen Gespräches ansieht. Alles wird aber dadurch gut gemacht, daß man mit würdigem Ernste davon redet, und daß man in
seine Neigungen entrirt.*⁾

Das 13te oder 14te Jahr ist gewöhnlich der Zeitpunkt, in dem sich

---

*⁾ Siehe hierüber besonders: *Salzmann, über die heimlichen Sünden der Jugend.*   A. d. H.

bei dem Jünglinge die Neigung zu dem Geschlechte entwickelt (es müßten denn Kinder verführt und durch böse Beispiele verdorben sein, wenn es früher geschähe). Ihre Urtheilskraft ist dann auch schon ausgebildet, und die Natur hat sie um die Zeit bereits präparirt, daß man mit ihnen davon reden kann.

Nichts schwächt den Geist wie den Leib des Menschen mehr, als die Art der Wollust, die auf sich selbst gerichtet ist, und sie streitet ganz wider die Natur des Menschen. Aber auch diese muß man dem Jünglinge nicht verhehlen. Man muß sie ihm in ihrer ganzen Abscheulichkeit darstellen, ihm sagen, daß er sich dadurch für die Fortpflanzung des Geschlechtes unnütz mache, daß die Leibeskräfte dadurch am allermeisten zu Grunde gerichtet werden, daß er sich dadurch ein frühes Alter zuziehe, und sein Geist sehr dabei leide[*]), u. s. w.

Man kann den Anreizen dazu entgehen durch anhaltende Beschäftigung, dadurch daß man dem Bette und Schlafe nicht mehr Zeit widmet, als nöthig ist. Die Gedanken daran muß man sich durch jene Beschäftigungen aus dem Sinne schlagen, denn wenn der Gegenstand auch nur blos in der Imagination bleibt, so nagt er doch an der Lebenskraft. Richtet man seine Neigung auf das andere Geschlecht, so findet man doch noch immer einigen Widerstand, richtet man sie aber auf sich selbst, so kann man sie zu jeder Zeit befriedigen. Der physische Effect ist überaus schädlich, aber die Folgen in Absicht der Moralität sind noch weit übler. Man überschreitet hier die Grenzen der Natur, und die Neigung wüthet ohne Aufhalt fort, weil keine wirkliche Befriedigung Statt findet. Lehrer bei erwachsenen Jünglingen haben die Frage aufgeworfen: ob es erlaubt sei, daß ein Jüngling sich mit dem andern Geschlechte einlasse. Wenn eines von beiden gewählt werden muß: so ist dies allerdings besser. Bei jenem handelt er wider die Natur, hier aber nicht. Die Natur hat ihn zum Manne berufen, sobald er mündig wird, und also auch seine Art fortzupflanzen; die Bedürfnisse aber, die der Mensch in einem cultivirten Staate nothwendig hat, machen, daß er dann noch nicht immer seine Kinder erziehen kann. Er fehlt hier also wider die bürgerliche Ordnung. Am besten ist es also, ja, es ist Pflicht, daß der

*) Vergl. außer dem eben angeführten Buche *Tissot, Campe's Revision des gesammten Schul- und Erziehungswesens u. s. w.*   A. d. H.

Jüngling warte, bis er im Stande ist, sich ordentlich zu verheirathen. Er handelt dann nicht nur wie ein guter Mensch, sondern auch wie ein guter Bürger.*)

Der Jüngling lerne frühzeitig, eine anständige Achtung vor dem andern Geschlechte hegen, sich dagegen durch lasterfreie Thätigkeit desselben Achtung erwerben und so dem hohen Preise einer glücklichen Ehe entgegenstreben.

[...]

Man muß ihn darauf aufmerksam machen, daß er in keinem Stücke, wo er einen Vorsatz wohl überlegt hat, ihn zum leeren Vorsatze werden lasse; lieber muß man keinen Vorsatz fassen und die Sache in Zweifel lassen; – auf Genügsamkeit mit äußern Umständen und Duldsamkeit in Arbeiten: Sustine et abstine; – auf Genügsamkeit in Vergnügungen. Wenn man nicht blos Vergnügungen verlangt, sondern auch geduldig im Arbeiten sein will, so wird man ein brauchbares Glied des gemeinen Wesens und bewahrt sich vor Langweile.

[...]

Darauf, daß er einen geringen Werth setze in den Genuß der Ergötzlichkeiten des Lebens. Die kindische Furcht vor dem Tode wird dann wegfallen. Man muß dem Jünglinge zeigen, daß der Genuß nicht liefert, was der Prospect versprach. –

Auf die Nothwendigkeit endlich der Abrechnung mit sich selbst an jedem Tage, damit man am Ende des Lebens einen Überschlag machen könne in Betreff des Werthes seines Lebens.

---

*) Aber auch die vage Befriedigung sinnlicher Neigungen bei dem andern Geschlechte schadet der Gesundheit, erhitzt die Einbildungskraft, stört in einer zweckmäßigen Beschäftigung und untergräbt die Moralität. Reiner Sinn der Liebe in der unentweihten Brust des Jünglings und Mädchens dagegen schützt die Unschuld, erhebt die Seele und ist Anreiz zum Bessern.   A. d. H.

Friedrich Hölderlin
Briefe

An die Mutter

Jena, d. 16. Jan. 1795

[...]

Ich war aus guten Gründen nie ganz offenherzig gegen Sie über mein bisheriges Verhältnis. Ich dachte, die Schwierigkeiten, und innigen Leiden, die ich in ungewöhnlichem Grade auf meiner Laufbahn traf, durch beharrliche und zwekmäsige Bemühung zu überwinden, und vermuthete nicht, daß endlich der Schritt nötig seyn werde, bei welchem ich nicht wohl vermeiden kann, manches, worüber ich bisher schwieg, gegen Sie zu äußern, weil ich Ihnen von meiner getroffenen Veränderung Rechenschaft geben muß. Daß mein Zögling bei einer mittelmäßigen Naturanlage noch im höchsten Grade unwissend war, als ich seine Bildung begann, war freilich nicht angenem, doch eben kein Grund, seine Bildung nicht alles Ernstes vorzunehmen, und ich that diß, wie Gott mein Zeuge ist, wie auch seine Eltern es erkennen, mit aller Gewissenhaftigkeit, nach meiner besten Einsicht.

Daß aber eine gänzliche Unempfindlichkeit für alle vernünftige Lehre, womit ich auf seine verwilderte Natur wirken wollte, in ihm war, daß hier weder ein ernstes Wort Achtung, noch ein freundliches Anhänglichkeit ans Gute hervorbrachte, war für mich freilich eine bittere Entdeckung. Ich suchte die Ursache dieser beinahe fortdauernden Verstoktheit in der Prügelmethode, welche vor meiner Ankunft allem nach bis zum höchsten Exzeß gegen ihn ausgeübt wurde. Oft schien es, als hätt' ich ihn aus seinem Schlafe gewekt, er war offen, verständig, und es schien keine Spur seiner Rohheit mer an ihm zu seyn, und in seinen Kentnissen machte er an solchen Tagen unbegreiflich schnelle Schritte. Ich wurde vergöttert, als hätt' ich Wunder gethan an dem Kinde, mein ehrlicher Pfarrer in Waltershausen drükte mir so herzlich die Hand, und gestand mir, daß er nach allen Versuchen, die auch er mit dem Kinde gemacht hätte,

157

verzweifelt hätte, und durch mich beschämt wäre, und auch die Ungebildetern im Dorfe und Hauße fühlten die glükliche Metamorphose, die mit dem Kinde vorgegangen war. Das machte mich froh, u. muthig. Aber eben so schnell, und unvermuthet fiel er auch wieder in die höchste Stumpfheit und Trägheit zurük. Sein Vater hatte mich, freilich mit zu großer Schonung gegen mich, auf ein Laster aufmerksam gemacht, wovon zuweilen Spuren an dem Kinde bemerkt worden waren. Der Zustand seines Gemüths und Geistes machte mich endlich noch aufmerksamer, und ich entdekte laider! zum Theil auch durch sein Geständnis, mer als ich fürchtete. Ich kann mich unmöglich deutlicher gegen Sie erklären. Ich lies ihn keinen Augenblick beinahe von der Seite, bewachte ihn Tag und Nacht aufs ängstlichste, sein Körper wie seine Seele schien sich zu erhohlen, u. ich hofte wieder. Aber er wußte am Ende meiner Aufmerksamkeit doch zu entgehen, und seine Verstoktheit, die Folge jenes Lasters, stieg besonders zu Ende des Sommers zu einem Grade, der mir beinahe auch meine Gesundheit, alle Heiterkeit, und so auch meinen Geisteskräften ihre gehörige Tätigkeit raubte. Ich bot allen Mitteln auf, um zu helfen, umsonst! Ich erklärte mehreremale offenherzig meinen Gram über alle fehlgeschlagene Maasregeln, bat um Rath, um Unterstüzung, man tröstete mich, und bat mich, auszuharren, so lange mirs möglich wäre. Um mich einigermaßen für so manche verlorene bittre Stunde zu entschädigen, auch um den Knaben zu zerstreuen, und durch Tanzstunden p. p. in mer Bewegung zu sezen, schikte man uns nach Jena. Durch unsägliche Mühen, fast beständiges Nachtwachen, und die dringendsten Bitten und Ermahnungen, und durch gerechte Strenge gelang mirs, auf einige Zeit das Übel seltner zu machen, und so waren die Fortschritte in der moralischen und wissenschaftlichen Bildung wieder recht schön. Aber es hielt nicht lange, die ganze Unmöglichkeit, auf das Kind reel zu wirken, und ihm zu helfen, grif meine Gesundheit und mein Gemüth auf das härteste an. Das ängstliche Wachen bei Nacht zerstörte meinen Kopf, und machte mich für mein Tagwerk beinahe unfähig. Inzwischen kam die Majorin. Das edle Weib litt ser viel über ihr Kind, auch über mich. Schiller und sie bat mich, es nur Einmal noch zu versuchen. Auch der Major suchte mich und sich zu trösten, u. schrieb, ich möchte eben ausharren, so lang ich könnte. Wir reisten nach Weimar ab, und da dort das Übel mit jedem Tage bei dem

Kinde troz der Bemühungen der Ärzte, und meiner fortdauernden Anstrengung zu-, meine Gesundheit, mein Muth, meine Heiterkeit mit jedem Tage abnahm, wie es notwendig war, erklärte mir die Majorin, daß sie mich nun nicht länger könne leiden sehn, sie wollte nicht, daß ich ohne Nuzen zu Grunde gienge, [...]. Freilich dependiren alle diese Dinge nicht ganz von mir. Insoferne sie von mir dependiren, such' ich mir durch Fleis und Erhaltung meiner Kräfte den Erfolg zu sichern, und was das andere betrift, hoff' ich auf ein gutes Schiksaal und gute Menschen. Erhalten Sie mir meinen Muth durch Ihre gütige Theilnahme an meinem Schiksaal! Lassen Sie sich, liebste Mutter! durch keine ungegründete Sorge in den Hofnungen stören, die Sie von mir gewis hegen, weil eine Mutter schwerlich je aufhören wird, von ihrem Sohne etwas zu hoffen! Gönnen Sie mir den ungestörten Gebrauch meiner Kräfte, der mir seit meiner frühen Jugend jezt beinahe zum ersten male zu Theil wird! Glauben Sie, daß ich nicht aus kindischen Motiven meine sparsame Mahlzeit, die ich des Tages Einmal genieße, einer reichen Tafel, und sogar für jezt dem Heerde meiner Heimath vorzog. Dafür fühl' ich auch jezt schon neue Kraft und neuen Muth in mir! Nur das, guter Gott! nur das möcht' ich erringen, daß meine Mutter von Herzensgrunde sagen könnte, es war an ihm keine Mühe und Sorge vergebens! – Leben Sie wohl!

[...]

Ihr
Friz.

An Neuffer

Jena, d. 19. Jenner 95

Ich habe Dir viel zu schreiben, lieber Bruder! – Ich habe Dir vorerst zu sagen, daß ich mein bisheriges Verhältnis verlassen habe, und nun als unabhängiger Mensch hier lebe. Du fühlst wohl mit mir, daß ich meinen Muth zu diesem Schritte ziemlich zusammennehmen mußte. Du giebst mir Deinen Seegen dazu, das weis ich. Ich hätt' ihn schwerlich gethan, wenn zu dem gerechten Wunsche, einmal einen ernstlichen Versuch mit mir zu machen, nicht die besondern Umstände meiner bisherigen Lage gekommen wären. Ich schrieb Dir noch vor meiner Abreise von Waltershausen, wie ser ich durch mein Erziehersgeschäft in meiner Selbstbildung gestört würde. Ich litt mer, lieber Neuffer! als ich schreiben mochte. Ich sah, wie sich das Kind mit jedem Tage mer verdarb, und konnte nicht helfen, wahrscheinlich hätt' es auch ein vollkomnerer Erzieher nicht gekonnt. Wir kamen hieher, ich verläugnete beinahe meine Wünsche, den hiesigen Aufenthalt zu benüzen ganz, nur um das Äußerste an meinem Zöglinge zu versuchen; ich wagte meine Gesundheit durch fortgeseztes Nachtwachen, denn das machte sein Übel nötig, und ich wollte auch so den verlornen Tag zum Theil ersezen, oft schien es mir zu gelingen, aber es folgten nur traurigere Rezidive, und ich fieng auch an, auf eine gefährliche Art an meinem Kopfe zu leiden, durch das öftere Wachen, wohl auch durch den Verdruß.

[...]

An Hegel

Jena. d. 26 Jenn. 95

Dein Brief war mir ein frölicher Willkomm bei meinem zweiten Eintritt in Jena. Ich war zu Ende des Dez. mit der Majorin von Kalb und meinem Zögling, mit dem ich zwei Monathe allein hier zugebracht hatte, nach Weimar abgereist, ohne so eine schnelle Rükkehr selbst zu vermuthen. Das mannigfaltige Elend, das ich durch die besondern Umstände, die bei meinem Subjecte stattfanden, im Erziehungswesen erfahren mußte, meine geschwächte Gesundheit, und das Bedürfnis, mir wenigstens einige Zeit selbst zu leben, das durch meinen hiesigen Aufenthalt nur vermehrt wurde, bestimmte mich noch vor meiner Abreise von Jena, den Wunsch, mein Verhältnis zu verlassen, der Majorin vorzutragen. Ich lies mich durch sie und Schillern überreden, den Versuch noch einmal zu machen, konnte aber den Spaß nicht länger als 14 Tage ertragen, weil es unter anderem auch mich beinahe ganz die nächtliche Ruhe kostete, und kehrte nun in vollem Frieden nach Jena zurük, in eine Unabhängigkeit, die ich im Grunde jezt im Leben zum erstenmale genieße, und die hoffentlich nicht unfruchtbar seyn soll.

[...]

160

Wilhelm Waiblinger
Die Tagebücher (1823)

8. Juny. [...]
   Ich besuchte Hölderlin, lud ihn auf morgen zu einem Spaziergang ein. Er liegt seit einigen Tagen immer im Bett, und wandelt nur des Morgens im Zwinger auf und ab. [...]

9. Juny. Hölderlin weigerte sich heute noch im Bett liegend, mit den schrecklichsten Entschuldigungen mit meiner königl. Majestät zu gehen. Der Tischler gab mir neue Nachrichten von seinem Leben. Auch Onanie trug zu seiner Versunkenheit bey. Sein Leben aber ist unendlich reich. Hölderlin hätte können der erste deutsche Lyriker werden. Des Morgens lauft er in diesen Tagen von ½4 Uhr bis beynahe Mittag im Zwinger auf und ab. Der junge Zimmer bracht ihn endlich zum Aufstehen. [...]

Heinrich von Kleist
Brief an Wilhelmine von Zenge

Ihro Hochwohlgeborn und Hochwürden dem Stiftsfräulein
Wilhelmine von Zenge in Frankfurt an der Oder –
frei bis Berlin

Würzburg, den 13. (-18.) September 1800

Mädchen! Wie glücklich wirst Du sein! Und ich! Wie wirst Du an
meinem Halse weinen, heiße innige Freudentränen! Wie wirst Du
mir mit Deiner ganzen Seele danken! – Doch still! Noch ist nichts
ganz entschieden, aber – der Würfel liegt, und, wenn ich recht sehe,
wenn nicht alles mich täuscht, so stehen die Augen gut. Sei ruhig. In
wenigen Tagen kommt ein froher Brief an Dich, ein Brief, Wilhelmine, der – – Doch ich soll ja nicht reden, und so will ich denn noch
schweigen auf diese wenigen Tage. Nur diese *gewisse* Nachricht will
ich Dir mitteilen: ich gehe von hier nicht weiter nach Straßburg,
sondern bleibe in Würzburg. Eher als Du glaubst, bin ich wieder bei
Dir in Frankfurt. Küsse mich, Mädchen, denn ich verdiene es.

Laß uns tun, als ob wir nichts Interessanteres mit einander zu
plaudern hätten, als fremdartige Dinge. Denn das, was mir die ganze
Seele erfüllt, darf ich Dir nicht, *jetzt noch nicht*, mitteilen.

Also wieder etwas von dieser Stadt.

Eine der vortrefflichsten Anstalten, die je ein Mönch hervorbrachte, ist wohl das hiesige *Julius-Hospital*, vom Fürstbischof *Julius*, im 16. Jahrhundert gestiftet, von dem vorletzten Fürstbischof
Ludwig um mehr als das Ganze erweitert, veredelt und verbessert.
Das Stammgebäude schon ist ein Haus, wie ein Schloß; aber nun
sind noch, in ähnlicher Form, Häuser hinzugebaut worden, so daß
die vordere Fassade 63 Fenster hat, und das Ganze ein geschloßnes
Viereck bildet. Im innern Hofe ist ein großer Brunnen angelegt, hinten befindet sich ein vortrefflicher botanischer Garten, Badehäuser,
ein anatomisches Theater und ein medizinisch-chirurgisches Audi-
torium.

Das Ganze ist ein Produkt der wärmsten Menschenliebe. Jedes

Gebrechen gibt, *wenn es ganz arm* ist, ein Recht auf unbedingte kostfreie Aufnahme in diesem Hause. Die Wiederhergestellten und Geheilten müssen es wieder verlassen, die Unheilbaren und das graue Alter findet Nahrung, Kleidung und Obdach bis ans Ende des Lebens. Denn nur auf gänzliche Hülflosigkeit ist diese Anstalt berechnet, und wer noch auf irgend eine Art sich selbst helfen kann, der findet hier keinen Platz, weil er ihn einem Unglücklichern, Hülfsbedürftigern nehmen würde.

Dabei ist es besonders bemerkenswürdig und lobenswert, daß die religiöse Toleranz, die nirgends in diesem ganzen Hochstift anzutreffen ist, grade hier in diesem Spital, wo sie so nötig war, Platz gefunden hat, und daß *jeder* Unglückliche seine Zuflucht findet in dieser katholischen Anstalt, wäre es auch ein Protestant oder ein Jude.

Das Innere des Gebäudes soll sehr zweckmäßig eingerichtet sein. Ordnung wenigstens und Plan habe ich darin gefunden. Da beherbergt jedes Gebäude eine eigne Art von Kranken, entweder die medizinische oder chirurgische, und jeder Flügel wieder ein eignes Geschlecht, die männlichen oder die weiblichen. Dann ist ein besonderes Haus für Unheilbare, eines für das schwache Alter, eines für die Epileptischen, eines für die Verrückten etc. Der Garten steht jedem Gesitteten offen. Es wird in großen Sälen gespeiset. Eine recht geschmackvolle Kirche versammelt täglich die Frommen. Sogar die Verrückten haben da ihren vergitterten Platz.

Bei den Verrückten sahen wir manches Ekelhafte, manches Lächerliche, viel Unterrichtendes und Bemitleidenswertes. Ein paar Menschen lagen übereinander, wie Klötze, ganz unempfindlich, und man sollte fast zweifeln, ob sie Menschen zu nennen wären. Dagegen kam uns munter und lustig ein überstudierter Professor entgegen, und fing an, uns auf lateinisch zu harangieren, und fragte so schnell und flüchtig und sprach dabei ein so richtiges, zusammenhangendes Latein, daß wir im Ernste verlegen wurden um die Antwort, wie vor einem gescheuten Manne. In einer Zelle saß, schwarz gekleidet, mit einem tiefsinnigen, höchst ernsten und düstern Blick, ein Mönch. Langsam schlug er die Augen auf uns, und es schien, als ob er unser Innerstes erwog. Dann fing er, mit einer schwachen, aber doch tönenden und das Herz zermalmenden Stimme an, uns vor der Freude zu warnen und an das ewige Leben und an das heilige

Gebet uns zu erinnern. Wir antworteten nicht. Er sprach in großen Pausen. Zuweilen blickte er uns wehmütig an, als ob er uns doch für verloren hielte. Er hatte sich einst auf der Kanzel in einer Predigt versprochen und glaubte von dieser Zeit an, er habe das Wort Gottes verfälscht. Von diesem gingen wir zu einem Kaufmann, der aus Verdruß und Stolz verrückt geworden war, weil sein Vater das Adelsdiplom erhalten hatte, ohne daß es auf den Sohn forterbte. Aber am Schrecklichsten war der Anblick eines Wesens, den ein unnatürliches Laster wahnsinnig gemacht hatte – Ein 18jähriger Jüngling, der noch vor kurzem blühend schön gewesen sein soll und noch Spuren davon an sich trug, hing da über die unreinliche Öffnung, mit nackten, blassen, ausgedorrten Gliedern, mit eingesenkter Brust, kraftlos niederhangendem Haupte – Eine Röte, matt und geadert, wie eines Schwindsüchtigen, war ihm über das totenweiße Antlitz gehaucht, kraftlos fiel ihm das Augenlid auf das sterbende, erlöschende Auge, wenige saftlose Greisenhaare deckten das frühgebleichte Haupt, trocken, durstig, lechzend hing ihm die Zunge über die blasse, eingeschrumpfte Lippe, eingewunden und eingenäht lagen ihm die Hände auf dem Rücken – er hatte nicht das Vermögen die Zunge zur Rede zu bewegen, kaum die Kraft den stechenden Atem zu schöpfen – nicht verrückt waren seine Gehirnsnerven aber matt, ganz entkräftet, nicht fähig seiner Seele zu gehorchen, sein ganzes Leben nichts als eine einzige, lähmende, ewige Ohnmacht – O lieber tausend Tode, als ein einziges Leben wie dieses! So schrecklich rächt die Natur den Frevel gegen ihren eignen Willen! O weg mit diesem fürchterlichem Bilde –

[...]

Denis Diderot
Das Gespräch zwischen d'Alembert
und Diderot

III

Fortsetzung des Gesprächs

Fräulein von Lespinasse, Bordeu

(Gegen zwei Uhr ist der Doktor zurückgekommen. D'Alembert war unterdessen fortgegangen, um auswärts zu speisen, und der Doktor fand sich allein mit Fräulein von Lespinasse. Das Essen wurde aufgetragen. Bis zum Nachtisch sprachen sie über ziemlich belanglose Dinge.)

Fräulein von Lespinasse (nachdem die Diener sich entfernt haben): Kommen Sie, Doktor, trinken Sie ein Glas Malaga; dann müssen Sie mir eine Frage beantworten, die mir schon hundertmal durch den Kopf gegangen ist und die ich nur an Sie zu richten wage.

Bordeu: Vorzüglich, dieser Malaga... Und Ihre Frage?

Fräulein von Lespinasse: Wir denken Sie über die Mischung der Arten?

Bordeu: Wahrhaftig, die Frage ist ebensogut. Ich denke, die Menschen haben dem Zeugungsakt stets große Bedeutung beigemessen, und zwar mit Recht; doch mit ihren bürgerlichen und religiösen Gesetzen bin ich nicht zufrieden.

Fräulein von Lespinasse: Was haben Sie daran auszusetzen?

Bordeu: Daß man sie ohne Billigkeit, ohne Zweckmäßigkeit und ohne jede Rücksicht auf die Natur der Dinge und den öffentlichen Nutzen geschaffen hat.

Fräulein von Lespinasse: Versuchen Sie, sich klarer auszudrücken.

Bordeu: Das ist meine Absicht... Aber warten Sie... (Er sieht auf seine Uhr.) Ich habe noch eine gute Stunde Zeit für Sie; ich werde schnell vorgehen, und dies wird uns genügen. Wir sind allein, Sie sind nicht prüde, Sie werden nicht auf den Gedanken kommen, daß ich es absichtlich an einer Achtung fehlen lasse, die ich Ihnen schuldig bin. Wie immer Sie meine Ideen beurteilen werden, ich hoffe meinerseits, daß Sie daraus keine Schlüsse gegen die Ehrbarkeit meiner Sitten ziehen werden.

Fräulein von Lespinasse: Ganz gewiß nicht. Aber Ihre Einleitung beunruhigt mich.

Bordeu: Dann wollen wir lieber das Thema wechseln.

Fräulein von Lespinasse: Nicht doch; fahren Sie ruhig fort. Einer Ihrer Freunde, der auf der Suche nach Gatten für mich und meine zwei Schwestern war, hat der jüngsten einen Sylvan, der ältesten einen großen Verkündigungsengel und mir einen Schüler des Diogenes geschenkt; er kannte uns eben alle drei sehr gut. Doch sprechen Sie durch die Blume, Doktor, ein wenig durch die Blume.

Bordeu: Selbstverständlich, soweit das Sujet und mein Beruf es zulassen.

Fräulein von Lespinasse: Das wird Ihnen keine besondere Mühe machen... Aber hier ist Ihr Kaffee... Nehmen Sie Ihren Kaffee.

Bordeu (nachdem er den Kaffee ausgetrunken hat): Ihre Frage betrifft die Physik, die Moral und die Poesie.

Fräulein von Lespinasse: Die Poesie?

Bordeu: Zweifellos. Die Kunst, nichtexistierende Wesen nach dem Vorbild der existierenden Wesen zu schaffen, ist wahre Poesie. Diesmal darf ich statt Hippokrates wohl Horaz zitieren. Dieser Dichter oder Versemacher sagt irgendwo: *Omne tulit punctum qui miscuit utile dulci*: das höchste Verdienst besteht darin, das Angenehme mit dem Nützlichen zu verbinden. Die Vollkommenheit besteht in der Verknüpfung dieser zwei Momente. In der ästhetischen Ordnung soll die angenehme *und* nützliche Handlung den ersten Rang einnehmen; den zweiten können wir dem *nur* Nützlichen nicht versagen; der dritte kommt dem *nur* Angenehmen zu, und auf den untersten Rang werden wir die Handlung verweisen, die weder Vergnügen noch Gewinn bringt.

Fräulein von Lespinasse: Bisher kann ich Ihrer Ansicht sein, ohne zu erröten. Doch wohin wird uns dies führen?

Bordeu: Das werden Sie gleich sehen. Liebes Fräulein, könnten Sie mich darüber aufklären, welchen Gewinn oder welches Vergnügen die Keuschheit und die strenge Enthaltsamkeit dem Individuum, das sie ausübt, oder der Gesellschaft bringen?

Fräulein von Lespinasse: Offen gestanden – weder Gewinn noch Vergnügen.

Bordeu: Trotz des großartigen Lobes, das der Fanatismus an sie vergeudet hat, und trotz der bürgerlichen Gesetze, die sie schützen, werden wir sie also in der Liste der Tugenden streichen und zugeben, daß es nichts gibt, was so albern, so lächerlich, so unsinnig, so schädlich, so verächtlich und, abgesehen vom wirklich Bösen, so schlimm ist wie diese zwei seltenen Eigenschaften...

Fräulein von Lespinasse: Dem kann man zustimmen.

Bordeu: Vorsicht! Ich warne sie. Gleich werden Sie den Rückzug antreten.

Fräulein von Lespinasse: Wir weichen nie zurück.

Bordeu: Und die Akte der solitären Befriedigung?

Fräulein von Lespinasse: Nun?

Bordeu: Nun, die bereiten dem Individuum wenigstens Vergnügen. Also ist unser Prinzip falsch, oder...

Fräulein von Lespinasse: Aber Doktor!

Bordeu: Ja, liebes Fräulein, und zwar aus dem einfachen Grund, weil solche Akte ebenso belanglos sind, aber nicht ebenso unnütz. Das ist doch ein Bedürfnis, und selbst wenn man nicht durch das Bedürfnis dazu getrieben würde, wäre es immerhin eine angenehme Sache. Ich wünsche, daß man sich wohl befinde; ich wünsche dies unbedingt, verstehen Sie? Ich tadle jeden Exzeß; aber in einem solchen Gesellschaftszustand wie dem unsrigen, ganz abgesehen vom Temperament und von den schädlichen Folgen der strengen Enthaltsamkeit, besonders für junge Menschen, kommen hundert vernünftige Überlegungen auf eine unvernünftige: schlechte Vermögensverhältnisse und Angst vor bitterer Reue unter den Männern, Furcht vor Schande bei den Frauen – Überlegungen, die ein unglückliches Geschöpf, das vor Sehnsucht und Unbehagen beinahe vergeht, oder einen armen Teufel, der nicht weiß, an wen er sich wenden soll, dazu bringen, sich nach der Art und Weise des Kynikers zu behelfen. Würde Cato, der einem Jüngling in dem Augenblick, da dieser das Haus einer Buhlerin betreten wollte, zurief: »Mut, mein Sohn...«, ihm heute nur noch dieselben Worte zurufen? Würde er nicht vielmehr, wenn er ihn allein auf frischer Tat ertappte, sofort hinzufügen: das ist besser, als das Weib des Nächsten zu verführen oder seine Ehre und seine Gesundheit aufs Spiel zu setzen?... Ach was! Weil mir die Umstände das größte Glück nehmen, das man sich vorstellen kann, nämlich das Glück, meine Sinnlichkeit mit der Sinnlichkeit, meine Trunkenheit mit der Trunkenheit, meine Seele mit der Seele einer Gefährtin meiner Wahl zu vereinigen und mich in ihr und mit ihr fortzupflanzen, und weil ich meine Handlungsweise nicht durch den Nutzen heiligen kann, deshalb soll ich mir einen notwendigen und köstlichen Augenblick versagen? Bei Vollblütigkeit läßt man sich einen Aderlaß machen. Was liegt an der Beschaffenheit des überflüssigen Saftes, an seiner Farbe und an der Weise, durch die man sich von ihm befreit? In einem Fall des Unbehagens ist er genauso überflüssig wie in dem anderen. Und wenn man ihn aus seinen Behältern herauspumpte, in der ganzen Maschine verteilte und auf einem anderen, längeren, schwierigeren und gefährlicheren Weg ausschiede, wäre er dann nicht auch verloren? Die Natur duldet nichts Unnützes. Warum sollte ich schuldig sein, wenn ich nachhelfe, sobald sie mich durch die unzweideutigsten Symptome zur Hilfe ruft? Wir wollen die Natur niemals herausfordern, ihr aber nötigenfalls Hilfe leisten. In der Entsagung und Untätigkeit sehe ich nur Torheit und versäumtes Vergnügen. Leben Sie enthaltsam, wird man mir sagen; arbeiten Sie sich müde. Oh, ich verstehe: ich soll mich um ein Vergnügen bringen, soll mir Mühe geben, ein fremdes Vergnügen auszuschließen. Fein ausgedacht!

Fräulein von Lespinasse: Kindern darf man diese Lehre freilich nicht verkünden.

Bordeu: Den andern auch nicht. Sie gestatten mir doch eine aus der Luft gegriffene Annahme? Nehmen wir an, Sie hätten eine Tochter, ein braves und unschuldiges, vielleicht allzu braves und unschuldiges Mädchen. Sie befindet sich in dem Alter, in dem das Temperament sich entwickelt; ihr Geist gerät dadurch in Verwirrung, die Natur hilft ihr nicht: Sie lassen mich kommen. Ich erkenne sofort, daß alle jene Symptome, die Sie beängstigen, nur von dem Überfluß und der Zurückhaltung der Samenflüssigkeit herrühren; ich mache Sie darauf aufmerksam, daß Ihre Tochter von einer Tollheit bedroht ist, die leicht verhütet, zuweilen aber nicht geheilt werden kann; ich nenne Ihnen das Abhilfemittel. Was werden Sie dann tun?

Fräulein von Lespinasse: Um Ihnen die Wahrheit zu sagen, ich glaube – aber dieser Fall kommt ja gar nicht vor...

Bordeu: Täuschen Sie sich nicht. Er ist nicht selten und würde häufig vorkommen, wenn die Freiheit unserer Sitten es nicht verhütete... Wie dem auch sei: es hieße allen Anstand mit Füßen treten, hieße den abscheulichsten Verdacht auf sich ziehen und ein Verbrechen gegen die Gesellschaft begehen, wenn man solche Prinzipien verbreiten wollte. Sie sind ja so nachdenklich?

Fräulein von Lespinasse: Ja, ich überlege hin und her, ob Sie jemals in die Lage gekommen sind, Müttern eine so strengvertrauliche Mitteilung zu machen.

Bordeu: Sicher.

Fräulein von Lespinasse: Und welche Entscheidung haben diese Mütter getroffen?

Bordeu: Die richtige, die vernünftige Entscheidung! Alle – ohne Ausnahme... Trotzdem würde ich auf der Straße nicht den Hut vor einem Manne ziehen, der in dem Verdacht stünde, meine Lehre in die Tat umzusetzen. Mir würde es genügen, daß man ihn einen Ehrlosen nennt. Doch wir plaudern hier unter vier Augen, ohne Zeugen und ohne Folgen; und hinsichtlich meiner Philosophie möchte ich Ihnen das gleiche sagen wie Diogenes, der zu einem züchtigen jungen Athener, gegen den er – völlig nackt – zum Ringkampf antrat, sagte: »Fürchte nichts, mein Sohn, ich bin nicht so schlecht wie jener dort!«

Fräulein von Lespinasse: Ich sehe, Doktor, worauf Sie hinauswollen, und ich wette...

Bordeu: Ich wette nicht mit Ihnen, denn Sie würden gewinnen. Ja, mein Fräulein, das ist meine Ansicht.

Fräulein von Lespinasse: Was denn? Daß man sich im Gehege seiner Art einschließen soll? Oder daß man es verlassen soll?

Bordeu: Richtig!

Fräulein von Lespinasse: Sie sind ein Ungeheuer.

Bordeu: Nein, nicht ich. Ungeheuerlich ist entweder die Natur oder die Gesellschaft. Hören Sie, Fräulein, ich lasse mich nicht durch Worte einschüchtern, und ich drücke mich deshalb so freimütig aus, weil ich moralisch sauber bin und die Reinheit meiner Sitten nirgends einen Angriffspunkt bietet. Ich frage Sie also: wenn zwei Handlungen ausschließlich auf die Sinnenlust beschränkt sind und lediglich Vergnügen bereiten können, ohne zu nutzen, wenn aber die eine von ihnen nur demjenigen Vergnügen macht, der sie vollzieht, während die andere das Vergnügen auf ein männliches oder weibliches Wesen derselben Gattung überträgt (denn das Geschlecht, ja sogar die Funktion des Geschlechts spielt dabei keine Rolle): wofür wird der gesunde Menschenverstand sich dann entscheiden?

Fräulein von Lespinasse: Diese Fragen sind zu hoch für mich.

Bordeu: Ach! Nachdem Sie einige Minuten lang wie ein Mann gedacht haben, greifen sie nun wieder zu Ihrer Haube und Ihren Röcken und werden wieder Frau. Meinen Respekt! Dann muß man Sie wohl als solche behandeln... Erledigt!... Über die Dubarry verliert man jetzt kein Wort mehr... Sie sehen, alles kommt wieder in Ordnung. Man glaubte, der ganze Hof würde auf den Kopf gestellt werden: doch der hohe Herr handelte als vernünftiger Mann: *Omne tulit punctum*... Er behielt die Frau, die ihm Vergnügen macht, und den Minister, der ihm nützt... Aber Sie hören mir nicht zu... Wo sind Ihre Gedanken?

Fräulein von Lespinasse: Bei jenen Verbindungen, die mir alle widernatürlich erscheinen.

Bordeu: Alles, was ist, kann weder widernatürlich noch unnatürlich sein; ich nehme davon nicht einmal die freiwillige Keuschheit und Enthaltsamkeit aus. Diese wären allerdings die größten Verbrechen gegen die Natur, wenn man gegen die Natur fehlen könnte, und die größten Verbrechen gegen die Gesellschaftsgesetze eines Landes, wenn man in ihm die Handlungen auf einer anderen Waage als der Waage des Fanatismus und des Vorurteils abwöge.

[...]

Fräulein von Lespinasse: Leben sie wohl, Doktor. Vernachlässigen Sie uns nicht wieder eine Ewigkeit, wie gewöhnlich, und denken Sie zuweilen daran, daß ich Sie schrecklich gern habe. Ach, wenn man wüßte, was für Abscheulichkeiten Sie mir erzählt haben!

Bordeu: Ich bin ganz sicher, daß Sie darüber schweigen werden.

Fräulein von Lespinasse: Verlassen Sie sich nicht darauf! Ich höre doch nur zu, weil es mir Vergnügen macht, alles weiterzuerzählen. Ein Wort noch; dann komme ich zeitlebens nicht mehr darauf zurück.

Bordeu: Was gibt es noch?

Fräulein von Lespinasse: Diese abscheulichen Neigungen – woher kommen die eigentlich?

Bordeu: Stets von einer Unzulänglichkeit des Körperbaus bei Jünglingen und von der Verdorbenheit des Geistes bei Greisen; in Athen vom Reiz der Schönheit, in Rom vom Mangel an Frauen, in Paris von der Angst vor der Lustseuche. Leben Sie wohl.

Encyclopédie
Bd. X., Artikel »Manstupration«
oder »Manustupration«
(Medizin, Pathologie*)

Dieses Wort und seine Synonyme Mastupration und Masturtion
sind aus den beiden lateinischen Wörtern manus (Hand) und stu-
pratio oder stuprum (Schändung, Erguß) zusammengesetzt. Ihrer
Etymologie entsprechend, bezeichnen sie einen mit der Hand her-
beigeführten Erguß, das heißt eine durch unreine Berührungen,
Kitzeln und Reiben erzeugte zwanghafte Samenabsonderung. In
einer Art Abhandlung, die eher eine bizarre Sammlung medizini-
scher Beobachtungen, moralischer Überlegungen und theologi-
scher Erkenntnisse über diesen Gegenstand ist, hat ein englischer
Autor sie auch mit der Bezeichnung Onania versehen, abgeleitet
von Onan, einem der Söhne Judas, der im Alten Testament (Genesis Kap. XXXVIII, Verse IX und X) erwähnt wird. Ihm folgend hat
auch Herr Tissot in der Übersetzung seiner hervorragenden Abhandlung über die Krankheitsfolgen der Manustupration, aus der
wir vieles für diesen Artikel entnommen haben, das Wort Onanie
benutzt.

Von allen Säften, die sich in unserem Körper befinden, gibt es
keinen, der mit soviel Aufwand und Sorgfalt erzeugt wird, wie der
Samen, der kostbare Saft, der Quelle und Stoff des Lebens ist. Alle
Körperteile tragen zu seiner Bildung bei; und er ist nur ein verdau-
ter Extrakt des Nahrungssaftes, wie schon Hippokrates und einige
antike Autoren geglaubt und wir in einer der medizinischen Hoch-
schule von Montpellier vorgelegten Dissertation über die Zeugung
nachgewiesen haben (siehe SAMEN). Alle Körperteile sind auch
an seiner Absonderung beteiligt, und sie verspüren es danach an
einer Art von Schwäche, Mattigkeit und Bangigkeit. Es gibt nun
eine Zeit, in der diese Absonderung erlaubt und nützlich, um nicht
zu sagen notwendig ist. Diese Zeit ist von der Natur vorgegeben
und kündigt sich an durch das starke Wachstum der Körperhaare,

* Deutsche Übersetzung: Ludger Vorberg

die plötzliche Vergrößerung und das Anschwellen der Geschlechtsteile und durch häufige Erektionen. Der Mann brennt dann darauf, diese im Überfluß vorhandenen Säfte zu verströmen, welche seine Samenbläschen ausdehnen und reizen. Der Saft, der von den Duftdrüsen zwischen der Vorhaut und der Eichel erzeugt wird und sich bei zu langer Untätigkeit dort ansammelt, verändert sich, wird scharf, reizt und dient als Ansporn oder Motiv. Der einzige der Natur gemäße Weg, sich des überschüssigen Samens zu entledigen, ist der, welchen sie im Verkehr und der Vereinigung mit der Frau eingerichtet hat. Bei ihr tritt die Geschlechtsreife früher ein, ihre Lüste sind gemeinhin stärker und deren Unterdrückung verderblicher. Die Natur hat sie auch dazu bestimmt, daran mit den genußvollsten Wonnen umso mehr teilzuhaben. Dieser natürlichen und legitimen Absonderung könnte man jene hinzufügen, welche bei Junggesellen im Schlaf durch Lustträume hervorgerufen wird, welche die Wirklichkeit ersetzen und manchmal sogar übertreffen.

Trotz dieser weisen Vorkehrungen der Natur hat man gesehen, wie sich in den ältesten Zeiten durch Trägheit und Müßiggang eine schändliche Gewohnheit verbreitet und die Vorherrschaft gewinnt, die schließlich durch die Furcht vor dem schleichenden und ansteckenden Gift, das durch den natürlichen geschlechtlichen Umgang in den liebreichsten Augenblicken übertragen wird, vervielfältigt und immer mehr bestärkt wurde. Mann und Frau zerrissen die Bande der Gesellschaft, und die beiden gleichermaßen schuldigen Geschlechter versuchten, die Lust, die sie sich gegenseitig versagten, nachzuahmen, und benutzten dazu als Werkzeuge ihre verbrecherischen Hände. Da sich so jeder selbst genügte, konnten sie aufeinander verzichten. Diese erzwungene Lust, schwacher Abglanz der ursprünglichen, ist nun zu einer um so verderblicheren Leidenschaft geworden, als sie wegen der Bequemlichkeit, sie zu befriedigen, immer öfter ihre Wirkung tat. Wir betrachten sie hier nur als Arzt und als Ursache einer Unzahl sehr schwerer, meistens tödlicher Krankheiten. Den Theologen überlassen wir die Sorge, das Ausmaß des Verbrechens zu erkennen und bekannt zu machen. Wir glauben, daß wir die Menschen wirksamer von dieser Leidenschaft abbringen können, wenn wir sie unter diesem Gesichtspunkt darstellen und das schreckliche Bild all der Unglücke zeichnen, die sie nach sich zieht. In diesem Sinne sagen wir, daß die Manustupration, die nicht häufig praktiziert wird, nicht von einer lustvollen und überschäumenden Phantasie angestachelt und letztlich nur von der Notwendigkeit bestimmt wird, keine Krankheit zur Folge hat und kein (medizinisches) Übel ist. Die antiken Autoren, die zu wenig strenge und gewissenhafte Richter waren, glaubten sogar, daß man nicht die Gebote der Keuschheit verletze, sofern man sie in Grenzen hielte. So behauptet Galen ohne Bedenken, der lästerliche Kyniker (Diogenes), welcher die Schamlosigkeit besaß, in Gegenwart der Athener auf diese schändliche Praxis zurückzugreifen, sei sehr keusch gewesen, quoad continentiam pertinet constantissimam, weil, so fährt er fort, er es nur tat, um die nachteiligen Wirkungen zu vermeiden, die mit dem Zurückhalten des Samens verbunden sein können. Aber nur selten trifft man nicht auf Maßlosigkeit. Die Leidenschaft reißt mit: je mehr man sich ihr hingibt, desto stärker fühlt man sich zu ihr hingezogen; und indem man ihr unterliegt, erregt man sie noch. Der ständig in Lustvorstellungen versunkene Geist bringt die tierischen Sinne immer wieder dazu, sich den Geschlechtsteilen zuzuwenden, die durch die wiederholten Berührungen beweglicher geworden sind und sich den Ausschweifungen der Phantasie besser anpassen: deshalb die fast ständigen Erektionen, die häufigen Samenergüsse und die übermäßige Samenabsonderung.

Diese unmäßige Samenabsonderung ist die Ursache einer Unzahl von Krankheiten. Jeder weiß, wie sehr sie, selbst wenn sie nicht übertrieben wird, schwächt, und welche Mattigkeit, Unpäßlichkeit und Verstörtheit dem Lustakt folgen, der ein wenig zu oft wiederholt wird. Die Nerven scheinen die in erster Linie betroffenen Körperteile zu sein, und Nervenkrankheiten sind die häufigsten Folgen der zu starken Samenentleerung. Wenn wir die Zusammensetzung des Samens und den Mechanismus seiner Absonderung betrachten, sind wir wenig überrascht darüber, daß er zu Ursache und Auslöser jener Unzahl von Krankheiten wird, von deren Beobachtung die Ärzte uns berichten. Die sich zuerst entwickelnden sind Abgespanntheit, Schwächezustände, plötzliche Ermüdung, Mattigkeit, körperliche und seelische Abstumpfung, Abmagerung und anderes. Wenn der Kranke von diesen Symptomen nicht abgeschreckt wird und ihre Ursachen weiter verstärkt, verschlimmern sich alle diese Krankheiten. Es kommt zu Rückenmarksschwindsucht, ein schleichendes Fieber tritt auf. Der Schlaf wird kurz, unregelmäßig und von Alpträumen gestört. Die Verdauung gerät völlig in Unordnung, die Abmagerung entartet zur Auszehrung; es kommt zum äußersten Schwächezustand. Alle Sinne, vor allem der Gesichtssinn, stumpfen ab; die Augen fallen ein, trüben sich, verlieren manchmal sogar völlig ihre Klarheit. Das Gesicht ist leichenblaß, die Stirn von Pickeln übersät. Der Kranke wird von schrecklichen Kopfschmerzen gequält; eine furchtbare Gicht sitzt in den Gelenken. Der gesamte Körper leidet manchmal unter Rheumatismus, vor allem der Rücken und die Nierengegend, die sich anfühlen wie von Stockschlägen durchbleut. Die Geschlechtsteile, Werkzeuge der Lust und des Verbrechens, werden häufig von einem schmerzhaften Priapismus befallen, von Geschwulsten, Harnbrennen und Harnzwang, sehr oft auch vom Tripper oder von Samenfluß schon bei der geringsten Anstrengung, was den Kranken dann endgültig schwächt.

Ich habe jemanden getroffen, der als Folge übermäßiger Ausschweifungen in ein schleichendes Fieber gefallen und jede Nacht zwei bis drei unfreiwilligen Samenentleerungen ausgesetzt war. Beim Austritt des Samens hatte er den Eindruck, als verbrenne ihm ein Flammenstoß die Harnröhre. Alle diese körperlichen Störungen wirken auch auf den Geist, der den größten Anteil an der Untat gehabt hat. Auch er wird grausam gestraft durch Gewissensbisse, Ängste und Verzweiflung. Oft wird er schwerfällig; die Gedanken stumpfen ab, das Gedächtnis wird schwächer. Gedächtnisverlust und Gedächtnisschwäche gehören zu den häufigsten Krankheiten. »Ich merke sehr wohl«, schrieb ein reuiger Onanist an Herrn Tissot, »daß dieser verwerfliche Handgriff meine Geisteskraft und vor allem mein Gedächtnis vermindert hat.« Manchmal verfallen die Kranken in einen fröhlichen Stumpfsinn. Sie werden blödsinnig und fühlen die Übel, die sie niederdrücken, nicht mehr. Im Gegensatz dazu ist der Körper manchmal außerordentlich regsam und von ausgesuchter Empfindlichkeit. Der geringste Anlaß ruft heftige Schmerzen, Krämpfe und konvulsivische Bewegungen hervor. Einige Kranke sind dadurch gelähmt oder wassersüchtig geworden, mehrere haben Anfälle von Manie, Melancholie, Schwermut und Epilepsie bekommen. Bei einigen hat man einen jähen Tod durch Schlaganfall oder einen plötzlich auftretenden Brand erlebt. Diese letzten Krankheitsfälle kommen eher bei wollüstigen Greisen vor, die sich maßlos Vergnügungen hingeben, die nicht mehr ihres Alters sind. Man sieht an alledem, daß es keine schwere Krankheit gibt, die nicht manchmal als Folge einer übermäßigen Samenabsonderung zu beobachten gewesen wäre. Mehr noch: die akuten Krankheiten, die unter diesen Umständen auftreten, sind immer gefährlicher und bekommen dadurch einen bösartigen Charakter, wie Hippokrates beobachtet hat. Man muß wohl nichts hinzufügen über den bedauernswerten Zustand, in dem sich diese Kranken befinden. Aber die Schrecknis ihrer Lage wird noch verstärkt durch die verzweiflungsvolle Erinnerung an vergangene Lüste, Schuld, Unklugheit und an das Verbrechen. Da sie zur Beruhigung ihres Geistes keinen Beistand von Seiten der Moral und für ihren Körper von der Medizin gemeinhin keinerlei Erleichterung erhalten können, rufen sie den Tod zur Hilfe, der ihrem Verlangen allzu langsam nachkommt. Sie sehnen ihn herbei als letzte Zuflucht ihres Unheils und sterben schließlich in allen Schrecken einer furchtbaren Verzweiflung.

Alle diese Krankheiten, die sich in erster Linie aus der übermäßigen Samenabsonderung ergeben, betreffen fast in gleicher Weise den Beischlaf und die Manustupration. Die Beobachtung lehrt jedoch, daß die Krankheiten, welche die unrechtmäßige Absonderung nach sich zieht, sehr viel schwerwiegender sind und schneller auftreten als jene, die zu häufige Lüste des natürlichen geschlechtlichen Umgangs mit sich bringen. Zu dieser unbestreitbaren Beobachtung können wir folgende Gründe anführen:

1.

Nach einem durch die Erfahrung bestätigten Axiom von Sanctorius schwächt die durch die Natur, d. h. die Fülle und örtliche Erregung der Samenbläschen hervorgerufene Samenabsonderung den Körper nicht etwa, sondern macht ihn gelenkiger, während die durch Phantasie erzeugte ihn und das Gedächtnis schädigt (»a mente, mentem et memoriam laedit«), und dies geschieht bei der Manustupration. Die dem Geist immer gegenwärtigen obszönen Vorstellungen rufen die Erektionen hervor, ohne daß der Samen durch seine Menge und

Bewegung dazu beiträgt. Die Anstrengungen, die man macht, um den Samenerguß zu erreichen, sind größer, dauern länger und schwächen folglich mehr. Das Schrecklichste aber ist, daß man junge Menschen sich dieser Leidenschaft hingeben sieht, bevor sie das von der Natur gesetzte Alter erreicht haben, in dem die Samenabsonderung zur Notwendigkeit wird. Sie haben nur ihre durch schlechte Beispiele und obszöne Lektüren überhitzte Phantasie als Stachel. Durch Gefährten, die sie verführen, angeleitet, versuchen sie durch Kitzeln eine schwache Erektion zu erreichen und sich Lüste zu verschaffen, die man ihnen übertrieben dargestellt hat. Aber sie quälen sich vergebens, ejakulieren nichts oder nur sehr wenig und fühlen nicht die prickelnde Wollust, welche die legitimen Lüste würzt. Letztlich ruinieren sie dadurch ihre Gesundheit, schwächen ihre Körperanlagen und bereiten den Boden für ein kränkelndes Leben und eine Kette von Unannehmlichkeiten.

2.

Die lebhafte Lust, die man bei der Umarmung einer geliebten Frau empfindet, trägt dazu bei, die Verluste auszugleichen, die man dabei macht, und den Schwächezustand zu vermindern, der sich aus ihr ergeben muß. Die Lust ist bekanntlich sehr geeignet, die abgestumpften animalischen Sinne wieder zu beleben und dem Herzen wieder Energie und Spannkraft zu geben. Wenn man dagegen allein die ruchlose Leidenschaft befriedigt hat, von der hier die Rede ist, bleibt man schwach, niedergeschmettert und in einer traurigen Verwirrtheit, welche die Schwäche noch vergrößert. Sanctorius, der genaue Beobachter aller Veränderungen, die bei diesen Dingen vor sich gehen, versichert, daß »selbst übermäßige Samenabsonderung im Verkehr mit einer Frau, die man leidenschaftlich begehrt hat, nicht die übliche Mattigkeit zur Folge hat. Die Beruhigung des Geistes unterstützt die Transpiration des Herzens, stärkt seine Kraft und führt dadurch zum sofortigen Ausgleich der Verluste, die man gehabt hat«. Dies hat den Verfasser des »Spiegels der ehelichen Liebe« zu der Behauptung gebracht, daß der Verkehr mit einer schönen Frau weniger schwächt als der mit einer anderen.

3.

Wenn die Manustupration, wie dies zumeist geschieht, zu einer wütenden Leidenschaft geworden ist, stellen sich alle obszönen und wollüstigen Gegenstände, die sie nähren können und ihr entsprechen, unaufhörlich dem Geist dar, der völlig von dieser Vorstellung in Anspruch genommen wird. Er ergötzt sich daran sogar bei den ernsthaftesten Dingen und während der Religionsausübung. Man kann sich nicht vorstellen, in welchem Maße die Beachtung eines einzigen Gegenstandes nervös macht und schwächt. Die Hände gehorchen übrigens dem Druck des Geistes und bewegen sich gewohnheitsmäßig zu den Geschlechtsteilen. Diese beiden Gründe führen zu fast ständigen Erektionen. Es unterliegt keinem Zweifel, daß dieser Zustand der Zeugungsorgane zu einer Zerstreuung der animalischen Sinne führt und daß die ständigen Erektionen, selbst wenn ihnen kein Samenerguß folgt, beträchtlich auszehren. Ich habe einen jungen Mann kennengelernt, der eine ganze Nacht neben einer Frau verbracht hatte, die seinem Begehren nicht stattgeben wollte. Er war mehrere Tage außerordentlich geschwächt, allein wegen der Anstrengungen, die er unternommen hatte, um zum Ziel zu kommen.

4.

Man kann noch einen weiteren Grund für die beschwerliche Lage der Onanisten in der Zeit, wo sie ihre Gelüste stillen, anführen, der nicht wenig zu ihrer Schwäche beiträgt und sogar noch andere unangenehme Folgen haben kann. Dies ergibt sich aus einer eigenartigen Beobachtung bei einem jungen Mann, von der Herr Tissot berichtet. Dieser gab sich ohne Ansehen von Person, Ort und Situation zügellosen Ausschweifungen hin und befriedigte seine wenig feinsinnigen Gelüste oft geradewegs mitten auf der Straße. Er bekam ein furchtbares Nierenrheuma und eine Atrophie und war an Ober- und Unterschenkeln halb gelähmt. Dies brachte ihn innerhalb weniger Monate ins Grab.

Um diesen Argumenten noch mehr Gewicht zu verleihen, wählen wir aus der Fülle von Tatsachen, die Herr Tissot berichtet, eine aus, die besonders augenfällig und geeignet erscheint, jenen eine heilsame Furcht zu vermitteln, die begonnen haben, sich dieser ruchlosen Leidenschaft hinzugeben. Ein junger, stämmiger und kräftiger Handwerker nahm im Alter von siebzehn Jahren diese schlechte Gewohnheit an und trieb sie soweit, daß er sich ihr zwei- bis dreimal pro Tag zuwandte. Jede Ejakulation wurde angekündigt und begleitet durch ein leichtes Zucken im ganzen Körper und eine Trübung des Blicks. Gleichzeitig wurde der Kopf durch einen starken Krampf der Nackenmuskeln nach hinten gerissen, während der Hals an der Vorderseite beträchtlich anschwoll. Nachdem ungefähr ein Jahr auf diese Weise vergangen war, verband sich eine außerordentliche Schwäche mit diesen Symptomen, die ihn, da sie weniger stark als seine Leidenschaft waren, noch nicht von seiner verderblichen Handlungsweise abbringen konnten. Er verfiel schließlich in eine solche Auszehrung, daß er aus Angst vor dem Tod, der ihm nahe schien, seiner Zuchtlosigkeit ein Ende setzte. Aber seine Besinnung kam zu spät; die Krankheit war schon tief verwurzelt. Selbst die strengste Enthaltsamkeit konnte ihr Fortschreiten nicht anhalten. Seine Geschlechtsteile waren so beweglich geworden, daß der geringste Reiz genügte, um, auch ohne daß er sich dessen bewußt wurde, eine unvollständige Erektion und einen Samenerguß herbeizuführen. Das krampfhafte Zurückziehen des Kopfes wurde zur Gewohnheit und kehrte in regelmäßigen Abständen wieder. Jeder Paroxysmus dauerte mindestens acht, manchmal bis zu fünfzehn Stunden, mit so heftigen Schmerzen, daß der Kranke schreckliche Schreie ausstieß. Das Schlucken war dadurch so behindert, daß er nicht die geringste Menge an flüssigen oder festen Nahrungsmitteln zu sich nehmen konnte. Er hatte immer eine heisere Stimme, und seine Kräfte waren völlig geschwunden. Er mußte seinen Beruf aufgeben und siechte monatelang trostlos und ohne jede Hilfe dahin, bedrängt hingegen von den Gewissensbissen, die ihm die Erinnerung an seine kaum vergangenen Verbrechen verschaffte, in denen er die Ursache für den traurigen Zustand sah, in dem er sich befand. »Man hatte mir von ihm erzählt«, berichtet Herr Tissot, »und ich besuchte ihn unter diesen Umständen. Auf dem Stroh erblickte ich eine lebende Leiche, fahl, abgezehrt, bleich, mager, einen unerträglichen Gestank ausströmend, beinah schwachsinnig und fast ohne jede menschliche Eigenschaft. Speichel floß ihm unwillentlich aus dem Mund; er litt unter starkem Durchfall und lag in seinem Unrat.

Aus seinen Nasenlöchern strömte in Abständen aufgelöstes wässriges Blut. Die Verstörung seines Geistes, die sich in seinen Augen und seinem Gesicht abzeichnete, war so stark, daß er nicht zwei zusammenhängende Sätze sprechen konnte. Stumpf- und blödsinnig, wie er geworden war, empfand er die traurige Situation nicht, in der er war. Eine häufige Samenabsonderung, die ohne Erektion und Reizung erfolgte, trug noch zu seiner Schwäche und übergroßen Magerkeit bei. Im letzten Stadium der Auszehrung sah man außer an den Extremitäten, die durch die Wassersucht geschwollen waren, fast alle seine Knochen. Sein Puls war schwach, verhalten und rasch, seine Atmung schwer und keuchend. Seine Augen, von Anfang an geschwächt, waren nun trüb, schielend, starr und von Schuppen bedeckt. Mit einem Wort: es ist unmöglich, sich ein furchtbareres Schauspiel vorzustellen. Die Krampfparoxysmen wurden zwar durch einige Stärkungsmittel, die man ihm verabreicht hatte, gemildert, aber sie konnten nicht verhindern, daß der Kranke einige Zeit später mit völlig aufgedunsenem Körper starb. Aufgehört zu leben hatte er schon lange vorher.« Mehrere andere Beobachtungen fast gleicher Art kann man bei verschiedenen Autoren finden, vor allem in der englischen Abhandlung, die wir erwähnt haben, und in dem interessanten Werk von Herrn Tissot. Jeder, der mit jungen Leuten gelebt hat, hat schon jemanden gesehen, der sich durch die Manustupration die ärgsten Krankheiten zugezogen hat. Ich selbst erinnere mich nur mit Schmerz und Schrecken daran, daß ich mehrere meiner Mitschüler als Opfer dieser verbrecherischen Leidenschaft langsam zugrunde gehen sah. Sie magerten ab, wurden schwach und siech und verfielen dann in eine unheilbare Schwindsucht.

Man muß festhalten, daß die Krankheiten bei Männern schneller und häufiger als bei Frauen auftreten. Es gibt allerdings einige seltene Beobachtungen bei Frauen, die dadurch hysterisch wurden, Krämpfe und Nierenschmerzen bekamen, an Vorfall und Geschwüren der Gebärmutter, an Flechten und an lästigen Verlängerungen der Klitoris litten. Bei einigen ist die Mutterwut aufgetreten: Eine Frau in Montpellier starb an Blutverlust, nachdem sie sich eine Nacht lang nacheinander den Liebkosungen von sechs kräftigen Soldaten unterzogen hatte. Obwohl die Männer mehr traurige Beweise liefern als die Frauen, ist dies kein Beweis dafür, daß diese weniger schuldig sind. Man kann sicher sein, daß die Frauen auf dem

Gebiet der Libertinage den Männern in nichts nachstehen. Da sie bei der Ejakulation, sei sie durch Koitus oder Manustupration verursacht, weniger echten Samen abgeben, können sie diese gefahrlos öfter wiederholen. Kleopatra und Messalina legen dafür berühmtes Zeugnis ab. Man kann dem noch dasjenige einer ungezählten Menge unserer modernen Kurtisanen hinzufügen, die darin auch die zügellose Neigung dieses Geschlechts zur Wollust erkennen lassen.

Praktische Überlegungen. So unwirksam die üblichen Behandlungen bei den durch Manustupration ausgelösten Krankheiten auch sein mögen, so darf man die Kranken doch nicht grausam und ohne jede Hilfe ihrem bedauernswerten Schicksal überlassen. Man muß sich allerdings darüber klar sein, daß Medikamente keinen Wandel zum Besseren bewirken können, und sie im Hinblick darauf verordnen, die Kranken aufzumuntern und zu beruhigen. Lediglich bei Krankheiten wie Wassersucht, Manie und Fallsucht, die eine besondere Behandlung verlangen, wird man sorgsam alle stark wirkenden, erhitzenden Medikamente und auch die, welche zu sehr entspannen, erfrischen und dämpfen, vermeiden. Aderlaß und Abführmittel sind außerordentlich schädlich. Die stärksten Herzmittel haben nur eine Augenblickswirkung; sie mildern den Schwächezustand für eine Weile ab, aber nachdem ihre Wirkung vorbei ist, verschlimmert er sich wieder. Die Medikamente, die nach ständiger Beobachtung als geeigneter angesehen werden, die Heftigkeit der Krankheiten zu mildern oder gar ganz zu beseitigen, sofern sie nicht zu tief verwurzelt sind, sind Kräftigungsmittel, leichte Magenbitter und vor allem Chinarinde, eisenhaltige Wasser und kalte Bäder, deren kräftigende Eigenschaft durch über zweitausend Jahre guter Erfahrung belegt wird. Einige Autoren empfehlen auch Milch. Aber abgesehen davon, daß der verstimmte Magen dieser Kranken sie nicht vertrüge, ist völlig sicher, daß ihr dauerndes Trinken schwächt. Hippokrates hat schon vor langer Zeit darauf hingewiesen, daß die Milch bei sehr ausgezehrten Kranken keineswegs angezeigt ist. Das geringste Nachdenken über ihre Wirkungen würde genügen, um sie im vorliegenden Fall auszuschließen. Die Diät der Kranken, von denen hier die Rede ist, muß sehr streng sein. Sie müssen gehaltvolle Nahrungsmittel bekommen, dies aber in kleinen Mengen. Man kann ihnen einige Tropfen Wein zugestehen, falls dieser sehr gut und mit nicht zu kühlem Wasser vermischt ist. Auch muß man zuviel Wärme im Bett vermeiden. Deshalb sind daraus all die Federbetten und Doppelmatratzen zu verbannen, die von der Verweichlichung ersonnen wurden und sie nähren. Landluft, Reiten, Fernhalten von Frauen, Zerstreuung, Vergnügungen, die von den wollüstigen, obszönen Gedanken ablenken und die Objekte des Wahns aus dem Auge verlieren lassen, sind die Mittel, die man versuchen muß und die sich nur sehr vorteilhaft auswirken können, wenn die Krankheit überhaupt noch für Linderung empfänglich ist.

Allgemeine Encyklopädie
der Wissenschaften und Künste

Herausgegeben von G. S. Ersch und J. G. Gruber

ONANIE, Onania s. Onanismus – nach *Onan*, dem Sohne von
Juda, sogenannt, welcher diese Manustupration zuerst getrieben
haben soll, s. 1 Mos. Cap. 38. – Selbstschändung, Selbstschwächung,
Selbstbefleckung, Selbstbefriedigung, Masturbatio s. Mastupratio,
gehört zu den wichtigsten physisch-moralischen Krankheiten,
hauptsächlich der Städter und herrscht seuchenartig bei weitem allgemeiner in unserm Zeitalter.

Die Quellen derselben sind bald physische, bald psychische Reizungen, bald beide zugleich. Als *physische Reize* wirken hier: 1) die
eintretende Pubertät; denn durch die mächtige Revolution, welche
diese bei dem Jünglinge und Mädchen zur Erzeugung ihres Gleichen
hervorbringt, erhalten die Sexualorgane beider Geschlechter eine eigene Empfänglichkeit für Wollust. Findet während dieser Periode
das eine Geschlecht in dem andern einen geliebten Gegenstand, wie
leicht weckt dann eine feurige Phantasie, ein näherer Umgang, eine
noch so sanfte Berührung etc. blitzschnell die physische Ge-
schlechtsliebe aus ihrem bisherigen Schlummer! – Kennt nun das
jugendliche Herz die Tugend der Keuschheit nicht, oder wird diese
durch jene sinnliche Eindrücke überwältiget, so kann eine leise
Erinnerung an den geliebten Gegenstand überwiegende Sinnenrei-
zung oder Wollustgefühle erregen, und Onanie nur zu leicht veranlassen; 2) begründen ein schwacher, zarter Körperbau, eine über-
große Empfindlichkeit und Reizbarkeit jene besondere Anlage zur
Wollust, und regen oft vor der Zeit sinnliche Begierden auf. Deshalb
fallen rhachitische, skrophulöse, an Würmern etc. leidende, überhaupt kränkliche oder verweichlichte Kinder so leicht in Onanie. Zu
dieser verleiten 3) auch allzukräftige und überreizende Nahrungsmittel, vorzüglich solche, welche die Samenabsonderung vermehren, und die Empfindlichkeit der Geschlechtstheile erhöhen, z. B.
Übermaß im Genuß der Fleischspeisen, der Fische, der Eier, auslän-
discher Gewürze, der Chokolade, des Weins und andrer geistiger
Getränke, sowie jede Unordnung und Unmäßigkeit im Essen und

Trinken. Hieher gehören 4) auch das öftere Selbstbetasten oder Betastenlassen der Geburtsglieder, das zu frühzeitige Tragen von Beinkleidern, zumal wollenen und engen, das frühe Reiten, das Klettern und Rutschen auf Bänken etc. und alle starke Reibungen der Geschlechtstheile; bei jungen Mädchen insbesondere die unnatürliche Bewegung und das Enganschließen der Tanzpaare bei dem Tanzen, das zu feste Schnüren etc.

Moralische Reize sind: 1) das Beispiel, der Umgang mit Onans, die sich nicht entblöden in Gegenwart anderer noch unschuldiger Kinder ihr verführerisches Händespiel zu treiben, oder diese selbst dazu mißbrauchen. Zur geistigen Onanie verleiten: 2) zu frühe und übermäßige Anstrengung der Denkkraft und Beschäftigung der Einbildungskraft mit schlüpfrigen Bildern, erotischen Romanen und mit der Sehnsucht nach Befriedigung des Geschlechtsdranges, das Beschauen mit wollüstigen Darstellungen ausgeschmückter Steindrücke, Kupfer- und Stahlstiche, Gemälde, Büsten und andrer Bildwerke. 3) Empfindelei und eine überspannte Phantasie erzeugen, empfangen und nähren frühzeitig die Lüsternheit, legen mithin bei so Vielen den ersten Grund zur unnatürlichen Selbstbefriedigung, und dies um so eher, je leichter sie die Jugend von reellen Geistesarbeiten abhalten. Dazu trägt 4) bei das Lesen unzüchtiger Schriften, das Studium der Mythologie etc. Gleich nachtheilig ist das Lesen der Bücher über Onanie etc. Selbst gewisse Bücher und Stellen des alten Testaments können Gefahr bringen. –

Je jünger ein solcher Lüstling, je mehr sein Körper noch im vollen Wachsthum ist, desto fürchterlicher sind die Folgen seines Sinnenrausches. Er nimmt allmählich an Leibesstärke und Kraftfülle ab; sein Nervensystem wird geschwächt, seine Muskelthätigkeit gelähmt. Sein blau geringeltes Augenpaar röthet, trübt und stumpft sich, verliert allen Jugendglanz, alles Feuer, sein Blick wird unstet, schüchtern, sein Antlitz fällt ein, sein Wangenroth erbleicht oder wechselt oft, seine Physiognomie wird unkenntlich, verzerrt, affenähnlich, seine Gesichtszüge haben einen eigenthümlichen Charakter, etwas Verstörtes, Zerrissenes. Sein Haar wird struppig, trocken, fällt am Kopfe aus. Seine Nase glänzt, wie überfirnißt, seine Hohlhand schwitzt immer, und riecht, gleich seinem fast stets kalten Hautschweiße, säuerlich, wie der von Säuglingen. Die Arme hängen ihm schlaff herab, Schenkel und Waden schlottern. Die Verdauungskräfte sind gewöhnlich dahin; sein Körper magert sichtlich ab durch täglichen Verlust und Nichtersatz der Säfte, im Wachsthum bleibt er zurück, die geringsten Anstrengungen ermüden ihn, ihn erquickt kein Schlaf. Er wird von fürchterlichen, wol auch unzüchtigen Träumen beunruhiget. Herzklopfen, Schmerz und Drücken in der Magengegend, Kopfweh etc. quälen ihn. In seiner Leib- und Bettwäsche finden sich weißgelbe Flecken von ergossener Samenfeuchtigkeit, die, an das Feuer gebracht, eine falbe Farbe annehmen. – Der Onanit flieht die Weiber, die Onanitin jeden Mann, Beide umgehen geflissentlich Alles, was das Geschlechtliche betrifft. Mit ihren Körperkräften schwinden nach und nach auch die geistigen; vorzüglich leidet die Denkkraft. Mit dieser Geistesschwäche verbindet sich mehr oder weniger Trübsinn und Muthlosigkeit. Onan's sind zerstreut, sehr schreckhaft, kommen leicht aus der Fassung. Ihre Seele wird unlustig, verschlossen, finster, in sich gekehrt. Sie verlieren allen Sinn für reine, edle Lebensfreuden; ihnen ekelt vor jeder ernsten Beschäftigung, aber auch vor lustiger Gesellschaft. Sie suchen die Einsamkeit und brüten im Nichtsthun. – Sie können ihre Unthat nicht verstecken, und, da unmittelbar darauf, wenigstens bei nicht ganz Verdorbenen, Reue und gute Vorsätze am gewöhnlichsten sind, so lassen sie sich auch leicht dann zum Geständniß ihrer Schuld bewegen, was sonst schwer ist. – Oft verräth auch zu langes Ausbleiben auf Abtritten, im Bette und an andern einsamen Orten ihre stumme Vergehung. –

Beharrt der Unglückliche noch jetzt in seinen Gelüsten, so fassen ihn viel schrecklichere Furien. Seine bisherige Kränklichkeit artet bald in wirkliche, leicht unheilbare Krankheiten aus; in Epilepsie, Rückendarre, Zittern der Glieder, Bleichsucht, Wassersucht, Schwindsucht, Hypochondrie, Wahnsinn etc. Entging er ja noch ein Mal dem Tode, so bleiben ein siecher, ausgetrockneter Körper, Impotenz und ein frühes Altern sein Loos.

Ihn kümmert, ihn schreckt die Erkenntniß seines Jammerzustandes, die schwarze Vorstellung von zeitlichen und ewigen Gefahren, das Gefühl der Ohnmacht, seine Leidenschaft zu besiegen und sich wol noch zu ermannen. Er versinkt in die tiefste Schwermuth, und leidet oft mehr an seinem Gemüthe durch die Besorgniß, sich für das ganze Leben entnervt und zum Ehestande untüchtig gemacht zu haben, als an seinem Körper durch die Folgen der Selbstschwächung. Ihn foltern oft Gewissensbisse, indem er wähnt, bei jeder Vergehung einen Menschenmord begangen zu haben. – Fährt er noch immer fort, bei unvermögendem Widerstande, seiner Sinnenlust tägliche Opfer zu bringen, bildet er sich ein, daß es ihm unmöglich sei, diese zu bekämpfen, so geräth er nicht selten in Verzweiflung. Unter dem Druck seiner Körper- und Seelenleiden, bei dem Gefühle völligen Unvermögens zu seiner Bestimmung hienieden, wird ihm das Leben zum Abscheu und der Tod wünschenswerth. – Wie Viele legten nicht Hand an sich selbst oder entmannten sich lebensgefährlich! – So rächt sich diese Furie an ihren Sklaven. – –

Es fragt sich nun: ist das Übel heilbar oder nicht? Leider stimmen Ärzte und Erzieher darin überein, daß, wenn es einen hohen Grad schon erreicht hat, und gleichsam zur Gewohnheit geworden ist, seine gründliche Heilung sehr schwierig sei und so leicht mögliche Rückfälle oft alle Hoffnung dazu vereiteln.

Vor Allem muß man sich bemühen, den moralischen und physischen Zustand eines solchen Kranken genau kennen zu lernen, deshalb sein Zutrauen durch innige Theilnahme zu gewinnen und durch bescheidene Fragen die wahre Lage desselben zu erforschen suchen. Erst dann können die zweckmäßigsten Mittel zu dessen Heilung angewandt werden.

Indeß läßt sich, gleich mehren Krankheiten, auch die Onanie leichter verhüten, als gründlich heilen.

Die Hauptverhütungsmittel derselben sind:

1) Man bewahre die Kinder frühzeitig vor Allem, was sinnlich und weichlich macht, und suche sie zeitgemäß und vernünftig abzuhärten. Weichlichkeit nimmt dem Geiste die Herrschaft über den Leib. Dieser muß Stärke haben, um jenem zu gehorchen. Man kleide die Kinder nicht zu warm, bette sie nicht zu weich, überfüttere sie nicht, am wenigsten mit Leckereien, gewöhne sie an Wind und Wetter, und vergönne ihnen tägliche Bewegung in freier Luft durch Spiele und zweckmäßige Leibesübungen;

2) bewahre man sie vor Müssiggang, aller Laster Anfang. Kinder wollen immer beschäftiget sein; nur zu oft wird Wollust der Zeitvertreib unbeschäftigter Kinder;

3) gebe man ihnen eine ihrem Alter angemessene einfache, frugale Kost, gewöhne sie mäßig und ordentlich im Essen und Trinken zu sein;

4) nehme man ihnen die nächste Gelegenheit zur Wollust, hüte sie also vor dem Umgange mit notorisch unkeuschen Kindern und Erwachsenen, habe sie stets unter Aufsicht, lasse sie einzeln jedes in seinem Bette schlafen, nicht eher zur Ruhe gehen, bis der Schlaf sie übermannt; gewöhne sie zeitig auf den Seiten, zumal der rechten, nicht auf dem Rücken oder dem Bauche zu schlafen, und früh bei dem Erwachen sogleich aufzustehen und sich anzukleiden. Knaben mögen weite, nicht sehr erwärmende Beinkleider tragen. Sei das Kind auch noch so klein, so lasse man von niemand seine Schaamtheile berühren, und wache deshalb über Kinderwärterinnen und Dienstboten. Man dulde bei Knaben keinerlei Lage und Stellung, in der die Theile gedrückt oder gerieben werden können, kein Unterkein Übereinanderschlagen oder Verschränken der Füße, kein Auflegen oder Scheuern des Leibes auf Tischen, Stühlen, Bänken, keine Bauchlagerung, keine Sitzung mit gesperrten Schenkeln etc.; man strafe die Kinder nie durch Schläge oder Ruthenstreiche auf den bloßen Hintern; der Lehrer setze sie in der Schule nicht zu nahe neben einander, und ordne ihre Plätze so, daß er ein jedes genau beobachten kann. Bei Verdacht endlich verwahre man des Nachts ihre Hände in an den Enden zusammen genäheten Ärmeln so, daß sie nicht nach den Genitalien greifen können;

5) gewöhne man sie bald an Thätigkeit und Ordnung, ohne doch ihre Denkkraft, zumal wenn sie große Geistesanlagen verrathen, zu früh anzustrengen. Man gebe ihrer lebhaften Phantasie eine weise Richtung, nie zu viel Nahrung durch Theaterbesuche, durch Romanenlektüre, Beschauung nackter Menschen, unzüchtiger Gemälde und Statuen;

6) suche man von der frühesten Kindheit an, jugendlichen Herzen Schamhaftigkeit einzuflößen, sei aber auch selbst immer schamhaft vor ihnen in Wort und That, entblöße sich nicht, pflege der Liebe nicht in ihrer Gegenwart, wie geile, unverständige Ältern wol sich erlauben, bade nicht mit ihnen in Gesellschaft und lasse sie eben so wenig mit Andern baden. Man hüte sich ferner, die noch unschuldige Jugend durch Bücher vor der Onanie warnen zu wollen; dagegen präge man tief ihnen ein, daß Alles unerlaubt sei, was man sich scheut, im Beisein der Ältern, Lehrer und Andrer zu thun;

7) bilde man das kindliche Gemüth zur Tugend und Sittsamkeit überhaupt, und mache die jungen Seelen zur gehörigen Zeit und auf

die rechte Art mit dem Geiste und Grundlehren der Religion bekannt.

8) Ein sicheres Mittel gegen Onanie bleibt endlich noch der Ehestand, wenn diesen anders Alter und sonstige Verhältnisse gestatten.

Literatur: *Campe's* und *Salzmann's* Schriften über Onanie trifft der Vorwurf, eher zu dieser stummen Sünde angeregt, als sie verbannt zu haben. Alle darin vorgeschlagene Mittel als: religiöse und moralische Gründe, Vorstellung der schädlichen Folgen, Hinweisungen auf das nothwendig verscherzte Glück einer zufriedenen Ehe, die verkümmerten Freuden der Vaterschaft, des Mutterwerdens, die Strafe der nicht ausbleibenden Impotenz, und die tief ausgeprägten, diese Lasterthat vor aller Welt bloszustellenden Gesichtszüge des Selbstschänders etc. sind unzureichend zur Bekehrung des Sünders, weil dieser nur für den Augenblick lebt, in dem vorübergehenden Genusse das höchste Glück zu finden wähnt, und mit erstaunenswürdigem Sophismus jede Möglichkeit einer strafenden Zukunft verkennt und ableugnet.

Weniger gilt obige Ausstellung folgenden neueren Schriften: Die geschlechtlichen Verirrungen der Jugend, eine belehrende Schrift für Ältern und Erzieher, von *Dr. Meißner.* Dresden und Leipzig 1822. 8. *Kayser:* Die Onanie nebst Vorschlägen und Mitteln, wie derselben Einhalt zu thun ist, und wie die dadurch verlornen Kräfte zu ersetzen sind. Naumb. 1826. 8. *Langhans* von den Lastern, die sich an der Gesundheit des Menschen selbst rächen. Bern. 1773. 8. *Gustav Blumenröder* hält die Onanie für etwas Unmännliches, Weichliches, und glaubt die Heilung derselben nur in einer »poetischen Erweckung eines echt männlichen Sinnes, eines Hochgefühls der Männerwürde, der Begeisterung für männliche Kraft, der Keuschheit, des Muthes, der Tapferkeit« zu finden. Wo dieser frische, kernige und gesunde Mannssinn ist, kann die Onanie keine Wurzel fassen. Er muß daher bei Knaben und Jünglingen möglichst geweckt und genährt werden, damit beide im steten Ringen darnach, das Unmännliche und Weichliche verachten und fliehen lernen. Ununterbrochene Beschäftigung, anstrengende, kräftigende körperliche Übungen und Spiele: Hiebfechten, Ritterspiele, Exerciren, Reiten (doch mit Vorsicht) u. a. gymnastische Unterhaltungen, patriotische Lieder, z. B. von *Theod. Körner, Gleim, Kleist* etc., eine fröhliche zu Lust und Kampf ermunternde Musik mit Metallinstrumenten, und vorzüglich eine Geist, Herz und Arm stählende Lektüre, z. B. *Göthe's* Götz von Berlichingen, *Schiller's* Wallenstein, Tell u. A. sind die schicklichsten Förderungsmittel dieses Mannsinnes. Aber auch hier muß der Seelenarzt streng individualisiren, denn nicht immer entspringt die Onanie aus Trägheit, Weichlichkeit und unmännlichem Sinne. Ich kannte Onans, die für Wissenschaft und Kunst enthusiastisch glühten, Schwert und Geschoß ohne Tadel führten, aus innerm Kraftgefühle die ganze Welt im Geiste durchflogen, sich Ideale erschufen und doch ihr unbefriedigtes Stürmen und Sehnen mit – dieser unglücklichen Entwürdigung, und Körper- und Geistestadelung stillten und büßten, weil das Weib mit seinen Schwächen und physischen Mängeln ihrem Ideal nicht zu entsprechen vermochte. Auch wo die Onanie Folge niedriger, stumpfer Brutalität ist, dürften diese Mittel nicht anwendbar, wenigstens unzureichend sein.

Charakteristik der weiblichen Onanie: trocknes, weiches, glanzloses, am Vorderkopfe leicht ausfallendes Haar mit gespaltenen Spitzen, Kopfschmerz, Augenschwäche, Lichtscheue, trübe, glanzlose, wäßrige, unstäte oder stiere, blaugrau geringelte, tiefliegende Augen mit mißfarbigen Deckeln, ein scheuer, unsicherer, matter Blick, eingefallenes bleiches Antlitz, welke, leicht bebende Lippen, Kurzatmigkeit, von häufigem Seufzen und Gähnen unterbrochen, fast stetes Herzklopfen, Magenschmerz, Mattigkeit, Abspannungsgefühl in Lenden und Knieen, traurige Gemüthsstimmung, Ängstlichkeit, häufiger wie rohes Sauerkraut riechender Schweis, Schläfrigkeit und Schlaflosigkeit, schreckhafte Träume, Händezittern, schlaffe Körperhaltung, Wortkargheit, große Empfindlichkeit, Männerscheu etc.

Gegen weibliche Onanie sind noch besonders zu empfehlen: Erweckung des Hochgefühls für Frauenwürde, stete Anregung des ohnehin in der Seele des Weibes tief gegründeten Sinnes für reine Weiblichkeit zur Keuschheit, Unbescholtenheit, Schönheit, Schaam, Ehrbarkeit und künftige Mutterpflichten. Girrende, weichliche, empfindsame Liebesromane sowohl in Büchern, als im wirklichen Leben, sogar die für unschuldig gehaltenen Kußpfänderspiele, selbst unter Mädchen, sind streng zu verbieten. Auch die Religion kann hier mit mehr Glück als bei dem Knaben und Jünglinge, in Anspruch genommen werden, so wie auch eine Darstellung der besonders für den weiblichen Körper so traurigen Folgen dieser Verirrung gewiß bleibend heilsam wirken wird. Übrigens möchte bei weiblichen Onans das Heilungsgeschäft mehr von der Mutter und Erzieherin, als vom Vater und Arzte ausgehn.

Zu den *psychischen* Heilungsversuchen der Onanie gehören noch folgende:

1) muß man einen Gewohnheitssünder der Art mit der größten Schonung behandeln. Da sein Gemüth sich zur Traurigkeit, oft schon zur Verzweiflung und zum Lebensüberdruß hinneigt, so vermeide man Alles, was diese Seelenstimmung unterhalten, wol gar erhöhen kann. Man stelle ihm daher die Folgen seines Vergehens mit wohlwollender Liebe und Theilnahme vor, richte seine gebeugte Seele durch sanfte Trostgründe wieder auf, und erfreue ihn mit der Aussicht zu einer baldigen Genesung. Man warne ihn aber zugleich, jene zwecklose Kümmerniß, und Alles, was diese erwecken und nähren kann, ernstlich zu fliehen, verbiete ihm deshalb auch das Lesen der Bücher über Selbstbefleckung, wären sie auch noch so umsichtig und discret geschrieben; 2) suche man die kranke, verdorbene Phantasie desselben zu berichtigen und alle wollüstige Bilder daraus zu verbannen. Dies wird möglich, wenn man ihm den Umgang mit unkeuschen Menschen, allen engern Verkehr mit dem anderen Geschlechte, und die Romanenlektüre ohne Unterschied, sowie den Anblick obszöner Gemälde und Standbilder untersagt, zugleich aber denselben vor der Einsamkeit, seiner gefährlichsten Feindin, warnt. 3) Man suche dessen Gemüth eine freie, thätige, rein und echt religiöse Stimmung zu geben: durch Empfehlung der Lektüre geistreicher, moralischer Schriften, gewählter interessanter Lebens- und Reisebeschreibungen, der allgemeinen Weltgeschichte etc. – Dagegen beuge man Allem vor, was zur religiösen Schwärmerei führt. Diese ist ohne Kraft, und zum thätigen Widerstand gegen eine mächtige Leidenschaft viel zu ohnmächtig. Denn ist der religiöse Rausch vorüber, so steht auch wieder der Schwächling da! – Sind Geistesarbeiten sein Beruf, so rathe man zu deren emsiger Betreibung und zur Abwechselung mit zweckmäßigen Leibesübungen, (s. oben).

In *physischer* Hinsicht enthalte sich der Kranke: 1) alles dessen, was die rohe Sinnlichkeit nährt und die Samenabsonderung vermehrt. Er beobachte eine besondere Auswahl und Mäßigkeit im Genusse der Speisen und Getränke. Er entsage, außer den schon oben genannten, allen groben Mehl- und Fettspeisen, den Hülsenfrüchten, dem Sellerie, Spargel etc., allen sehr nahrhaften und geistigen Getränken, zumal des Abends kurz vor Schlafengehen. Indeß wäre ihm am Tage der vorsichtige Gebrauch eines alten guten Weines, als stärkenden Arzneimittels, wohl zu erlauben; 2) vermeide er streng Alles, was den Körper verzärtelt, folglich allen Müssiggang, zu vieles Sitzen, zu langes Verweilen auf dem Abtritt, zu zeitiges und vieles Schlafen oder vielmehr Schlummern, zumal in weichen Federbetten, allzuwarme Kleidung etc. Er bade öfters kühl im Flusse, mache sich mäßige Bewegung im Freien, doch nicht zu Pferde, und treibe angemessene körperliche Arbeiten bis zur Ermüdung, besuche wohlgesittete Gesellschaften, und nähere sich nur züchtigen Weibern. 3) Leidet er wirklich schon an den Folgen seiner Untugend, oder ist er von Natur schwächlich, so entdecke er je eher je lieber sich einem geschickten Arzte, der ihm theils durch innerliche, theils durch äußerliche Mittel, z. B. durch Kunstgeschwüre an der Vorhaut, Circumcision derselben, und künstliche Eiterung, Entzündung und Schmerz, oder durch Anlegen der Zwangsjacke auf längere Zeit, durch kalte Bähungen des Mittelfleisches etc. den Kitzel zu allen jenen Manipulationen wol benehmen wird, ohne zur Infibulation seine letzte Zuflucht nehmen zu dürfen. (Vergl. die Erinnerungen für Seelsorger im Beichtstuhle S. 403. meines Handbuchs der Pastoral-Medicin für christliche Seelsorger. Halle 1825. gr. 8.) *(Th. Schreger.)*

Thésée Pouillet Synoptische Tafel des Onanismus beim Weibe*

I. Formen

A Vaginale Masturbation

B Klitoris-Masturbation
- 1. Eigene Person — Finger. – Verschiedene Instrumente.
- 2. Fremde
  - a) *menschlich:* Lustgreise. – Pensionsgefährtinnen. – Gefällige Liebhaber oder Ehemänner, die keine Kinder wollen.
  - b) *tierisch:* Hunde. – Manchmal andere Haustiere.

Oft einzeln. – Manchmal gemeinsam. – Phallus. – Kerzen. – Holzstücke. – Verschiedene Gemüse. – Nadelbehälter. – Haarnadeln u. a.

II. Ursachen

A körperlich
- 1. *Besonderheiten* — Sanguinisch-zorniges Temperament. – Genitale Idiosynkrasie.
- 2. *krankhaft*
  - a) *äußere:* Unsauberkeit. – Scheidenjuckreiz. – Ausschlag. – Rose. – Hautröte. – Hitzefuror. – Durch Laster verformte Geschlechtsorgane. – Gewürze, anregende Nahrungsmittel. – Geistige Getränke. – Monatsfluß.
  - b) *innere:* Reizende Waschungen. – Starke Abführmittel. – Verstopfungen. – Wurmbefall. – Idiotie. – Schwindsucht. – Nymphomanie u. a.
- 3. *mechanisch* — Tanz. – Reiten. – Verschiedene Berufe. – Ständiges Sitzen. – Nähmaschine.

B gesellschaftlich
- 1. Reichtum — Müßiggang. – Verweichlichtes und untätiges Leben.
- 2. Armut — Zu intimes Familienleben. – Werkstätten. – Geschlechtervermischung u. a.

C geistig-moralisch — Laszive Bilder und Statuen. – Obszöne Gesten. – Lüsterne Gespräche. – Lektüre schlüpfriger und ungesunder Bücher und Romane. – Theaterstücke. – Ansteckendes Beispiel. – Perverse Neigungen. – Haß der Frau gegenüber dem Mann. – Großer Einfluß der Erzieher, Lehrerinnen, Knechte und Bediensteten.

D verschiedene — Impotenz des Mannes. – Fehlende Harmonie der zur Vereinigung bestimmten Organe. – Langsamkeit bei der Beendigung des Liebesaktes bei vielen Frauen. – Wunsch des Mannes, seine Frau die Lust teilen zu sehen, die sie ihm bereitet. – Lange Abwesenheit des Mannes oder Liebhabers. – Wirwenstand. – Häßlichkeit und körperliche Gebrechen. – Erblichkeit. – Zufall.

E religiös — Eindringliche Beichtbefragungen. – Erbauungsbücher. – Lektüre mystischer Texte. – Sündhafte Billigung durch den Seelsorger.

III. Anzeichen

A körperlich — Bleiche Gesichtsfarbe. – Umflorte, traurige Augen. – Geweitete Pupillen. – Gerötete, verschleimte, umringte, morgens verklebte Augen. – Starrer, stumpfer, dummer Blick. – Ausgezehrtes Gesicht. – Abmagerung. – Gieriger Appetit. – Schwankender Gang. – Partielles und allgemeines Zittern. – Schwäche im Kreuz. – Harnsteine. – Schaudern. – Handhaltung.

B geistig-moralisch — Traurigkeit. – Schweigsamkeit. – Bedürnis nach Einsamkeit. – Schüchternheit. – Unausgeglichenheit. – Gedächtnissperren und -verlust. – Dickköpfigkeit. – Gleichgültigkeit gegenüber Spielen und Unterhaltung. – Faulheit. – Verlogenheit. – Übertriebene und zu intime Zärtlichkeiten zwischen jungen Mädchen u. a.

C örtlich — Übermäßiges Wachstum der Geschlechtsorgane. – Manchmal Riß der Jungfernhaut. – Feuchtigkeit und Klaffen von Vulva und Vagina. – Ausfluß. – Große Sensibilität der Klitoris. – Wundsein der Schamlippen. – Fremdkörper. – Krankhafte Röte oder bleiches Aussehen der Schleimhaut im Genitalbereich. – Verletzung frisch vernarbter Wunden.

Rötung und Wundsein der Schamlippen. – Schamspaltenentzündung. – Scheidenentzündung. – Harnleiterentzündung. – Harnzwang. – Schamlippen und Scheidenausg...

IV. Folgen

2. schwerwiegend

denschleimhaut. – Verlagerung der Gebärmutter. – Verschlemmung der Gebärmutter und des Gebärmutterhalses. – Verletzungen des Gebärmutterhalses. – Blutungen und Gebärmutterkrebs. – Harnblasenentzündung. – Nierenentzündung. – Harnfluß. – Bauchfellentzündung. – Fremdkörper in Blase und Nierenbecken.

B allgemein

1. Sinne und Nervensystem

Seh- und Hörstörungen. – Epilepsie. – Hysterie. – Starrsucht. – Ekstase. – Nervosität. – Veitstanz. – Nymphomanie. – Hirnhautentzündung. – Hirn- und Rückenmarkserweichung.

2. geistige Fähigkeiten

Zerstreutheit. – Unfähigkeit zu ausdauernder Arbeit. – Stumpf- und Schwachsinn. – Schwermütigkeit. – Verzweiflung. – Idiotie. – Hypochondrie. – Angstzustände. – Lähmungswahn. – Demenz. – Selbstmord. – Ablehnung von Heirat und Koitus.

3. Atemapparat

Husten. – Kurzatmigkeit. – Brustschmerzen. – Beklemmungen. – Lungenschwindsucht.

4. Kreislaufapparat

Herzklopfen. – Herzrhythmusstörungen. – Lipothymien. – Zwerchfelldrücken. – Ohnmacht. – Verdeckte und offene Herzkrankheiten. – Bleichsucht.

5. Verdauungsapparat

Verdauungsbeschwerden. – Gefräßigkeit. – Erbrechen. – Durchfall. – Freßsucht. – Magenkrämpfe. – Unvollständige Nahrungsaufnahme. – Verstärktes Abnagern. – Auszehrung.

V. Behandlung

A Behandlung des Onanismus

1. Vorbeugung

a) körperliche Vorkehrungen

Sauberkeit im Genitalbereich. – Behandlung der örtlichen und allgemeinen Hautkrankheiten. – Scharf gewürzte Essen, geistige Getränke, starke Abführmittel, die monatliche Reinigung befördernde Mittel, Blasenpflaster mit Kantharide vermeiden. – Körperliche Ermüdung. – Gymnastik. – Hartes Bett. – Kurzer Schlaf. – Aufstehen sofort nach dem Erwachen. – Im Sommer Schwimmen. – Im Winter Genitalwaschungen u.a.

b) gesellschaftliche Vorkehrungen

Auswahl der Gefährtinnen. – Aktive Überwachung. – Auswahl der Bediensteten. – Anordnung der Tische und Betten, um einen besseren Blick auf Schulkinder zu haben.

c) geistig-moralische Vorkehrungen

Obszöne Anblicke, lüsterne Gesten, schlüpfrige Worte, Theaterstücke und Romane vermeiden. – Geschlechtserziehung. – Heirat. – Künstlerische Geschmacksbildung. – Geistiges Arbeiten.

2. Behandlung im engeren Sinne

a) sanfte Mittel

Überwachung bei Tag und Nacht. – Überzeugung. – Angstmachen. – Erwecken großherziger Gefühle. – Tafel mit den Folgen der Masturbation. – Heirat. – Bei Kindern abends Belohnung für eine anstrengende Arbeit.

b) repressive Mittel

Bei verheirateten Frauen: Mutterschaftsgefühle. – Angst vor Unfruchtbarkeit. – Tafel mit Krankheiten künftiger Kinder. – Warnung an Ehemänner und Liebhaber. –
Körperliche Züchtigung. – Infibulation (schlechtes Mittel). – Zwangsjacke. – Amputation der Klitoris. – Durchtrennung ihrer Nerven. – Keuschheitsgürtel. – Kampfer. – Hopfenmehl. – Bromkalium. – Bromkampfer.

B Behandlung der Onanismusfolgen

Gehört unter der Voraussetzung, daß ihre Ursache beseitigt worden ist, in den Bereich der allgemeinen Therapie.

* Deutsche Übersetzung: Ludger Vorberg

Arthur Schopenhauer
Der handschriftliche Nachlaß 1814 / 1815

Manuskripte 1814

Bei häufiger Beobachtung der *Wahnsinnigen* finde ich nicht daß ihre *Vernunft*, noch daß ihr *Verstand* krank sey, am wenigsten aber daß *das Beste im Menschen* bei ihnen leide, da sie im Gegentheil oft der seeligsten Ruhe, sogar einer sehr heiligen Stimmung, und fast Alle einer durchgängigen Heiterkeit und Zufriedenheit genießen*): daher der *Wahnsinnige* in Bezug auf den leidenden Theil ein dem *Bösen* grad entgegengesetzter Kranker ist. Bei diesem leidet das Ewige, bei jenem nur das Endliche. –

Sollte der *Wahnsinn* nicht darin bestehn, *daß der Wille die Kausalität über das Erkennen verloren hat*? sollte folglich der *Wahnsinn* nicht eine bloße Zerrüttung des *Gedächtnisses seyn*? –

Manuskripte 1815

Daß *Onanie* ein weit größerer Vorwurf ist als die natürliche Geschlechtsbefriedigung liegt in Folgendem.

Die Geschlechtsbefriedigung ist die stärkste Bejahung des Lebens: sie hat ein Motiv in der Anschauung des Lebens in seiner vollkommensten Offenbarung, der menschlichen Gestalt. Der Wille wird durch ein äußeres Motiv erregt.

Die *Onanie* ist aber bloß die stärkste Bejahung des Leibes und hat kein Motiv außer ihm: der Wille geht hier gar nicht durch die Erkenntniß durch, sondern mit Abwendung von aller Erkenntniß wird der bloße Leib durch seinen Reiz Motiv für den Willen. Nicht das Leben in seiner erkannten Idee wird hier bejaht, wie beim Geschlechtsgenuß; sondern der bloße Leib, ohne Hinzutritt der Erkenntniß: der Mensch handelt hier als bloße Pflanze.

---

*) Fast allein bei Onanisten ist dies nicht der Fall.

Arthur Schopenhauer
Ueber das Sehn und die Farben

§. 12.
Von einigen Verletzungen und einem krankhaften Zustande
des Auges

[...]

Die der Blendung entgegengesetzte Verletzung des Auges ist die
Anstrengung desselben in der Dämmerung. Bei der Blendung ist der
Reiz von außen zu stark, bei der Anstrengung in der Dämmerung ist
er zu schwach. Durch den mangelnden äußern Reiz des Lichtes ist
nämlich die Thätigkeit der Retina intensiv getheilt und nur ein kleiner Theil derselben ist wirklich aufgeregt. Dieser wird nun aber
durch willkührliche Anstrengung, z. B. beim Lesen, vermehrt, also
ein intensiver Theil der Thätigkeit wird ohne Reiz, ganz durch innere Anstrengung, aufgeregt. Um die Schädlichkeit hievon recht an-
schaulich zu machen, bietet sich mir kein anderer, als ein obscöner
Vergleich dar. Jenes schadet nämlich auf dieselbe Art, wie Onanie
und überhaupt jede, ohne Einwirkung des naturgemäßen Reizes
von außen, durch bloße Phantasie entstehende Aufreizung der Genitalien viel schwächender ist, als die wirkliche natürliche Befriedigung des Geschlechtstriebes.

[...]

Arthur Schopenhauer
Der handschriftliche Nachlaß 1821 / 1822

Foliant I (1821)

Nach *Fr: Tiedemann's* Anatomie und Bildungsgeschichte des *Gehirns* im Fötus des Menschen, ist im 7ten Jahr das Gehirn ganz ausgewachsen und vollendet und schon im 5ten Jahr hat es sein volles Gewicht. Es bleibt also vom 7ten Jahr an unverändert. Zudem hat es viel weniger Resorbtionsorgane als irgend ein andrer Theil, so daß ganz gewiß der beständige Wechsel der Materie beim Beharren der Form in diesem Theil ungleich weniger statt findet, als in den übrigen, folglich die Masse des Gehirns meistentheils als dieselbe beharrt.

Da nun angenommen wird, daß Saamen, Rückenmark und Gehirn eine enge Verbindung haben; sollte da nicht die bekannte Thatsache, daß Saamenverschwendung dem Gedächtniß großen Abbruch thut, daraus zu erklären seyn, daß sie, mittelst des Rückenmarks, das Gehirn nöthigt seinen Stoff herzugeben und ihn durch andern zu ersetzen, folglich die Identität der Masse des Gehirns dabei verloren geht?

Aus der Brieftasche (1822)

So gewiß zwischen dem Leben und dem Traum kein specifischer und absoluter, sondern nur ein formeller und relativer Unterschied ist, so gewiß ist eigentlich und im Ernst gar kein wesentlicher Unterschied zwischen einer Pollution und einem Coitus. Beide geben ein verfliegendes Traumbild und eine Ergießung des Saamens; d. h.: bei beiden hat der *Wille* die Befriedigung deren er fähig ist und die *Vorstellung* hat alles dessen sie empfänglich ist, nämlich ein Bild, eine Erscheinung.

Nach beiden fühlen wir, daß wir nach einem wesenlosen Schatten gehascht haben.

Arthur Schopenhauer
Ueber die Grundlage der Moral

§. 5.
Von der Annahme von Pflichten gegen uns selbst,
insbesondere

[...]

Was man gewöhnlich als Pflichten gegen uns selbst aufstellt, ist zuvörderst ein in Vorurtheilen stark befangenes und aus den seichtesten Gründen geführtes Räsonnement gegen den SELBSTMORD. [...]

Was nun noch außerdem unter der Rubrik von Selbstpflichten vorgetragen zu werden pflegt, sind theils Klugheitsregeln, theils diätetische Vorschriften, welche alle beide nicht in die eigentliche Moral gehören. Endlich noch zieht man hieher das Verbot widernatürlicher Wollust, also der Onanie, Päderastie und Bestialität. Von diesen nun ist erstlich die Onanie hauptsächlich ein Laster der Kindheit, und sie zu bekämpfen ist viel mehr Sache der Diätetik, als der Ethik; daher eben auch die Bücher gegen sie von Medicinern (wie Tissot u. A.) verfaßt sind, nicht von Moralisten. Wenn, nachdem Diätetik und Hygiene das Ihrige in dieser Sache gethan und mit unabweisbaren Gründen sie niedergeschmettert haben, jetzt noch die Moral sie in die Hand nehmen will, findet sie so sehr schon gethane Arbeit, daß ihr wenig übrig bleibt.

[...]

Arthur Schopenhauer
Parerga und Paralipomena
Bd. II

§. 167.

Einige Kirchenväter haben gelehrt, daß sogar die eheliche Beiwohnung nur dann erlaubt sei, wann sie bloß der Kindererzeugung wegen geschehe. (Die betreffenden Stellen findet man zusammengestellt in *P. E. Lind, de coelibatu Christianorum, c. 1.*) Das ist, genau genommen, irrig. Denn, wird der Coitus nicht mehr seiner selbst wegen gewollt; so ist schon die Verneinung des Willens zum Leben eingetreten, und dann ist die Fortpflanzung des Menschengeschlechts überflüssig und sinnleer; sofern der Zweck bereits erreicht ist.

Auf dem umgekehrten Grunde beruht eigentlich die Verdammlichkeit aller widernatürlichen Geschlechtsbefriedigungen; weil durch diese dem Triebe willfahrt, also der Wille zum Leben bejaht wird, die Propagation aber wegfällt, welche doch allein die Möglichkeit der Verneinung des Willens offen erhält.

[...]

Friedrich Nietzsche
Jugendschriften

Schriften aus der Studentenzeit

Den 9. August. 1859

Ich will jetzt versuchen ein Bild von dem ganz gewöhnlichen Leben in Pforta zu geben, da ich sonst wenig oder gar nichts zu erzählen habe. – Also – früh um 4 Uhr wird der Schlafsaal aufgeschlossen und von da an steht es einem jeden frei aufzustehen. Aber um 5 Uhr müssen alle andern mit der gewöhnlichen Schulglocke wird geläutet, die Schlafsaalinspektoren rufen dröh⟨n⟩end: Steht auf, steht auf macht daß ihr herauskommt! und bestrafen auch wohl die, welche sich nicht so leicht aus den Federn herausfinden können. Dann ziehen sich alle so schnell und so leicht wie möglich an und eilen dann in die Waschstube [...].

Den 11. August. 1859

– Auch heute hat die Sonne noch nicht die Nebel- und Wolkenhüllen durchbrochen; es ist heute Studientag oder nach dem alten Gebrauche eine Stunde länger schlafen zu können, Ausschlafetag. [...]
– Es ist eigenthümlich, wie rege die Phantasie im Traume ist; ich, der ich immer des Nacht⟨s⟩ Bänder von Gummi um die Füße trage, träumte, daß zwei Schlangen sich um meine Beine schlängelte⟨n⟩, sofort greife ich der einen an den Kopf, wache auf und fühle daß ich ein Strumpfband in der Hand habe. –

Rückblick auf meine zwei Leipziger Jahre

[...] Nun vergegenwärtige man sich, wie in solchem Zustande die Lektüre von Schopenhauers Hauptwerk wirken mußte. Eines Tages fand ich nämlich im Antiquariat des alten Rohn dies Buch, nahm es als mir völlig fremd in die Hand und blätterte. Ich weiß nicht welcher Dämon mir zuflüsterte: »Nimm Dir dies Buch mit nach

Hause«. Es geschah jedenfalls wider meine sonstige Gewohnheit, Büchereinkäufe nicht zu überschleunigen. Zu Hause warf ich mich mit dem erworbenen Schatze in die Sophaecke und begann jenen energischen düsteren Genius auf mich wirken zu lassen. Hier war jede Zeile, die Entsagung, Verneinung, Resignation schrie, hier sah ich einen Spiegel, in dem ich Welt Leben und eigen Gemüth in entsetzlicher Großartigkeit erblickte. Hier sah mich das volle interesselose Sonnenauge der Kunst an, hier sah ich Krankheit und Heilung, Verbannung und Zufluchtsort, Hölle und Himmel. Das Bedürfniß nach Selbsterkenntniß, ja Selbstzernagung packte mich gewaltsam; Zeugen jenes Umschwunges sind mir noch jetzt die unruhigen, schwermüthigen Tagebuchblätter jener Zeit mit ihren nutzlosen Selbstanklagen und ihrem verzweifelten Aufschauen zur Heiligung und Umgestaltung des ganzen Menschenkerns. Indem ich alle meine Eigenschaften und Bestrebungen vor das Forum einer düsteren Selbstverachtung zog, war ich bitter, ungerecht und zügellos in dem gegen mich selbst gerichteten Haß. Auch leibliche Peinigungen fehlten nicht. So zwang ich mich 14 Tage hintereinander immer erst um 2 Uhr Nachts zu Bett zu gehen und es genau um 6 Uhr wieder zu verlassen. Eine nervöse Aufgeregtheit bemächtigte sich meiner und wer weiß bis zu welchem Grade von Thorheit ich vorgeschritten wäre wenn nicht die Lockungen des Lebens, der Eitelkeit und der Zwang zu regelmäßigen Studien dagegen gewirkt hätten.

In jene Zeit fällt die Gründung des philologischen Vereins. Eines Abends waren mehrere ehemalige Bonner Studenten zu Ritschl eingeladen, darunter ich selbst. Nach Tische regte uns unser Gastgeber lebhaft zu der Idee an, welche dem philologischen Vereine zu Grunde lag. Die Frauen waren gerade im Nebenzimmer, und so störte nichts den Erguß des lebhaften Mannes [...].

Briefwechsel zwischen Richard Wagner,
Hans von Wolzogen und Otto Eiser

Dr. Otto Eiser an Hans von Wolzogen

Frankfurt a. M. 17. Oktober 1877
Hochgeehrter Herr!

Ihre auf Prof. Nietzsche bezügliche Frage beantworte ich Ihrem Wunsch gemäss ganz umgehend und zwar dahin, dass Nietzsche zu Anfang dieses Monats eine Woche bei mir in Frankfurt zugebracht hat. Mein sehnlicher Wunsch nach diagnostischer Aufklärung über Nietzsches Erkrankung bildete den wesentlichsten Grund seiner Herreise.

[...]

Die Ergebnisse unserer hiesigen Untersuchung sind wenig erfreulich. Die wichtigste Frage, – ob die paroxysmenweise mit extremer Heftigkeit auftretenden Kopfschmerzen ihre letzte Ursache in den Nervencentren selbst haben und als Symptom einer organischen Erkrankung des Gehirns und seiner Häute aufzufassen seien, oder aber, ob der Sehstörung des Kranken ein Augenleiden zu Grunde liege, welches den Kopfschmerz und dessen periodische Exacerbationen als sekundäre Reizerscheinungen bedinge und somit die Kopferscheinungen weit günstiger auffassen lasse, kann zwar mit annähernder Gewissheit in diesem letzteren Sinn beantwortet werden. Die Untersuchung der Augen, welche unser tüchtiger Specialist Dr. Krüger auf mein Ansuchen vorgenommen hat, lässt neben extremer Kurzsichtigkeit so wesentliche Veränderungen des Augenhintergrundes nachweisen, daß der Hirnschmerz gar wohl durch die pathologischen Vorgänge im Auge zu erklären ist. Verlieren hiedurch die Hirnerscheinungen einen Theil ihrer unheilvollen Bedeutung, so sind doch die Ergebnisse bezüglich der Augen um so trostloser. Im rechten Auge, mit welchem der Kranke nur missgestaltete verzerrte Bilder, die Schriftzeichen bis zur Unkenntlichkeit verschoben wahrnehmen kann, haben die Produkte einer chronischen Ader- und Netzhautentzündung (chrio-retinitis centralis) die Nervenelemente des Augenhintergrunds in weiter Ausdehnung krankhaft verändert. Die Exsudate erstrecken sich bis in das Bereich der macula lutea, d. h. des zur Gewinnung deutlicher Bilder wichtigsten Theils der Retina. Das linke Auge, welches bei hoher Kurzsichtigkeit derzeit normale Bilder erhält, ist von derselben Erkrankung in geringerer Ausdehnung heimgesucht. – Alles Heil, welches unter solchen Umständen überhaupt zu erwarten ist, bestünde in einem Ablaufen, in einem Stillstand des chronischen Entzündungsprocesses. Nur dann wird die Erhaltung des gegenwärtigen geringen aber doch unschätzbaren Restes von Sehvermögen zu hoffen sein. Als die hiefür unerlässliche, wichtigste Bedingung erklärt unser Ophthalmologe das *gänzliche* Enthalten des Kranken von Lesen und Schreiben auf Jahre hin. – Dieser Sachverhalt gebot dringend, den Kranken, – wie schonend immer –, von der vollen Wahrheit in Kenntnis zu setzen und ich brauche die qualvolle Alternative nicht erst zu schildern, welcher unser armer Freund durch diese Mittheilung gegenüberstand. –

Sicherlich sollte N. seiner docirenden Thätigkeit in Basel sofort entsagen. Selbst abgesehen von der im Augenzustand begründeten Gefahr, würde diese Massregel Jedem unerläßlich scheinen, welcher die Pein und Mühsal kennt, mittelst deren N. die Erfüllung seiner akademischen Berufspflicht bis dahin ermöglichte. Seine Befreiung von Universität und Pädagogium ist umso gewisser zu erstreben, als durch jene Erwerbsthätigkeit, wie N. selbst zugesteht, nichts weniger als der wirkliche Beruf des trefflichen Mannes erfüllt, vielmehr als Musse zu *der* Art von literarischer Thätigkeit geraubt wird, welche der Neigung und Befähigung N.'s so gleichmässig entspricht. Aber trotz vollkommener Klarheit über die Richtigkeit all' dieser Argumente wird N. durch tausend Bedenken und Rücksichten von dem entscheidenden Schritte abgehalten und ich bin bang besorgt, ob er die Energie zu der unvermeidlichen Entscheidung rechtzeitig finden wird. –

Die übermässige Ausführlichkeit meines Berichts mag durch Wagners Theilnahme für den heldenmüthigen Dulder entschuldigt werden, – dann auch durch meine eigene Liebe, welche mich den Freunden des Freundes gegenüber leicht allzu gesprächig macht. –

[...]

Mit den alten Gesinnungen

Ihr aufrichtig ergebener
O. Eiser

[...]

202

Richard Wagner an Dr. O. Eiser

Geehrtester Herr!

Ich mußte Ihren Brief, zu welchem ich Sie zunächst durch einen jüngeren Freund zu veranlassen mir erlaubt hatte, solange für die Kenntnissnahme seines Inhaltes bei Seite legen, bis es mir möglich sein würde, mit der gebührenden Ruhe ihn zu lesen, und darauf Ihnen meinerseits mich mitzuteilen.

In der verhängnisvollen Frage, welche die Gesundheit unseres Freundes N. betrifft, drängt es mich nun mit aller Kürze und Entschiedenheit Ihnen meine Ansicht, meine Befürchtung – aber auch meine Hoffnung mitzuteilen. Ich trage mich, für die Beurtheilung des Zustandes N.'s, seit lange mit den Erinnerungen von gleichen und sehr ähnlichen Erfahrungen, welche ich an jungen Männern von großer Geistesbegabung machte. Diese sah ich an ähnlichen Symptomen zu Grunde gehen, und erfuhr nur zu bestimmt, daß Folgen der Onanie vorlagen. Seitdem ich N., von jenen Erfahrungen geleitet, näher beobachtete, ist an allen seinen Temperamentszügen und charakteristischen Gewohnheiten meine Befürchtung zu einer Überzeugung geworden. Hierüber glaube ich mich dem befreundeten Arzte nicht umständlicher aussprechen zu dürfen, dagegen es mir einzig daran zu liegen hat, die Aufmerksamkeit desselben auf die von mir mitgetheilte Ansicht zu lenken. Nur zur Bestätigung der großen Wahrscheinlichkeit meiner Ansicht, führe ich Ihnen die auffällige Erfahrung vor, daß der eine der erwähnten jüngeren Freunde, ein vor mehreren Jahren in Leipzig verstorbener Dichter, im Alter N.s vollständig erblindete, der andere, ein noch jetzt in Italien, mit jammervoll zerrütteten Nerven dahinsiechender, ebenfalls ungemein begabter Freund, im gleichen Alter in die schmerzhaftesten Augenleiden verfiel. Sehr wichtig war mir nun auch neuerdings die Nachricht, daß der in Neapel vor einiger Zeit von N. consultirte Arzt, diesem vor allen Dingen anempfahl, zu – heirathen. –

Ich glaube Ihnen genug gesagt zu haben, um Sie zu ernstlicher Diagnose in der angezeigten Richtung hin zu veranlassen. Mir würde es übel anstehen, wollte ich Ihnen eine erneute Kritik der Symptome des N.'schen Leidens anrathen: dass äußerste Schonung gegen diese einzig erspriesslich sein kann, ist ja klar. Allein, die Nerven, das Rückenmark zu stärken, zu regeniren, dünkt mich zu wichtig, als dass ich Ihnen meinen ernstlichen Wunsch verschweigen dürfte, dass hierfür etwas Energisches geschähe. Ich ward vor Jahren von einer, in zahllosen Rezidiven mir wiederkehrenden Gesichtsrose, vollständig, bis zur Nie-Wiederkehr dieser Plage, durch einen geistvollen Hydropathen bei Genf geheilt: von diesem Leiden war ich auf das Äusserste demoralisirt, so dass ich jeden leichten Luftzug fürchtete. Mein Arzt erklärte mir, ich sei nichts als nervös, versprach mir in zwei Monaten mir mein volles Vertrauen wiederzugeben, und hielt Wort. Er wendete das so äusserst erfolgreiche calmirende Verfahren, durch *leichte* Einpackungen, von kurzer Dauer, und abgeschreckte Lotionen an. – Vor zwei Jahren entliess ich, nach einem längeren Besuche, hier den Minister von Schleinitz in einem jammervollen Zustande von Nervenzerrüttung, wie sie sich wohl der etwas starke Lebemann in seinem bereits hohen Alter zugezogen hatte. Sechs Wochen in Gräfenberg stellten ihn so vollkommen her, dass ich ihn im Winter darauf und im Sommer vorigen Jahres, als ganz verjüngt, kaum wieder erkannte. Soll ich nun diese verschiedenen Erfahrungen zusammenfassen, um sie für unsren armen Freund auszubeuten, so drängt es mich mit aller Gewalt dahin, Sie inständigst zu ersuchen, das, was ich Ihnen sage, in freundliche und ernstliche Erwägung zu ziehen. Ich bin der festen Überzeugung, dass der sehr verständige Hydropath der Gräfenberger Anstalt unserem Freunde gründlich helfen wird. Möchten sie ihm dazu rathen, und – wenn nöthig – sehr ernstlich, ohne Verschweigung der primären Ursache seines Leidens. Der befreundete *Arzt* hat hier gewiss eine Macht, welche dem arzenden *Freunde* nicht eingeräumt werden dürfte.

Ich preise das Glück, dass mir in Ihnen der Vermittler für N. gezeigt worden ist. Verzeihen sie, dass dieser Werth, den sie sogleich für mich gewonnen, die andere Befriedigung, in Ihnen einen so geistvollen Freund meiner Dichtung gefunden zu haben, sofort überbot. Desshalb aber vermisse ich heute auch diese beiden Qualitäten nicht, und behalte mir Näheres in jenem zweiten Betreff bevor, um zunächst im ersten mit Ihnen in das Klare zu kommen.

Hochachtungsvoll grüssend   Ihr ergebener
Bayreuth   Richard Wagner
23 October 1877.

Dr. O. Eiser an Richard Wagner *

Frankfurt a. M. d. 26. Oktober 1877

Hochverehrter Herr!

Der Empfang Ihres Schreibens hat mich aus vielen Gründen mit inniger stolzer Freude erfüllt. Nur *eine* Empfindung mischte sich peinlich bei; sie entsprang daraus, daß ich unter dem Druck zwingender Thatsachen Ihre Hoffnung auf die vollkommene Herstellung N.'s nicht theilen kann. Was zunächst Ihre Hypothese selbst betrifft, so fand ich in meiner Untersuchung keinen directen Anhalt für ähnliche Annahmen, doch bin ich weit entfernt, die Richtigkeit Ihrer Beobachtung deshalb zu bestreiten. Gegen das Vorhandensein onanistischer Einflüsse scheint mir zunächst die Aussage des Kranken selbst zu sprechen. Bei Erörterung seiner geschlechtlichen Zustände versicherte mir N. nicht nur, daß er nie syphilitisch gewesen sei, sondern er hat auch meine Frage nach starker geschlechtlicher Erregung und etwaiger abnormer Befriedigung derselben verneint. Doch wurde der letztere Punkt von mir nur flüchtig berührt und ich darf deshalb N.'s Worten nach dieser Seite nicht allzuviel Gewicht beilegen. Triftiger scheint mir als Gegengrund, daß der Kranke von Tripper-Ansteckungen während seiner Studentenjahre berichtet, dann auch, daß er jüngst in Italien auf ärztliches Anrathen mehrmals den Coitus ausgeübt haben will. An der Wahrhaftigkeit dieser Erzählungen ist gewiß nicht zu zweifeln und sie beweisen wenigstens, daß unserem Patienten die Fähigkeit zu normaler Befriedigung des Geschlechtstriebs nicht fehlt, was bei Onanisten seines Alters zwar nicht undenkbar, aber doch wol nicht das Gewöhnliche ist. Auch zum Heirathen, was ich ihm nicht minder dringlich als der italienische College, aber mehr um des geistigen als um des direct körperlichen Einflusses willen, anempfahl, zeigt sich N. so entschieden geneigt, wie es bei einem eingefleischten Onanisten befremden müßte. Dieses, und dann etwa

* Der Brief Otto Eisers wird hier, nach den Teildrucken bei Curt von Westernhagen (Richard Wagner. Zürich 1956, S. 529 ff.) und Martin Gregor-Dellin (Richard Wagner. München/Zürich 1980, S. 751 ff.), erstmals ungekürzt dokumentiert. Dem Richard-Wagner-Museum in Bayreuth danke ich für die freundliche Mitteilung des Textes, Abdruckerlaubnis und Transkription. (Anm. L. L.).

die vertrauensvolle Offenheit N.'s gegen mich, von welcher ich rückhaltsloses Mittheilen wol erwarten dürfte, sind die Gründe, die ich gegen Ihre Annahme vorbringen kann. Ich gestehe, daß meine Einwände alle nicht gar stichhaltig sind und daß dieselben durch Ihre lange und gründliche Beobachtung des Freundes leicht entkräftet werden. Ich muß Ihrer Annahme um so williger beipflichten, als dieselbe durch Manches im Habitus und Benehmen N.'s auch mir nur allzu glaublich scheint. Aber je mehr ich die Richtigkeit Ihrer Muthmaßung empfinde, desto weniger kann ich den günstigen Schlüssen zustimmen, welche Ihre theilnehmende Freundschaft aus derselben für die mögliche Herstellung N.'s ziehen will. Eine solche muß, bei dem einen wichtigsten Theil der Erkrankung wenigstens, unmöglich scheinen. In beiden Augen N.'s läßt der Augenspiegel so namhafte Destruktion der wichtigsten Gewebe erkennen, daß eine restitutio in integrum undenkbar ist. Im günstigsten Fall – wenn ein Stillstand des exsudativen Entzündungsprocesses eintritt, wenn die gerade hier so häufigen Recidive fern gehalten, ja selbst wenn eine Resorption des Exsudats erzielt werden könnte, würde sich das so gewonnene Resultat auf die Erhaltung des derzeit vorhandenen spärlichen Sehvermögens, vielleicht auf eine *minimale* Besserung desselben, beschränken. – Wohl kömmt es vor, daß nervös irritirte, durch Onanie oder sonstwie geschwächte, hysterische Kranke von tiefen Störungen des Sehvermögens, ja oft von der absonderlichsten Art von Sehbehinderung befallen und durch allgemein roborirende, nervenstärkende Einflüsse geheilt werden. Aber wo derartige Heilerfolge vorliegen (bei den von Ihnen erwähnten Augenkranken war dies nicht der Fall) – hat es sich um lediglich dynamische Störungen des Sehnerven gehandelt und der Augenspiegel mußte dort das Fehlen jedes materiellen Substrats ebenso bestimmt wie bei unserem Kranken das trostlose Gegentheil nachweisen können. – Bei N.'s Augenleiden wird das ursächliche Moment, – (da das specifische der Syphilis eben so gewiß wie die sonst häufig zu Grund liegende chronische Nierenentzündung ausgeschlossen ist) – weder einen bestimmten Modus des Heilverfahrens noch eine Änderung der Prognose bedingen. Onanie, wenn dieselbe wirklich vorliegt, kann als Ursache hier nur im weitesten Sinne aufzufassen sein, – so etwa, daß onanistisch Geschwächte allzeit weniger widerstandsfähig und, wie jeder Erschöpfte, allen Ermüdungs- und Reizzuständen, aller Erkrankung leichter anheimfallen. Aber zwischen dieser etwa durch Onanie bewirkten allgemeinsten Krankheitsanlage und der Sehbehinderung unseres Kranken läge dann immer die Ueberanstrengung der Augen als die zweifellos nähere Veranlassung und das entzündliche Exsudat als die letzte und directeste Ursache. Durch sie wird die strengste Augendiät als der derzeit wichtigste Theil des Heilverfahrens, respective der Prophylaxis, – durch sie auch wird die Unmöglichkeit einer Herstellung trostlos bedingt. –

Ganz anders verhält es sich mit den Kopferscheinungen. Hier ist die materielle Grundlage der Symptome durch nichts bewiesen, ja der ganze Verlauf der nahezu vierjährigen Erkrankung läßt eine lokalisirte Texturerkrankung des Gehirns oder seiner Häute mit Wahrscheinlichkeit ausschließen. Dann ist der Kopfschmerz mit seiner paroxysmenweisen Steigerung gar wohl als Reflexerscheinung, veranlasst durch die Erkrankung der Augen, aufzufassen. Da aber dieselbe Augenaffektion bei hundert anderen Kranken ohne alle begleitenden Hirnerscheinungen beobachtet wird, so müßte in unserem Falle eine individuelle Disposition des Gehirns, ein erhöhter Reizzustand desselben den anderen Faktor bilden. Solche pathologische Reizbarkeit der Nervencentren ist nun gar wohl mit der Sexualsphäre in direkten Causalnexus zu bringen und so wäre denn hier die Entscheidung der Onanie-Frage für die Diagnose von höchster Bedeutung, – ob für das Heilverfahren und dessen Erfolge möchte ich – bei der bekannten Hartnäckigkeit jenes Lasters – selbst hier bezweifeln. Trotzdem bedarf es kaum der Versicherung, daß ich Ihre hohe Meinung vom Werth einer korrekt geleiteten Kaltwasser-Behandlung vollkommen theile und daß ich den von Ihnen geschilderten Heilerfolgen gar manche ähnliche Fälle aus meiner eigenen Erfahrung anzureichen habe. Wie sehr ich mit Ihren Ansichten über die Zweckmäßigkeit eines hydrotherapeutischen Versuches auch für N.'s Zustände übereinstimme, mag daraus erhellen, daß ich unserem Kranken eine Kaltwasserkur als Projekt für den nächsten Sommer ausdrücklich empfohlen habe. Bei aller Trostlosigkeit des Augenzustands und gerade je mehr diese als ausgemacht zu betrachten ist, werden – ganz abgesehen von dem sexualen Sachverhalt – allgemein roborirende, nervös kalmirende Einwirkungen stets als nothwendig und segensreich für den Gesammtzustand N.'s gelten müssen.

Darf ich nach dem Gesagten meine Stellung zu der von Ihnen vertretenen Ansicht in Kurzem präcisiren, so wird mein Resumé dahin lauten, daß ich

1) das Vorhandensein der onanistischen Zustände für glaublich, – im Hinblick auf Ihre Beobachtungen für wahrscheinlich halte, daß aber, meines Erachtens,

2) weder durch den zweifellosen Nachweis noch durch das sichere Ausschließen der Onanie die Art des Heilverfahrens und die Aussicht auf Erfolg desselben wesentlich verändert würde, – den *einen* Fall ausgenommen, daß der der onanistischen Untugend überführte Kranke von seinem Laster endgültig zu befreien (?), vielleicht durch die glückliche Fügung eines segensreichen Ehebunds von demselben zu erlösen wäre, – und daß endlich

3) das Sehvermögen auch bei dem allerglücklichsten Gang der Dinge nur bei seinem derzeitigen dürftigen Residuum beharren – im anderen nur allzu möglichen Falle aber bis zum nebeligen Verschwimmen der Bilder, ja bis zur völligen Erblindung abnehmen wird, und daß die Vermeidung jedweder Anstrengung der Augen, d. h. die vollkommenste Abstinenz von Lesen und Schreiben derzeit die brennendste Lebensfrage für N. bilden muß.

Zur Aufklärung des sexualen Sachverhalts wird meine offene Frage an N. der kürzeste und richtigste Weg sein. Aber brieflich läßt sich dieselbe um so weniger stellen, als Vorleser und Sekretär die Zwischenglieder bei der Correspondenz bilden müßten. So wird denn die Ermittelung wol bis zum Februar zu verschieben sein, wo mir N. seinen Besuch auf die Fastnachtstage versprochen hat. Inzwischen lasse ich es von Ihrer gütigen Entscheidung abhängen, ob ich N. mittheilen darf, daß ich Ihnen über seine gesundheitlichen Zustände berichtet habe, oder ob ihm nicht nur das Einzelne unserer Verhandlung, sondern auch diese selbst unbekannt bleiben soll. – Ich brauche kaum beizufügen, wie schwer es mir fällt, über das Schicksal des innig werthen Kranken mit kalter Nüchternheit zu berichten. Es mag Ihnen die »objektive« Trockenheit meiner Schilderung zugleich das Zwingende der vorhandenen Thatsachen und das Unhaltbare aller etwa günstigeren Auffassungsweisen darthun, bei welchen mein Wünschen und Hoffen so gerne Zuflucht suchte.

Sie kennen den herrlich begabten Freund so gut, daß ich Ihnen das Schmerzliche meines ärztlichen Unvermögens ebensowenig zu schildern brauche, als den hohen Trost, welcher mir aus dem ehrenden Vertrauen Ihres Briefs und aus der Gemeinschaft unserer Betrübnis erwachsen muß. –

Zum Schluß gestatten Sie mir, hochverehrter Herr, Ihnen meinen innigen Dank zu wiederholen für das freundliche Interesse, welches Sie meinen interpretirenden Blättern gewidmet haben. Ich versicherte bereits in meinen Zeilen an Herrn v. Wolzogen, daß ich aus eigenem Antrieb dem Dichter gar nimmer mit meinem kommentirenden Versuch genaht sein würde. Nicht nur Bescheidenheit und Rücksicht auf dessen werthvolle Zeit hätten mich abhalten müssen, – nicht minder auch die Besorgniß, in meiner Auffassung des hohen Werks, – trotz aller Proteste des Schriftchens selbst –, derart mißverstanden zu werden, als ob ich das Gedicht des Commentars, der Interpretation bedürftig erachtete, als ob ich es gar zu einem philosophisch-didaktischen Tendenzpoäm stempeln wollte, was dann nicht das Werk, wohl aber die dichterische Receptivität des Kritikers gar übel beleuchten würde, der wahrlich keinen Wegweiser für Andere sondern nur sich selbst die selige Lust bereiten wollte, welche ihm aus dem einheitlichen Durchempfinden des Gedichts von *einem* Mittelpunkt bis zu den entferntesten Theilen der Peripherie hin so reichlich geworden ist. Erst als mir N. seine ganz bestimmten Wünsche betreffs der Aufklärung einzelner Punkte, besonders als er sein Interesse an der Erklärung gerade solcher Stellen geltend machte, welche auch beim vollsten Glauben an das Intuitive des dichterischen Schaffens und Aufnehmens dennoch, nach des Gedichtes eigenstem Sinn, »verstanden« und »ausgelegt« werden *sollen*, – erst dann entschloß ich mich zu dem Wagniß der Absendung. Daß Sie dasselbe so gütig aufnehmen wollten, gesellt die Empfindung innigster Dankbarkeit zu der hohen Verehrung, welche seit vielen Jahren Ihnen entgegenbringt

Ihr mit ganzer Seele ergebener Otto Eiser.

Die durch meine Berufsthätigkeit bedingte Zerstückelung meiner Zeit hat mich beim Niederschreiben des Briefs gar oft unterbrochen und dessen Absendung sehr gegen meine Absicht verspätet. Ich bitte recht sehr, die Verzögerung zu verzeihen, welche meinem warmen Interesse an dem Thema des Briefes eben so wenig als meinen Empfindungen für den Adressaten entspricht.

Frt a / M.   DOE

27. Oktober 1877

Abends

Richard Wagner an Dr. O. Eiser

Geehrtester Herr!

[...]

Über unseren Freund kein Wort mehr: ich weiss ihn durch Ihre Liebe in bester Obhut. Nichts kann ich ihm jetzt helfen. Geriethe er in wirkliche Dürftigkeit, so kann ich ihm helfen; denn Alles würde ich mit ihm theilen.

Leben Sie wohl und gedenken Sie freundlich

Bayreuth, 29 Oct. 77   Ihres ergebenen
                                             Richard Wagner

Friedrich Nietzsche:
Brief an Heinrich Köselitz in Venedig (Peter Gast)

⟨Genua, 21. April 1883⟩

Lieber Freund, in Hinsicht auf Ihre Karte erlaube ich mir, nicht ohne etwas Ironie, Schopenhauer's Satz zu citiren: »Moral *predigen* – ist leicht«.

[...]

Auf die Gefahr hin, Ihnen einen Augenblick des Ekels zu machen und unter der Bedingung, daß Sie diesen Brief sogleich *verbrennen*, rechtfertige ich mich wegen des Wortes »Verachtung«, das Sie zu stark und unglaubwürdig finden. Ich habe mich nie von der Meinung Anderer über mich *führen* lassen; aber mir *fehlt* die Menschenverachtung und die glückliche Mitgift des Bärenfells – und so bekenne ich, zu allen Zeiten des Lebens sehr an der Meinung über mich *gelitten* zu haben. Bedenken Sie, daß ich aus Kreisen stamme, denen meine ganze Entwicklung als verwerflich und verworfen erscheint; es war nur eine Consequenz davon, daß meine Mutter mich voriges Jahr einen »Schimpf der Familie« und »eine Schande für das Grab meines Vaters« nannte. Meine Schwester schrieb mir einmal, wenn sie katholisch wäre, so würde sie in ein Kloster gehn, um den Schaden wieder gut zu machen, den ich durch meine Denkweise schaffe; ja sie hat mir offne Feindschaft angekündigt, bis zu jenem Zeitpunkte, wo ich umkehren und mich bemühen werde, »ein guter und wahrer Mensch zu werden«. Beide halten mich für einen »kalten hartherzigen Egoisten«, auch Lou hatte von mir die Meinung, bevor sie mich näher kennen lernte, ich sei »ein ganz gemeiner niederer Charakter, immer darauf aus, Andre zu meinen Zwecken auszubeuten«. Cosima hat von mir gesprochen als von einem Spione, der sich in das Vertrauen Anderer einschleicht und sich davonmacht, wenn er hat, was er will. Wagner ist reich an bösen Einfällen; aber was sagen Sie dazu, daß er Briefe darüber gewechselt hat (sogar mit meinen Ärzten) um seine *Überzeugung* auszudrücken, meine veränderte Denkweise sei die Folge unnatürlicher Ausschweifungen, mit Hindeutungen auf Päderastie. – Meine neuen Schriften werden an den Universitäten als Beweise meines allgemeinen »Verfalls« ausgelegt; man hat eben etwas zuviel von meiner Krankheit gehört. [...]

Eugen Kretzer:
Erinnerungen an Dr. Otto Eiser

Als ich in meiner kleinen Schrift »Friedrich Nietzsche 1895« keck die Diagnose stellte: »Sein Augenleiden beruhte auf einer Gehirnaffektion, mit welcher hochgradige Neurasthenie verbunden war« (S. 18), meinte Dr. Eiser trocken: »So, dann wissen Sie ja mehr als wir.«

War es damals etwa auch, als Eiser den jungen Freund damit zu trösten und aufzurichten suchte, dass er ihm erzählte wie auch er selbst vor einigen Jahren an nervöser und seelischer Depression schwer erkrankt, unter geeigneter Behandlung und Obhut aber jetzt wieder völlig genesen sei?

– »Ja, bei Ihnen war das auch etwas anderes und schadete nichts,« entgegnete Nietzsche, wie mir Eiser lächelnd erzählte. »Aber ich *darf* nicht krank werden, krank sein, krank bleiben! Liegt doch auf mir die Last, die Zukunft zu bestimmen und anzuordnen, nicht für die Nation, nicht für die Menschheit, nicht für die Welt: – nein, für alle Sonnensysteme und für alle künftigen Zeiten.«

Ganz ähnlich hat sich Nietzsche im Sommer 1878 in Basel auch zu mir in geheimnisvollem Tone geäussert.

In »Der Wanderer und sein Schatten« (246) schrieb Nietzsche 1879: »Da macht Jemand als Denker und Mensch eine tiefe, schmerzhafte Umwandlung durch und legt dann öffentlich Zeugnis davon ab. Und die Hörer merken Nichts! Glauben ihn noch ganz als den Alten!« – So war es merkwürdiger Weise mit Dr. Eiser. Er hatte Nietzsche als Verfasser der »Geburt der Tragödie« und der »Unzeitgemässen Betrachtungen« schätzen und kennengelernt; Nietzsche hatte im persönlichen Verkehr mit ihm die vollzogene Wandlung nicht zu erkennen gegeben, und seine späteren Schriften scheint Eiser höchstens flüchtig durchblättert zu haben, vielleicht auch das nicht einmal. Als ich in meiner Schrift über Nietzsche als einer der Ersten jene Wandlung aufs schärfste betonte, meinte Eiser: »Mit einem kann ich mich nicht einverstanden erklären, damit, dass Sie einen ›Hiatus‹ zwischen dem Nietzsche vor und nach 1876 konstruieren wollen.«

Auf meine Veranlassung hat die Witwe Dr. Eisers einem der Briefe Richard Wagners an ihren verstorbenen Gatten besondere Fürsorge zugewendet. Den Inhalt dieses Briefes kennt, wie sie mir sagte, ausser mir nur Herr Geheimrat Dr. Georg Rhode, sonst niemand. Sie hat ihn dem Hause Wahnfried übersandt, und dort ist und bleibt er fortan deponiert. Ich billige das durchaus. Er sollte der Öffentlichkeit stets vorenthalten werden. Richard Wagner schrieb diesen Brief, als er erfuhr, dass Dr. Eiser seinen jungen Freund kennengelernt hatte und ärztlich beriet. In treu besorgter, wahrhaft natürlicher Weise teilt er darin dem gemeinsamen ärztlichen Freund *seine* Hypothese über die Ursache von Nietzsches Erkrankung mit. »Warum Nietzsche von Wagner abfiel«, meinte Eiser einst: – »ich weiss es allein, denn in meinem Hause, in meiner Stube hat sich dieser Abfall vollzogen, als ich Nietzsche jenen Brief in wohlmeinendster Absicht mitteilte. Ein Ausbruch von Raserei war die Folge. Nietzsche war ausser sich: ... die Worte sind nicht wiederzugeben, die er für Wagner fand. – Seitdem war der Bruch besiegelt.«

Das müsste im Herbst 1877 geschehen sein.

Mark Twain
Some Thoughts on the Science
of Onanism *

My [gifted] predecessor has warned you against the »social evil-adultery.« In this able paper he exhausted that subject, he left absolutely nothing more to be said on it. But I will continue his good work in the cause of morality by cautioning you against that species of recreation called »self-abuse« to which I perceive you are [too] much addicted. All great writers on health and morals, both ancient and modern, have struggled with this stately subject, this shows its dignity and importance. Some of these writers have taken one side, some the other.

Homer, in the second book of the Iliad, says with fine enthusiasm, »Give me masturbation or give me death.« Caesar, in his Commentaries, says, »To the lonely it is company; to the foresaken it is a friend; to the aged and the impotent it is a benefactor. They that are penniless are yet rich, in that they still have this majestic diversion.« In another place this experienced [excellent] observer has said, »There are times when I prefer it to sodomy.«

Robinson Crusoe says, »I cannot describe what I owe to this gentle art.« Queen Elizabeth said, »It is the bulwark of virginity.« Cetewayo, the Zulu hero, remarked, »A jerk in the hand is worth two in the bush.« The immortal Franklin has said, »Masturbation is the mother of invention.« He also said, »Masturbation is the best policy.«

* Diese im Frühling 1879 vor dem Pariser »Stomach Club« – einem Club aktiver Humoristen – vorgetragenen »Gedanken« sind lange Zeit nur in Privatdrucken zugänglich gewesen. Ich dokumentiere die Kopie Nr. 28 der Ausgabe Charlottesville, Va., freundlicherweise zur Verfügung gestellt von den Mark Twain Papers an der University of California at Berkeley, mit einigen kleineren Konjekturen; deutsche Erstübersetzung von Hermann Rasche. Wichtigere Varianten und Ergänzungen der Ausgabe von Paul Fatout (in: Mark Twain Speaking. Iowa City 1976, S. 125 ff.) sind in eckigen Klammern beigefügt. Bereits 1974 hat übrigens die in Fachkreisen gerne durchblätterte, aber nicht immer gelesene Zeitschrift für Philologie und ihre Grenzgebiete: »The Playboy«, Twains Pariser Frühlingsrede dem Englisch sprechenden Publikum bekannt gemacht. Die Fortschritte der Wissenschaft finden manchmal auf anderen Spielfeldern als den gewohnten statt (Anm. L. L.).

Michelangelo and all the other old masters – – »old Masters« I will remark, is an abbreviation, a contraction – – have used similar language. Michelangelo said to Pope Julius II, »Self negation is noble, self-culture beneficent, self-possession is manly, but to the truly great and inspiring soul they are poor and tame compared to self-abuse.« Mr. Brown, here, in one of his latest and most graceful poems, refers to it in an eloquent line which is destined to live to the end of time – – »None know it but to love it; none name it but to praise it.«

Such are the utterances of the most illustrious of the masters of this renowned science, and the apologists for it. The name of those who decry it and oppose it, is legion; they have made strong arguments and uttered bitter speeches against it – but there is not room to repeat them here in much detail. Brigham Young, an expert of incontestable authority, said, »As compared with the other thing, it is the difference between the lightning bug and the lightning.« Solomon said, »There is nothing to recommend it but its cheapness.« Galen said, »It is shameful to degrade to such bestial uses that grand limb, that formidable member, which we votaries of science dub the Major Maxillary – – when we dub it at all – – which is seldom. [It would be better to decapitate the Major than to use him so.] It would be better to amputate the os frontis than to put it to such use.«

The great statistician Smith, in his report to Parliament says, »In my opinion, more children have been wasted in this way than in any other.« It cannot be denied that the high antiquity [authority] of this art entitles it to our respect, but at the same time I think its harmfulness demands our condemnation. Mr. Darwin was grieved to feel obliged to give up his theory that the monkey was the connecting link between man and the lower animals. I think he was too hasty. The monkey is the only animal, except man, that practices this science; hence he is our brother; there is a bond of sympathy and relationship between us. Give this ingenious animal an audience of the proper kind, and he will straightway put aside his other affairs and take a whet; and you will see by his contortions and his ecstatic expression that he takes an intelligent and human interest in the performance.

The signs of excessive indulgence in this destructive pastime are easily detectable. They are these: A disposition to eat, to drink, to smoke, to meet together convivially, to laugh, to joke, and tell inde-licate stories – – and, mainly, a yearning to paint pictures. [The re-sults of the habit are: Loss of memory, loss of virility, loss of cheer-fulness, loss of hopefulness, loss of character, and loss of progeny.]

Of all the [various] kinds of sexual intercourse, this has the least to recommend it. As an amusement, it is too fleeting; as an occupation, it is too wearing; as a public exhibition, there is no money in it. It is unsuited to the drawing-room, and in most cultured society it has long been banished from the social board. It has at least [last], in our day of progress and improvement, been degraded to the brother-hood with flatulence. Among the best-bred, those two arts are now indulged only in private – – though by consent of the whole com-pany, when only males are present, it is still permissible, in good society, to remove the embargo on the fundamental sigh.

My illustrious predecessor has taught you that all forms of the »social evil« are bad. I would teach you that some of these forms are more to be avoided than others. So, in concluding, I say, »If you must [»*must*«; kursiv] gamble away your lives sexually, don't play a Lone hand too much.« When you feel a revolutionary uprising in your system, get your Vendome Column down some other way – – don't jerk it down.

Mark Twain
Einige Gedanken zur Wissenschaft
des Onanismus

Mein [begabter] Vorredner hat Sie vor dem »gesellschaftlichen Übel
– Ehebruch« gewarnt. In seinem gekonnten Vortrag hat er das
Thema erschöpfend behandelt; absolut nichts mehr kann dem hinzugefügt werden. Aber ich möchte seine gute Arbeit im Dienste der
Moralität fortsetzen, indem ich Sie vor jener als »Selbstmißbrauch«
bekannten Art von Erholung warne, der Sie, wie ich merke, [zu]
sehr zugetan sind. Alle großen Schriftsteller, die über Gesundheit
und Moral geschrieben haben, alte und moderne, haben mit diesem
erhabenen Thema gekämpft – das unterstreicht seine Würde und
Bedeutung. Einige dieser Schriftsteller haben sich für die eine Seite
entschieden, einige für die andere.

Im zweiten Buch der »Ilias« sagt Homer mit schönem Enthusias-
mus: »Gib mir Masturbation oder gib mir den Tod.« Caesar sagt in
seinen Kommentaren: »Dem Einsamen ist sie Gesellschaft; dem
Verlassenen ein Freund; dem Alternden und dem Impotenten ein
Wohltäter. Die Mittellosen sind nichtsdestoweniger reich, da sie
noch diese großartige Ablenkung haben.« An anderer Stelle führt
dieser erfahrene [vorzügliche] Beobachter aus: »Es gibt Momente,
wo ich sie der Sodomie vorziehe.«

Robinson Crusoe sagt: »Ich kann nicht beschreiben, was ich dieser
edlen Kunst schuldig bin.« Königin Elisabeth sagte: »Sie ist das Boll-
werk der Jungfräulichkeit.« Cetewayo, der Zulu-Held, bemerkte:
»Ein Schwanz in der Hand ist besser als zwei Tauben im Busch.« Der
unsterbliche Franklin hat gesagt: »Masturbation ist die Mutter der
Erfindung.« Er sagte auch: »Masturbation ist die beste Politik.«

Michelangelo und all die anderen alten Meister – »alte Meister«,
möchte ich anmerken, ist eine Abkürzung, eine Kontraktion* – haben sich ähnlich ausgedrückt. Michelangelo sagte zu Papst Julius II.:
»Selbst-Verneinung ist edel, Selbst-Bildung wohltätig, Selbst-Be-

---

* Im Deutschen nicht wiederzugebende obszöne Anspielung auf »mast(urbat)e(o)rs«.
Swifts und Dickens' obszöne Sprachspiele kennen analog einen »Master Bates« (Anm.
L. L. nach einem Hinweis von Norman Kiell).

herrschung ist männlich; aber für die wahrhaft große und begeisternde Seele sind sie arm und zahm im Vergleich mit dem Selbst-Mißbrauch.« Unser Mr. Brown hier verweist in einem seiner letzten und anmutigsten Gedichte auf ihn in einer beredten Zeile, die bis zum Ende der Zeiten Bestand haben wird – »Niemand, der ihn kennt, liebt ihn nicht; niemand, der ihn nennt, preist ihn nicht.«

Solcherart sind die Äußerungen der erlauchtesten Meister dieser berühmten Wissenschaft und ihrer Apologeten. Die Namensliste derjenigen, die sie verdammen und bekämpfen, ist lang; sie haben starke Argumente vorgebracht und bittere Reden dagegen ausgestoßen – hier ist aber nicht der Platz, sie im einzelnen zu wiederholen. Brigham Young, ein Experte von unbestreitbarer Autorität, sagte: »Verglichen mit der anderen Chose, ist es wie der Unterschied zwischen dem Glühwürmchen und dem Blitz.« Salomon sagte: »Nichts spricht dafür, als daß es so billig ist.« Galen sagte: »Es ist beschämend, jenes großartige Glied zu solch animalischem Gebrauch zu degradieren, jenes mächtige Mit-Glied, welches wir Jünger der Wissenschaft ›Großen Kieferknacker‹ nennen – falls wir ihn überhaupt nennen –, was selten ist. [Es wäre besser, den »Großen« zu enthaupten, als ihn so zu gebrauchen.] Es wäre besser, diesen Frontknochen zu amputieren, als ihn so zu mißbrauchen.«

Der große Statistiker Smith sagt in seinem Parlamentsbericht: »Meiner Meinung nach sind mehr Kinder auf diese Weise als auf irgendeine andere vergeudet worden.« Es kann nicht geleugnet werden, daß das ehrwürdige Alter [die hohe Autorität] dieser Kunst unseren Respekt verdient; aber gleichzeitig denke ich, daß ihre Schädlichkeit unsere Mißbilligung fordert. Mr. Darwin war bekümmert, daß er sich verpflichtet sah, seine Theorie aufzugeben, wonach der Affe das Bindeglied zwischen dem Menschen und den niederen Tieren sei. Ich denke, er war zu voreilig. Der Affe ist das einzige Tier, ausgenommen den Menschen, das diese Wissenschaft praktiziert; daher ist er unser Bruder; es existiert ein Band der Sympathie und der Verwandtschaft zwischen uns. Hat dieses erfindungsreiche Tier einmal eine geeignete Zuschauerschaft, dann wird es sogleich alle anderen Tätigkeiten ruhen lassen und sich scharfmachen; und an seinen Windungen und seinem ekstatischen Ausdruck kann man erkennen, daß er auf intelligente und menschliche Weise an seiner Vorstellung interessiert ist.

Anzeichen eines exzessiven Schwelgens in diesem zerstörerischen Zeitvertreib sind leicht auszumachen. Es sind: eine Neigung zu essen, zu trinken, zu rauchen, sich gesellig zu treffen, zu lachen, zu scherzen und unanständige Geschichten zu erzählen – und vornehmlich ein Verlangen, Bilder zu malen. [Die Folgen der Unsitte sind: Gedächtnisverlust, Männlichkeitsverlust, Verdüsterung, Deprimiertheit, Charakterlosigkeit und Verlust der Nachkommenschaft.]

Von allen [vielfältigen] Formen sexuellen Verkehrs ist diese am wenigsten zu empfehlen. Als Unterhaltung ist sie zu flüchtig; als Beschäftigung zu ermüdend; als öffentliche Darbietung bringt sie nichts ein. Sie paßt nicht in den Salon; und in höchst kultivierter Gesellschaft ist sie seit langem vom Parkett verbannt. Zumindest ist sie in unseren Tagen des Fortschritts und der Verbesserung abgesunken zur Verwandtschaft mit dem Furzen. Unter den Besterzogenen wird diesen beiden Künsten jetzt nur privat gefrönt, obwohl es bei Übereinstimmung der ganzen Gesellschaft, wenn nur Männer anwesend sind, in besseren Kreisen erlaubt ist, das Ausfuhrverbot für den Seufzer par excellence aufzuheben.

Mein illustrer Vorredner hat Sie gelehrt, daß alle Formen des »gesellschaftlichen Übels« schlecht seien. Ich möchte Sie lehren, daß manche dieser Formen eher zu vermeiden seien als andere. Abschließend also sage ich: »Wenn Sie Ihr Leben schon sexuell verspielen müssen [*müssen*; kursiv], dann spielen Sie den Grand mit einer Hand nicht zu häufig.« Wenn Sie ein revolutionäres Aufbegehren in Ihrem Inneren spüren, dann bringen Sie Ihre Vendome-Säule irgendwie anders runter – holen Sie sich keinen runter.

Gustave Flaubert
Bouvard und Pécuchet

[…]
Wie albern war doch dieses Abenteuer! Die beiden Kinder waren noch völlig unschuldig!

Sollte man sie in das Geheimnis der Fortpflanzung einweihen?

»Ich sähe darin nichts Schlimmes«, sagte Bouvard. »Der Philosoph Basedow hat sie seinen Schülern erläutert, wobei er jedoch nur die Schwangerschaft und die Geburt ausführlich beschrieb.«

Pécuchet war anderer Meinung. Er machte sich Sorgen wegen Victor.

Er verdächtigte ihn einer schlechten Angewohnheit. Warum nicht? Ernsthafte Männer bewahren sie sich ein Leben lang, und es wird behauptet, der Herzog von Angoulême habe sich ihr hingegeben.

Er fragte seinen Zögling so aus, daß er darüber Aufschluß erhielt, und bald gab es für ihn keinen Zweifel mehr.

Er nannte ihn einen Übeltäter und wollte ihm zur Heilung Tissot zu lesen geben. Dieses Meisterwerk, wandte Bouvard ein, könne mehr schaden als nützen. Besser wäre es, in ihm poetische Gefühle zu wecken; Aimé Martin berichtet, daß eine Mutter in einem ähnlichen Fall ihrem Sohn die »Neue Heloise« zu lesen gab, und um der Liebe würdig zu werden, wandelte der junge Mann fortan auf dem Wege der Tugend.

Aber Victor war nicht fähig, sich eine Sophie zu erträumen.

»Und wenn wir ihn zu den Dirnen mitnähmen?«

Pécuchet brachte seinen Abscheu vor Freudenmädchen zum Ausdruck.

Bouvard fand das blöd und sprach sogar davon, eigens zu diesem Zweck nach Le Havre zu fahren.

»Wo denkst du hin! Man könnte uns hineingehen sehen!«

»Na, dann kauf ihm doch ein Schutzmittel!«

»Der Bandagist glaubt dann vielleicht, es wäre für mich«, sagte Pécuchet.

Ein aufregendes Erlebnis wie die Jagd hätte dem Jungen gutgetan, aber dazu wäre die Anschaffung eines Gewehrs und eines Hundes nötig gewesen; sie zogen es vor, ihn müde zu machen, und unternahmen Dauerläufe im Freien.

Der Bengel rannte ihnen davon, obwohl sie einander abwechselten: Sie waren bald völlig erschöpft und hatten abends kaum noch die Kraft, die Zeitung zu halten.

[...]

August Strindberg
Der Lohn der Tugend

Als die Mutter starb, war er dreizehn Jahre alt. Es war ihm, als habe er einen Freund verloren, denn während des Jahres, in dem die Mutter krank zu Bett lag, hatte er ihre persönliche Bekanntschaft gemacht, was Eltern und Kinder so selten tun. Er war nämlich früh entwickelt und hatte einen guten Kopf; er las viel mehr als die Schulbücher, denn sein Vater, der Professor der Botanik an der Akademie der Wissenschaften war, besaß eine gute Bibliothek. Doch die Mutter hatte keine Erziehung genossen, sondern war in ihrer Ehe die erste Haushälterin des Mannes gewesen und die Pflegerin der vielen Kinder. Als sie jetzt mit neununddreißig Jahren bettlägerig wurde, nachdem sie ihre Kräfte durch die vielen Geburten und die vielen Nachtwachen (sie hatte seit sechzehn Jahren keine Nacht mehr durchgeschlafen) erschöpft hatte, und sich mit dem Haushalt nicht mehr befassen konnte, machte sie die Bekanntschaft ihres zweiten Sohnes; der älteste war Kadett und nur sonntags zu Hause.

Da sie aufgehört hatte, Hausmutter zu sein, und nur noch Patientin war, verschwand dieses altmodische Verhältnis der Disziplin, das sich immer zwischen Eltern und Kinder stellt. Der dreizehnjährige Sohn saß fast immer an ihrem Bett, wenn er nicht in der Schule war und nicht an Schulaufgaben arbeitete, und las ihr dann vor. Viel hatte sie zu fragen, und viel hatte er zu erklären; dadurch fielen zwischen ihnen diese Gradzeichen, die Alter und Stellung errichten; sollte einer durchaus der Überlegene sein, so war es der Sohn. Aber die Mutter hatte aus ihrem vergangenen Leben viel zu lehren, und so waren sie abwechselnd Lehrer und Schüler. Sie konnten schließlich über alles sprechen. Und der Sohn, der sich im Anfang der Mannbarkeit befand, erhielt über das Mysterium der Fortpflanzung manche Aufklärung, und zwar mit der Feinfühligkeit der Mutter und der Schamhaftigkeit des andern Geschlechts. Er war noch unschuldig, hatte aber in der Schule viel gehört und gesehen, das ihn anwiderte und empörte. Die Mutter erklärte ihm alles, was erklärt werden konnte; warnte ihn vor dem gefährlichsten Feind der Jugend und nahm ihm ein heiliges Versprechen ab, daß er sich niemals werde verleiten lassen, schlechte Frauen zu besuchen, nicht ein Mal aus Neugier, denn niemand könne sich in solchen Fällen auf sich verlassen. Und sie verwies ihn auf eine mäßige Lebensweise und auf den Verkehr mit Gott im Gebet, wenn die Versuchung an ihn herantrete. [...]

Er blieb vor einem Narzissenbeet stehen, brach eine Blüte ab und roch daran, bis ihm die Schläfen klopften. Noch nie hatte er sich diese Blüte genauer angesehen. Aber im letzten Schuljahr hatte er im Ovid gelesen, wie der schöne Jüngling in eine Narzisse verwandelt wurde. Einen weiteren Sinn hatte er in dieser Mythe nicht gefunden. Ein Jüngling, der aus unbeantworteter Liebe diese Brunst gegen sich selbst wenden muß und schließlich von der Flamme verzehrt wird, als er sich in sein eigenes Bild verliebt, das er in der Quelle sieht! Wie er jetzt diese weißen Kelchblätter betrachtet, diese Becherblätter, wachsgelb wie die Wangen eines Kranken, mit diesen feinen roten Streifen, wie man sie bei einem Lungenkranken sieht, bei dem das Blut unter dem Druck eines wiederholten Hustens in die äußersten feinsten Gefäße der Haut getrieben wird, denkt er an einen Schulkameraden, einen jungen Edelmann, der im Sommer Seekadett war: der hatte dieses Aussehen.

Als er lange an der Blume gerochen hatte, verschwand der starke Nelkengeruch und hinterließ einen ekligen seifenartigen Gestank, der ihm Übelkeit verursachte. [...]

Als er im Bett lag, griff er zu Arndts »Geistlichen Morgenstimmen«, die er von seiner Mutter geerbt hatte und von denen er abends immer ein Stück las, mehr der Sicherheit wegen, denn morgens war die Zeit knapp. Das Buch erinnerte ihn an das Versprechen der Keuschheit, das er der Mutter gegeben, und er hatte ein böses Gewissen. Eine Fliege, die ans Lampenglas kam und mit verbrannten Flügeln um den Nachttisch summte, brachte seine Gedanken auf etwas anderes, Unbestimmtes; er legte Arndt fort und steckte sich eine Zigarre an. [...]

Wie auch Herr Theodor zwischen seinem natürlichen Verlangen nach den halbbekannten Lockungen des Lebens und seiner neuerworbenen Lust, dem ganzen Leben den Rücken zu kehren und seinen Sinn auf den Himmel zu richten, hin und her geworfen wurde, das Gelübde, das er der Mutter gegeben, brach er nicht. Die häufigen Konfirmationsstunden in der Kirche, mit den Kameraden und unter dem Geistlichen, verfehlten nicht, auf ihn Eindruck zu machen. Er war oft düster und grübelte, hatte ein Gefühl, das Leben sei nicht so, wie es sein müsse. Es war ihm, als sei einmal ein unerhörtes Verbrechen begangen worden, das jetzt durch massenhafte Betrügereien verhüllt werde; er glaubte eine Fliege zu sein, die in das Netz der Spinne geraten war und sich bei jedem Versuch, ein Loch zu reißen, immer mehr verwickelte, um schließlich erstickt zu werden.

Eines Abends, denn der Geistliche benutzte alle Effekte, um den harten Köpfen der jungen Burschen zu imponieren, hatten sie im Chor der Kirche Unterricht gehabt. Es war im Januar. Zwei Gasflammen erleuchteten das Chor und zeigten die Marmorfiguren des Altars in verzerrten Proportionen. Die ganze große Kirche mit ihren beiden einander kreuzenden Tonnengewölben lag im Halbdunkel. Im Hintergrund sah man die blanken Zinnpfeifen der Orgel, welche die Gasflammen des Chores schwach reflektierten; darüber bliesen die Engel zum jüngsten Gericht ihre Posaunen, sahen jetzt aber nur wie finstere, drohende, übernatürlich große Menschenfiguren aus. Die Kreuzgänge endeten in vollständiger Dunkelheit.

Der Geistliche hatte das sechste Gebot ausgelegt. Er hatte von Unzucht in und außerhalb der Ehe gesprochen. Wie Unzucht zwischen Ehegatten getrieben wird, das konnte er nicht auseinandersetzen, trotzdem er selber verheiratet war; aber außerhalb der Ehe, da wußte er Bescheid. Dann kam er zum Kapitel der Selbstbefleckung. Als er das Wort nannte, ging es wie ein Rauschen durch die Jünglingsschar, und mit weißen Wangen und hohlen Augen starrten sie ihn an, als sähen sie ein Gespenst. Solange er von den Strafen der Hölle sprach, waren sie ziemlich ruhig; als er aber aus einem Buch Berichte vorlas, wie Jünglinge im Alter von fünfundzwanzig Jahren an Rückenmarkschwindsucht gestorben waren, da sanken sie auf den Bänken zusammen und fühlten den Boden unter sich wanken! Schließlich erzählte er die Geschichte von einem Jungen, der im Alter von zwölf Jahren in ein Irrenhaus kam, um mit vierzehn Jahren zu sterben, im Glauben an seinen Erlöser. Da war es ihnen, als sähen sie hundert gewaschene Leichen an Stangen aufgestellt. Nur ein Heilmittel gegen dieses Übel gebe es: Jesu teure Wunden. Doch wie die gegen zu frühe Mannbarkeit anzuwenden seien, das zeigte er nicht. Aber man solle weder tanzen noch ins Theater gehen, noch Spielstuben besuchen, vor allem aber sich des Weibes enthalten: das heißt das Gegenteil tun von dem, was man in Wirklichkeit tun müßte. Daß dieses Laster dem sozialen Gesetz, der Mann sei erst mit einundzwanzig Jahren mannbar, bis zur Vernichtung widerspricht, wurde mit Schweigen übergangen. Ob dieses Laster durch frühe Ehen verhindert werden kann, indem man allen ein notdürftiges Essen verschafft, statt wenigen Schmäuse, wurde dahingestellt. Das Resultat war: man solle sich Jesu in die Arme werfen, das heißt in die Kirche gehen und die Sorge um die Welt der Oberklasse überlassen.

Nach dieser Zurechtweisung bat der Geistliche die fünf Ersten auf der ersten Bank, dazubleiben; er wolle mit ihnen allein sprechen; nach und nach werde er es mit allen so machen. Die fünf Ersten sahen aus, als seien sie zum Tode verurteilt. Ihre Brust fiel in den Rücken, weil sie nicht Atem holen konnten; und wenn man genauer nachgesehen, hätte man gefunden, daß sich ihr Haar einige Zentimeter auf den Wurzeln in die Höhe gerichtet und feucht über den Schädel einer Leiche lag. Alles Blut war aus den Augenbetten gewichen; wie zwei runde Glaskugeln, in Handschuhleder eingenäht, sahen die Augen aus, unbeweglich, nicht wissend, ob sie zu einem Bekenntnis herauskriechen oder sich mit einer kühnen Lüge verbergen sollten.

Das Gebet wurde gesprochen und das Lied von Jesu Wunden gesungen; heute abend aber wurde es von Lungenkranken angestimmt und hörte zuweilen ganz auf oder wurde von einem trocknen Husten, gleich dem von Durstigen, unterbrochen. Dann begannen sie zu gehen. Einer von den fünf versuchte hinauszuschleichen, wurde aber vom Geistlichen zurückgerufen.

Es war ein furchtbarer Augenblick. Herr Theodor, der auf der ersten Bank saß, gehörte zu den fünf. Ihm war unangenehm zu Mut. Nicht weil er eine Sünde in diesem Sinne begangen, sondern weil er es in seinem Innersten als eine Kränkung für einen Mann empfand, sich so entkleiden zu müssen. Die vier andern setzten sich weit von einander. Der Gürtler, der unter ihnen war, versuchte zu scherzen, aber der Witz blieb ihm im Halse stecken. Sie sahen vor sich Polizei, Gefängnis, Hospital, und im Hintergrund das Irrenhaus. Sie wußten nicht, was ihnen bevorstand, daß es aber eine Art Stäupung war, das fühlten sie wohl. Ein Trost, der einzige in der Betrübnis war, daß *er*, Herr Theodor, dabei war. Sie wußten nicht, warum es ein Trost war, aber sie fühlten es in der Luft, daß ihm, dem Sohn eines Professors, nichts Böses geschehen könne.

– Kommen Sie, Wennerström, sagte der Geistliche, der das Gas in der Sakristei angesteckt hatte.

Wennerström ging und die Tür wurde geschlossen. Die vier saßen da, jeder auf seiner Bank, und versuchten alle möglichen Stellungen, um den Körper zur Ruhe zu bringen; aber es ging nicht.

Schließlich kam Wennerström wieder heraus, verweint, aufgeregt, und ging sofort durch den Korridor davon.

Als er auf den Kirchhof, der ganz eingeschneit war, hinauskam, nahm er schnell noch ein Mal durch, was drinnen vorgefallen war. Der Geistliche hatte gefragt, ob er gesündigt habe. Nein, das habe er nicht. Habe er Träume? Ja! Träume sind ebenso sündig, denn sie zeigen, daß unser Herz böse ist, und Gott sieht auf das Herz. Er prüft die Nieren und wird uns ein Mal für jeden sündhaften Gedanken verurteilen, und die Träume sind Gedanken. Gib mir, mein Sohn, dein Herz, sagt Jesus. Geh zu Jesus, bete, bete, bete. Was keusch, was rein, was lieblich ist, das ist Jesus! Jesus von Anfang bis zum Ende, Jesus mein Alles, mein Leben, meine Seligkeit! Kasteiet das Fleisch und seid fest im Gebet, sagt Jesus! Geh in Jesu Namen und sündige hinfort nicht mehr! […]

Er empörte sich nicht länger, sondern ergab sich! Ehe er zu Bett ging, las er zwei Morgenstimmen aus Arndt, das ganze Sündenbekenntnis, das Vaterunser und »Der Herr segne uns«. Er war sehr hungrig, das empfand er aber mit einer gewissen Schadenfreude, als leide sein Feind etwas Böses.

So schlief er ein. In der Nacht erwachte er. Er hatte geträumt, er sei ausgewesen, habe für zwei Reichstaler zu Abend gegessen und Champagner getrunken und schließlich sei er mit einem Mädchen in ein besonderes Zimmer gegangen. So stand der ganze furchtbare Abend wieder vor ihm!

Er sprang aus dem Bett, warf Laken und Unterbett auf den Boden, legte sich auf die bloße Roßhaarmatratze und deckte sich nur mit einer dünnen Decke zu. Er fror und war hungrig, aber der Teufel mußte getötet werden. Er betete noch ein Mal das Vaterunser, indem er auf eigene Hand einige Zusätze machte. Das Gehirn wird nach und nach umnebelt, die strengen Züge in seinem Gesicht lassen nach, der Mund lächelt: liebliche, heitere Gestalten, leichtes Gemurmel, ersticktes Lachen, Takte aus einem Walzer, funkelnde Gläser und offne, lebenslustige Gesichter mit freien Blicken, die seinen begegnen; da öffnet sich eine Türgardine: zwischen rotseidenen Vorhängen blickt ein Köpfchen, der Mund lächelt und die Augen leben, bloß ist der Hals bis zu den Steigungen der Brüste, die Schultern rund wie von einer weichen Hand modelliert; die Kleider fallen ab vor seinen Blicken und er hat das Weib in seinen Armen.

Als er erwachte, schlug die Uhr drei. Er war wiederum besiegt. Jetzt riß er auch noch die Matratze aus dem Bett. Auf die Steine vorm Kachelofen fiel er auf die Knie und betete mit eigenen Worten ein brennendes Gebet zu Gott um Rettung; denn jetzt fühlte er, daß er mit dem Teufel selber im Kampf lag. Er legte sich dann auf den bloßen Bettboden und empfand mit einem eigenartigen Genuß, wie die Gurte in Arme und Schienbeine schnitten.

Am Morgen erwachte er in vollem Fieber.

[...]

Die Jahre vergingen. Sein guter Verstand erlosch so allmählich unter all den Dummheiten, die er jetzt täglich und stündlich seinem Gehirn eintrichtern mußte. Wenn aber die Nacht kam und der Widerstand aufhörte, brach die Natur los und nahm mit Gewalt, was der aufrührerische Mensch ihr streitig machen wollte. Er wurde kränklich. Sein Gesicht fiel so ein, daß man alle hervortretenden Knochen des Schädels sehen konnte; die Haut wurde gelbweiß wie die einer in Spiritus gelegten Leibesfrucht und sah immer feucht aus; und zwischen den dünnen Bartsträhnen traten Finnen auf. Das Auge war erloschen; die Hände so mager geworden, daß alle Gelenke durch die Haut guckten. Er sah aus wie das Bild zu einer Tendenzarbeit über die menschlichen Laster, und doch war er rein.

Eines Tages bat ihn der Professor der Moraltheologie, der ein verheirateter, aber strenger Mann war, um ein Gespräch unter vier Augen. Der Professor fragte so diskret wie möglich, ob er etwas auf dem Herzen habe; dann solle er sich erleichtern. Nein, er habe keine Sünde zu gestehen, aber er sei unglücklich. Der Professor ermahnte ihn, zu wachen und zu beten und stark zu sein.

Vom Bruder hatte er einen langen Brief erhalten, in dem dieser ihn bat, jene bewußte Bagatelle nicht so ernst zu nehmen. Es sei dumm, ein Mädchen ernst zu nehmen! Bezahlen und gehen, sei seine Philosophie, und mit der stehe er sich gut. Spielen, solange man jung sei; der Ernst komme immer noch früh genug. Die Ehe sei eine bürgerliche Einrichtung, um die Kinder aufzuziehen, weiter nichts. Wenn wir älter geworden, sollten wir uns verheiraten...

Hierauf antwortete Theodor in einem langen, von wahrem christlichen Geist durchdrungenen Brief, der unbeantwortet blieb.

Nachdem Theodor im Frühling das erste Examen gemacht hatte, mußte er im Sommer nach Sköfde fahren, um eine Kaltwasserkur durchzumachen. Im Herbst kehrte er nach Uppsala zurück. Aber die neuen Kräfte, die er erworben hatte, waren natürlich nur neues Material fürs Feuer.

Es wurde immer schlimmer und schlimmer mit ihm. Sein Haar war jetzt so dünn, daß die Haut durchschien. Seine Schritte waren schleppend, und wenn Kameraden ihn auf der Straße sahen, schauderte ihnen wie vor einem lasterhaften Menschen. Er begann es selbst zu merken und wurde scheu. Ging nur abends aus. Wagte nachts nicht im Bett zu schlafen. Das Eisen, das er im Übermaß eingenommen, hatte seine Verdauung verdorben. Im nächsten Sommer wurde er nach Karlsbad geschickt.

Im folgenden Herbst durchlief ein Gerücht die Universitätsstadt, ein garstiges Gerücht, das wie eine dunkle Wolke über den Horizont zog. Es war, als habe man vergessen, eine Kloakenklappe zu schließen, und ein furchtbarer Gestank erinnerte plötzlich daran, daß die Stadt, die herrliche Schöpfung der Kultur, auf einem Untergrund von Fäulnis ruhte, der jeden Augenblick die Röhren sprengen und die ganze Gesellschaft vergiften konnte. Man flüsterte, Theodor Wennerström habe in einem Wutanfall einen Kameraden in seiner Wohnung überfallen und ihm schändliche Anträge gemacht. Dieses Mal hatte das Gerücht die Wahrheit geflüstert. [...]

Im Herbst waren Prediger Theodor Wennerström und die tugendsame Jungfrau Sophia Leidschütz verlobt.

– Gerettet, seufzte der Vater, als er die Nachricht in seinem Haus zu Stockholm empfing.

– Wollen sehen, wie es geht, dachte der Bruder in seiner Kaserne.

Wenn mein lieber Theodor nur nicht einer »jener Asra ist, die sterben, wenn sie lieben«.

Theodor Wennerström verheiratete sich. Neun Monate später brachte seine Frau einen rachitischen Sohn zur Welt. Dreizehn Monate darauf war Theodor Wennerström tot.

[...]

Leo Tolstoj
Die Kreutzersonate

IV

»Jawohl, erst nach all den Qualen, die ich zu erdulden hatte, und nur dank dieser Qualen habe ich begriffen, wo die Wurzel dieser Dinge zu suchen ist und wie alles von Rechts wegen hätte sein sollen; darum erkannte ich auch das ganze Grauen dessen, was ist.

Beachten Sie nun, bitte, wie und wann das, was mich zu meiner ›Episode‹ führte, begonnen hat: zu einer Zeit, als ich noch nicht volle sechzehn Jahre alt war. Ich war damals noch Gymnasiast und mein älterer Bruder Student im ersten Semester. Ich hatte noch keine Frau berührt, war aber schon wie alle unglücklichen Kinder unserer Kreise kein unschuldiger Knabe mehr; meine Freunde hatten mich schon seit einem Jahr verdorben; die Frau, nicht irgendeine bestimmte Frau, sondern die Frau als ein süßes Ganzes, jede Frau, die Nacktheit der Frau, peinigte mich. Alle meine einsamen Stunden waren unkeusch. Ich quälte mich, wie sich neunundneunzig von hundert unserer Knaben quälen. Ich entsetzte mich, ich litt, ich betete, ich stürzte. Ich war in der Phantasie und in Wirklichkeit schon verdorben, aber der letzte Schritt war noch nicht getan! Ich ging allein zugrunde, ohne an ein anderes menschliches Wesen Hand gelegt zu haben.

[...]«

Frank Wedekind
Frühlings Erwachen

(Zweiter Akt, dritte Szene)

HÄNSCHEN RILOW *ein Licht in der Hand, verriegelt die Tür hinter sich und öffnet den Deckel* Hast du zu Nacht gebetet, Desdemona? *Er zieht eine Reproduktion der Venus von Palma Vecchio aus dem Busen.* – Du siehst mir nicht nach Vaterunser aus, Holde – kontemplativ des Kommenden gewärtig, wie in dem süßen Augenblick aufkeimender Glückseligkeit, als ich dich bei Jonathan Schlesinger im Schaufenster liegen sah – ebenso berückend noch diese geschmeidigen Glieder, diese sanfte Wölbung der Hüften, diese jugendlich straffen Brüste – o, wie berauscht von Glück muß der große Meister gewesen sein, als das vierzehnjährige Original vor seinen Blicken hingestreckt auf dem Diwan lag!

Wirst du mich auch bisweilen im Traum besuchen? – Mit ausgebreiteten Armen empfang' ich dich und will dich küssen, daß dir der Atem ausgeht. Du ziehst bei mir ein wie die angestammte Herrin in ihr verödetes Schloß. Tor und Türen öffnen sich von unsichtbarer Hand, während der Springquell unten im Parke fröhlich zu plätschern beginnt...

Die Sache will's! – Die Sache will's! – Daß ich nicht aus frivoler Regung morde, sagt dir das fürchterliche Pochen in meiner Brust. Die Kehle schnürt sich mir zu im Gedanken an meine einsamen Nächte. Ich schwöre dir bei meiner Seele, Kind, daß nicht Überdruß mich beherrscht. Wer wollte sich rühmen, deiner überdrüssig geworden zu sein!

Aber du saugst mir das Mark aus den Knochen, du krümmst mir den Rücken, du raubst meinen jungen Augen den letzten Glanz. – Du bist mir zu anspruchsvoll in deiner unmenschlichen Bescheidenheit, zu aufreibend mit deinen unbeweglichen Gliedmaßen! – Du oder ich! – Und ich habe den Sieg davongetragen.

Wenn ich sie herzählen wollte – all die Entschlafenen, mit denen ich hier den nämlichen Kampf gekämpft! –: Psyche von *Thumann* – noch ein Vermächtnis der spindeldürren Mademoiselle *Angelique*, dieser Klapperschlange im Paradies meiner Kinderjahre; Io von

Corregio; Galathea von *Lossow*; dann ein Amor von *Bouguereau*; Ada von J. *van Beers* – diese Ada, die ich Papa aus einem Geheimfach seines Sekretärs entführen mußte, um sie meinem Harem einzuverleiben; eine zitternde, zuckende Leda von *Makart*, die ich zufällig unter den Kollegienheften meines Bruders fand – *sieben*, du blühende Todeskandidatin, sind dir vorangeeilt auf diesem Pfad in den Tartarus! Laß dir das zum Troste gereichen und suche nicht durch diese flehentlichen Blicke noch meine Qualen ins Ungeheure zu steigern.

Du stirbst nicht um *deiner*, du stirbst um *meiner* Sünden willen! – Aus Notwehr gegen mich begehe ich blutenden Herzens den siebenten Gattenmord. Es liegt etwas Tragisches in der Rolle des *Blaubart*. Ich glaube, seine gemordeten Frauen insgesamt litten nicht so viel wie er beim Erwürgen jeder einzelnen.

Aber mein Gewissen wird ruhiger werden, mein Leib wird sich kräftigen, wenn du Teufelin nicht mehr in den rotseidenen Polstern meines Schmuckkästchens residierst. Statt deiner lasse ich dann die Lurlei von *Bodenhausen* oder die Verlassene von *Linger* oder die Loni von *Defregger* in das üppige Lustgemach einziehen – so werde ich mich um so rascher erholt haben! Noch ein Vierteljährchen vielleicht, und dein entschleiertes Josaphat, süße Seele, hätte an meinem armen Hirn zu zehren begonnen wie die Sonne am Butterkloß. Es war hohe Zeit, die Trennung von Tisch und Bett zu erwirken.

Brr, ich fühle einen Heliogabalus in mir! Moritura me salutat! – Mädchen, Mädchen, warum preßt du deine Knie zusammen? – warum auch jetzt noch? – – angesichts der unerforschlichen Ewigkeit?? – *Eine* Zuckung, und ich gebe dich frei! – *Eine* weibliche Regung, *ein* Zeichen von Lüsternheit, von Sympathie, Mädchen! – ich will dich in Gold rahmen lassen, dich über meinem Bett aufhängen! – Ahnst du denn nicht, daß nur deine *Keuschheit* meine Ausschweifungen gebiert? – Wehe, wehe über die Unmenschlichen!

…Man merkt eben immer, daß sie eine musterhafte Erziehung genossen hat. – *Mir geht es ja ebenso.*

Hast du zu Nacht gebetet, Desdemona?

Das Herz krampft sich mir zusammen – – Unsinn! – Auch die heilige *Agnes* starb um ihrer Zurückhaltung willen und war nicht halb so nackt wie du! – Einen Kuß noch auf deinen blühenden Leib, deine kindlich schwellende Brust – deine süßgerundeten – deine grausamen Knie...

Die Sache will's, die Sache will's, mein Herz!
Laßt sie mich euch nicht nennen, keusche Sterne!
Die Sache will's!

Das Bild fällt in die Tiefe; er schließt den Deckel.

Aus den Protokollen der Wiener Psychoanalytischen Vereinigung

Vortragsabend: am 13. Februar 1907

Anwesende Herren: Freud, Adler, Federn, Heller, Hitschmann, Kahane, Reitler, Rank, Sadger

Dr. Reitler spricht über Wedekinds: *Frühlings Erwachen*

Er charakterisiert zunächst die drei Hauptpersonen: Moritz Stiefel, der auf der Entwicklungsstufe der infantilen Sexualität (Autoerotismus) stehenbleibt, seinen Freund Melchior Gabor, der sich über die infantile Sexualität hinaus zur normalen Sexualität (Koitus mit Wendla) entwickelt, und endlich Wendla, die ausgesprochene masochistische Neigungen habe. Gleich in der ersten Szene offenbare Wendla ihre Angst vor der erwachenden normalen Sexualität (Todesgedanken etc.).

Reitler geht nun das Werk Szene für Szene durch und knüpft gleich bei den einzelnen Stellen seine Deutungen an. [...]

[Diskussion]

FREUD bezeichnet Wedekinds Buch als eine verdienstvolle Schrift; als Kunstwerk sei es nicht hoch zu schätzen, aber als kulturhistorisches Dokument habe es bleibenden Wert. Man müsse bei Wedekind eine tiefe Kenntnis der sexuellen Verhältnisse voraussetzen: das verrate schon der beständige sexuelle Hintergrund der manifesten Gespräche. Aber eine bewußte Absicht in der Gestaltung dieser Dinge anzunehmen sei ebenso unberechtigt wie bei Jensen. Es kann einer die schönste Symptomhandlung produzieren, ohne darum den Begriff und das Wesen der Symptomhandlung zu kennen. [...]

Für den Atheismus sei das Zusammentreffen des Glaubens an Gott und an den Vater die Regel. – Freud erwähnt auch eine Patientin, die zugleich mit dem Glauben an ihren Vater ihren Gottesglauben verlor. Die Kindermißhandlung im *Sack* erinnere an die bei Masturbation gebräuchliche Strafe.

Ein feiner Zug sei das Drängen nach der Objektliebe ohne Objektwahl, wie es Wedekind bei Melchior und Wendla darstellt, die gar nicht ineinander verliebt seien. Auch der Zug, daß Wendla, die Masochistin, von ihren Eltern nicht geprügelt werde, zeige, daß Wedekind nicht nach dem üblichen Schema gearbeitet habe, wonach er das Kind hätte in der Jugend geprügelt werden lassen müssen: sie klagt im Gegenteil darüber, daß sie zuwenig geschlagen worden sei; die Kinder, die man fest prügelt, werden nicht masochistisch.

Reitlers Deutung der Phantasie von der kopflosen Königin hält Freud nicht für richtig. Er wolle nur einige Elemente hervorheben: die poetische Quelle sei der Hinweis auf sein späteres Schicksal; Moritz selbst trete ja dann als »kopflose« Person auf. Mit dem Selbstmord gehe er einer alten Phantasie nach (wie das Adler einmal für alle Selbstmorde behauptete). Die organische Quelle der Phantasie sei die Anonymität des phantasierten Weibes; er sei gleichsam noch zu schüchtern, um ein bestimmtes Weib zu lieben. Frauen phantasieren häufig von kopflosen Männern (Masken). Auch erinnere die Phantasie des doppelköpfigen Königs etwa an Platos sexuelle Phantasien. – Auch könne ein »kopfloses« Individuum nichts lernen, und Moritz werde ja dadurch gequält, daß er nichts lernen könne.

Die letzte Szene erhalte ihren grimmig-humoristischen Charakter mit voller poetischer Notwendigkeit: der Humor dieser Szene besage nichts anderes als: das sind doch im Grunde genommen lauter Kindereien. Die beiden Personen seien allerdings als zwei Strömungen in der Seele des Jungen aufzufassen: nämlich als die Versuchung zum Selbstmord und als die Versuchung zum Leben. Der Selbstmord sei aber allerdings – und hier behalte Reitlers Deutung wieder ihre Richtigkeit – der Gipfel des negativen Autoerotismus. Das Negativ der Selbstbefriedigung sei der Selbstmord. –

Die Inquisition, die da mit dem vermummten Herrn angestellt werde, sei nicht bloß Humor; es stecke Tieferes dahinter: der Dämon des Lebens sei gleichzeitig der Teufel (das Unbewußte); das Leben werde gleichsam examiniert. Dieses Fragen sei ein regelmäßiger Charakter des Angstzustands. Im Angstanfall beginne beispielsweise jemand, sich zu examinieren, angeblich um zu sehen, ob er noch bei Verstande ist. Das Examen des Ödipus sei auch mit Angst verbunden; hinter der Sphinx stecke die Angst (Sphinx heiße Würgerin). Die Frage, die wahrscheinlich allen diesen Examina zugrunde liege, sei die Frage, die die Sexualneugierde des Kindes aufwerfe: Woher kommen die Kinder; die Sphinx frage nur umgekehrt: Was ist das, was kommt. Antwort der Mensch. [...]

RANK bringt den Fall Wedekind als ein schönes Beispiel für Adlers Minder-Überwertigkeits-Theorie. – Wedekind habe zunächst sicher ein minderwertiges Genitalsystem. Zur Konstatierung dieser Minderwertigkeit genüge der Hinweis auf seine unzweifelhafte Enuresis, die sich »symptomatisch« nachweisen lasse: der Brandstifter in einer der frühesten Novellen Wedekinds (›Der Brand von Egliswyl‹) sei schon sehr verdächtig, geradezu beweisend aber sei die *pisse-en-lit*-Szene in einem der letzten Dramen Wedekinds *(Die Büchse der Pandora)*. Man müsse übrigens noch andere Stellen finden. – Von Masturbation (solitärer und mutueller) hätten wir schon durch Reitler erfahren; ebenso von Pollutionen und Pollutionsträumen *(Frühlings Erwachen)*. Desgleichen vom beginnenden homosexuellen Verkehr der beiden Knaben im Weinberg; ein Pollutionstraum sei auch im *Rabbi Esra* zu finden. – Spätere (echte) Homosexualität finde man in vielen Gedichten deutlich. Der Indizienbeweis für die Minderwertigkeit des Genitales: Enuresis, Pollutionen, Masturbation (solitäre und mutuelle), Homosexualität, sei also erbracht. – Ein zweites minderwertiges Organ sei der Mund: er sei als starker Trinker bekannt (Enuresis), gehe glatt rasiert, und in seinen Werken käme häufig eine deutliche Mundperversion zum Ausdruck (im ›Brand von Egliswyl‹ und in vielen Gedichten). –

Die Überwertigkeit des Mundes offenbare sich darin, daß Wedekind Sprecher (Schauspieler) und Sänger geworden sei. –

Rank hält die Sexualsymbolik Wedekinds größtenteils für unbewußt.

KAHANE betont, daß man gegenüber der Anklage gegen die Gesellschaft, die Wedekinds Buch sei, die Gesellschaft doch auch in Schutz nehmen müsse. Alle Kultur beruhe doch, wie Freud dargetan habe, auf Sexualverdrängung. Die Erziehung müsse in der

235

Weise erfolgen, wenn auch einige daran zugrunde gingen: das sei gleichsam der Prüfstein, den die Gesellschaft dem Individuum entgegenhalte. Man dürfe auch nicht – wie Rank z. B. – nur den Dichter selbst in seinen Werken suchen. Wedekind scheine nicht bewußt gearbeitet zu haben, denn es sei ihm alles zu gut gelungen.

[...]

Examen: Masturbanten, die glauben gedächtnisschwach zu werden, prüfen sich oft; und auch Ödipus sei vielleicht jemand, der einen Menschen darstelle, der durch den Autoerotismus nicht so weit herabgekommen ist, daß er die Frage nicht mehr beantworten könnte.

[...]

HELLER glaubt auch, daß bei Wedekind das bewußte Schaffen nicht so dominiere, wie Reitler behauptet habe. Dann wendet er sich gegen Kahanes Behauptung, die Sexualkämpfe seien ein Mittel der sozialen Auslese. Zwischen dem Zugrundegehen an etwas und dem Fertigwerden mit etwas gebe es eine Anzahl von Zwischenstufen. Es gebe wohl keinen Menschen, der ohne Schramme aus dieser Periode hervorgehe, und es seien nicht gerade die Schlechtesten, die daran zugrunde gingen. –

FEDERN betont, daß von allen den großen Psychologen unter den modernen Autoren (Dostojewski, Musset, Jacobsen etc.) allein Wedekind die Bedeutung der kindlichen Sexualität erkannt habe. Vielleicht läge das in der Zeit, sei jetzt reif geworden. Wedekinds Werk sei nicht ohne Einfluß auf die Heilung der Menschheit von den Qualen der Sexualität. Unsere Erziehung erreicht aber (durch ihre wuchtigen moralischen Vorschriften etc.) auch insofern einen guten Zweck, als sie das Kind lange Zeit von der Sexualität und ihren Qualen fernhält. Auch werden die gewaltigen Grausamkeitstendenzen, die in der Menschheit ruhen, durch unsere christlich-semitische Erziehung im Zaum gehalten. Gewiß aber müsse unsere Moralerziehung geändert werden.

ADLER sagt, er habe Wedekind nie als Dichter, aber als einen höchst geistreichen Menschen betrachtet. Zur Zeit, als er *Frühlings Erwachen* schrieb, habe er in Zürich gelebt, in zügelloser Gesellschaft, und habe als verkommenes Individuum gegolten. Die Frage, was er mache, pflegte er mit den Worten: »Ich gehe zugrunde« zu beantworten. Aus dieser Stimmung heraus sei er zur Lösung solcher

Probleme gekommen. Bei ihm komme nicht die Verdrängung dichterisch zum Ausdruck: er *wisse* alles.

[...]

HITSCHMANN hebt hervor, daß Wedekind das meiste von dem, was er dargestellt habe, auch selbst erlebt habe. Er habe aber bei weitem nicht soviel Moral und Tendenz hineingelegt, als man herauslesen wolle. –

Kopflos: die Frau bekommt den Kopf erst durch den Mann. Die Analogie mit dem Sack sei so augenfällig, wo auch Kopf und Leib des Kindes voneinander getrennt seien. Das Sich-unwissend-Stellen in *sexualibus* sei ein hysterisches Zeichen; es stecke dahinter die Freude am Hören solcher Dinge. Zweifelhaft erscheine, daß das Kind das Sadistische an den Eltern fühlt (ADLER: Wedekind weiß das eben).

Ein feiner Zug sei es, daß sich Melchior über Wendlas Wohltätigkeit lustig mache: es spiele bei der Verführung [einer Frau] eine große Rolle, daß der Mann das Moralische beim Weib bekämpft. Hitschmann weist aus seiner eigenen Schulzeit darauf hin, daß der Junge, der normale Sexualität hatte, relegiert wurde (wie bei Wedekind). Beim Koitus sagt Melchior, er liebe Wendla nicht und sie ihn auch nicht: hier sei Sexus und Erotik getrennt. Schließlich wirft Hitschmann die Frage auf, woher der Weltschmerz des Onanisten komme. –

REITLER erwähnt noch, daß er an seiner Deutung der Schlußszene (Autoerotismus – normale Sexualität) festhalte, worauf

FREUD über den Begriff Autoerotismus feststellt, daß dieser bei [Havelock] Ellis dort angewendet werde, wo nur eine Person in Betracht komme (also z. B. auch für die hysterischen Symptome), während Freud ihn dort gebrauche, wo ein Objekt nicht in Betracht komme (so daß Bilderonanisten nicht autoerotisch wären). –

Sigmund Freud
Brief an Wilhelm Fließ

Wien, 22. Dez. 97

Teurer Wilhelm!

Ich bin wieder fidel und sehr gespannt auf Breslau, d. h. auf Dich und Deine schönen Neuigkeiten über das Leben und seine Abhängigkeit vom Weltenlauf. Ich war immer neugierig darauf, fand aber bisher keinen, der mir Antwort geben konnte. Wenn es jetzt zwei Leute gibt, von denen der eine sagen kann, was das Leben, der andere (beinahe), was die Seele ist, und die zwei sind einander außerdem herzlich zugetan, so ist es nur recht, daß sich die beiden öfter sehen und sprechen. Ich will ⌐nur¬ rasch einige Neuigkeiten abwerfen, um selbst ⌐nichts¬ erzählen zu müssen und ungestört lauschen zu können.

Es ist mir die Einsicht aufgegangen, daß die Masturbation die einzige große Gewohnheit, die »Ursucht« ist, als deren Ersatz und Ablösung erst die anderen Süchte nach Alkohol, Morphin, Tabak etc. ins Leben treten. Die Rolle dieser Sucht ist in der Hysterie ganz ungeheuer, vielleicht ist hier mein noch ausstehendes großes Hindernis ganz oder teilweise zu finden. Natürlich regt sich dabei der Zweifel, ob solche Sucht heilbar ist oder ob Analyse und Therapie hier haltmachen und sich begnügen müssen, eine Hysterie in eine Neurasthenie zu verwandeln. [...]

Genug von meinen Schweinereien.

Auf Wiedersehen! Dein Sigm.

Sigmund Freud
Schlußwort der Onanie-Diskussion

Meine Herren! Die älteren Mitglieder dieses Kreises werden sich zu erinnern wissen, daß wir schon vor mehreren Jahren den Versuch einer solchen Sammeldiskussion – eines *Symposions* nach dem Ausdruck amerikanischer Kollegen – über das Thema der Onanie unternommen haben. Damals ergaben sich so bedeutende Abweichungen der geäußerten Meinungen, daß wir uns nicht getrauen konnten, unsere Verhandlungen der Öffentlichkeit vorzulegen. Seither haben wir – dieselben Personen wie auch neu hinzugekommene – in unausgesetzter Berührung mit den Tatsachen der Erfahrung und in fortlaufendem Gedankenaustausch untereinander unsere Ansichten soweit geklärt und auf gemeinsamen Boden gehoben, daß uns das damals unterlassene Wagnis nicht mehr so groß erscheinen muß.

Ich habe wirklich den Eindruck, daß die Übereinstimmungen unter uns über das Thema der Onanie jetzt stärker und tiefgehender sind als die – sonst nicht zu verleugnenden – Uneinigkeiten. Mancher Anschein eines Widerspruches wird nur durch die Vielseitigkeit der Gesichtspunkte, die Sie entwickelt haben, hervorgerufen, während es sich in Wahrheit um Ansichten handelt, die gut nebeneinander Raum finden.

Gestatten Sie mir, daß ich Ihnen ein Resumé vorführe, über welche Punkte wir einig oder uneinig zu sein scheinen.

Einig sind wir wohl alle:

a) über die Bedeutung der den onanistischen Akt begleitenden oder ihn vertretenden Phantasien,

b) über die Bedeutung des mit der Onanie verknüpften Schuldbewußtseins, woher immer dieses stammen mag,

c) über die Unmöglichkeit, eine qualitative Bedingung für die Schädlichkeit der Onanie anzugeben. (Hierüber nicht ohne Ausnahme einig.)

Unausgeglichene Meinungsverschiedenheiten haben sich gezeigt:

a) in Betreff der Leugnung des somatischen Faktors der Onaniewirkung, *b)* in Betreff der Abweisung der Onanieschädlichkeit überhaupt,

c) in Bezug auf die Herkunft des Schuldgefühls, das die einen von Ihnen direkt aus der Unbefriedigung ableiten wollen, während andere soziale Faktoren oder die jeweilige Einstellung der Persönlichkeit mit heranziehen,

d) in Bezug auf die Ubiquität der Kinderonanie.

Endlich bestehen bedeutungsvolle *Unsicherheiten*:

a) über den Mechanismus der schädlichen Wirkung der Onanie, falls eine solche anzuerkennen ist,

b) über die ätiologische Beziehung der Onanie zu den Aktualneurosen.

In den meisten der zwischen uns strittigen Punkte danken wir die Infragestellung der auf starke und selbständige Erfahrung gestützten Kritik unseres Kollegen W. *Stekel.* Gewiß haben wir einer künftigen Schar von Beobachtern und Forschern noch sehr viel zur Feststellung und Klärung übrig gelassen, aber wir wollen uns damit trösten, daß wir ehrlich und nicht engherzig gearbeitet und dabei Richtungen eingeschlagen haben, auf denen sich auch die spätere Forschung bewegen wird.

Von meinen eigenen Beiträgen zu den uns beschäftigenden Fragen dürfen Sie nun nicht viel erwarten. Sie kennen meine Vorliebe für die fragmentarische Behandlung eines Gegenstandes zugunsten der Hervorhebung jener Punkte, die mir die gesichertsten scheinen. Ich habe nichts Neues zu geben, keine Lösungen, bloß einige Wiederholungen von Dingen, die ich schon früher einmal behauptet, einige Verteidigungen dieser alten Aufstellungen gegen Angriffe aus Ihrer Mitte, und dazu noch wenige Bemerkungen, wie sie sich dem Zuhörer bei Ihren Vorträgen aufdrängen mußten.

Ich habe bekanntlich die Onanie nach den Lebensaltern geschieden in *1)* die Säuglingsonanie, unter der alle autoerotischen, der sexuellen Befriedigung dienenden Vornahmen verstanden sind, *2)* die Kinderonanie, die aus ersterer unmittelbar hervorgeht und sich bereits an bestimmten erogenen Zonen fixiert hat, und *3)* die Pubertätsonanie, welche entweder an die Kinderonanie anschließt oder durch die Latenzzeit von ihr getrennt ist. In manchen der Darstellungen, die ich von Ihnen gehört habe, ist diese zeitliche Scheidung nicht ganz zu ihrem Recht gekommen. Die durch den medizinischen Sprachgebrauch nahegelegte angebliche Einheit der Onanie hat manche allgemeine Behauptung veranlaßt, wo die Differenzierung nach jenen drei Lebensepochen eher berechtigt gewesen wäre. Ich habe es auch bedauert, daß wir die Onanie des Weibes nicht in ähnlichem Maße wie die des Mannes berücksichtigen konnten, und meine, die weibliche Onanie sei eines besonderen Studiums wert, und gerade bei ihr fiele ein starker Akzent auf die durch das Lebensalter bedingten Modifikationen. [...]

Reitlers Bemerkung, daß gewisse nur dem Menschen eigentümliche Einrichtungen am Genitalapparat die Hintanhaltung des Sexualverkehrs im Kindesalter anzustreben scheinen, muß ich für sinnreich und bedeutsam erklären. Aber hier knüpfen meine Bedenken an. Der Verschluß der weiblichen Sexualhöhlung und der Wegfall des die Erektion versichernden Penisknochens sind doch nur gegen den Koitus selbst gerichtet, nicht gegen die sexuellen Erregungen überhaupt. *Reitler* scheint mir die Zielstrebigkeit der Natur allzu menschenähnlich zu erfassen, als handle es sich bei ihr wie bei Menschenwerk um die konsequente Durchführung einer einzigen Absicht. Soviel wir sehen, gehen aber in den natürlichen Vorgängen meist eine ganze Reihe von Zielstrebungen nebeneinander her, ohne einander aufzuheben. Wenn wir schon in menschlichen Terminis von der Natur sprechen, müssen wir sagen, sie erscheine uns als das, was wir beim Menschen inkonsequent heißen würden. Ich glaube meinerseits, *Reitler* sollte nicht soviel Gewicht auf seine eigenen teleologischen Argumente legen. Die Verwertung der Teleologie als heuristische Hypothese hat ihre Bedenken; man weiß im einzelnen Falle nie, ob man an eine »Harmonie« oder an eine »Disharmonie« geraten ist. Es ist, wie wenn man einen Nagel in eine Zimmerwand einzuschlagen hat; man weiß nicht, trifft man auf eine Fuge oder auf den Stein.

In der Frage des Zusammenhanges der Onanie und der Pollutionen mit der Verursachung der sog. Neurasthenie befinde ich mich, wie viele von Ihnen, im Gegensatz zu *Stekel* und halte gegen ihn meine früheren Angaben mit einer später anzuführenden Einschränkung aufrecht. Ich sehe nichts, was uns nötigen könnte, auf die Unterscheidung von Aktualneurosen und Psychoneurosen zu verzichten, und kann die Genese der Symptome bei den ersteren nur als eine toxische hinstellen. Kollege *Stekel* scheint mir hier die

Psychogeneität wirklich sehr zu überspannen. Ich sehe es noch immer so, wie es mir zuerst vor mehr als fünfzehn Jahren erschienen ist, daß die beiden Aktualneurosen – Neurasthenie und Angstneurose – (vielleicht ist die eigentliche Hypochondrie als dritte Aktualneurose anzureihen) das somatische Entgegenkommen für die Psychoneurosen leisten, das Erregungsmaterial liefern, welches dann psychisch ausgewählt und umkleidet wird, so daß, allgemein gesprochen, der Kern des psychoneurotischen Symptoms – das Sandkorn im Zentrum der Perle – von einer somatischen Sexualäußerung gebildet wird. [...]

Das Wesentliche meiner seinerzeit aufgestellten und heute verteidigten Lehre über die Aktualneurosen liegt in der auf den Versuch gestützten Behauptung, daß deren Symptome nicht wie die psychoneurotischen analytisch zu zersetzen sind. Also daß die Obstipation, der Kopfschmerz, die Ermüdung der sog. Neurastheniker nicht die historische oder symbolische Zurückführung auf wirksame Erlebnisse gestatten, sich nicht als sexuelle Ersatzbefriedigungen, als Kompromisse entgegengesetzter Triebregungen verstehen lassen wie die (eventuell selbst gleichartig erscheinenden) psychoneurotischen Symptome. Ich glaube nicht, daß es gelingen wird, diesen Satz mit Hilfe der Psychoanalyse umzustürzen. Dagegen räume ich heute ein, was ich damals nicht glauben konnte, daß eine analytische Behandlung indirekt auch einen heilenden Einfluß auf die Aktualsymptome nehmen kann, indem sie entweder dazu führt, daß die aktuellen Schädlichkeiten besser vertragen werden, oder indem sie das kranke Individuum in den Stand setzt, sich durch Änderung des sexuellen Regimes diesen aktuellen Schädlichkeiten zu entziehen. Das sind ja gewiß erwünschte Aussichten für unser therapeutisches Interesse. [...]

Ungern nehme ich Stellung zu der von Ihnen viel behandelten Frage nach der Schädlichkeit der Onanie, denn dies ist kein ordentlicher Zugang zu den Problemen, die uns beschäftigen. Aber wir müssen es wohl alle. Die Welt scheint sich für nichts anderes an der Onanie zu interessieren. Wir hatten, wie Sie sich erinnern, an unseren ersten Diskussionsabenden über das Thema einen distinguierten Kinderarzt dieser Stadt als Gast in unserer Mitte. Was verlangte er in wiederholten Anfragen von uns zu erfahren? Nur, inwiefern die Onanie schädlich sei, und warum sie dem einen schade, dem anderen nicht. So müssen wir denn unsere Forschung nötigen, diesem praktischen Bedürfnis Rede zu stehen.

Ich gestehe es, ich kann auch hierin nicht den Standpunkt *Stekels* teilen, trotz der vielen tapferen und richtigen Bemerkungen, die er uns über diese Frage vorgetragen hat. Für ihn ist die Schädlichkeit der Onanie eigentlich ein unsinniges Vorurteil, welchem wir nur infolge persönlicher Beengung nicht gründlich genug abschwören wollen. Ich meine aber, wenn wir das Problem *sine ira et studio* – soweit es eben uns möglich ist – ins Auge fassen, müssen wir eher aussagen, daß solche Parteinahme unseren grundlegenden Ansichten über die Ätiologie der Neurosen widerspricht. Die Onanie entspricht im wesentlichen der infantilen Sexualbetätigung und dann der Festhaltung derselben in reiferen Jahren. Die Neurosen leiten wir ab von einem Konflikt zwischen den Sexualstrebungen eines Individuums und seinen sonstigen (Ich-)Tendenzen. Nun könnte jemand sagen: für mich liegt der pathogene Faktor dieses ätiologischen Verhältnisses nur in der Reaktion des Ichs gegen seine Sexualität. Er würde damit etwa behaupten, jede Person könnte sich frei von Neurose halten, wenn sie nur ihre sexuellen Strebungen ohne Einschränkung befriedigen wollte. Aber es ist offenbar willkürlich und sichtlich auch unzweckmäßig, so zu entscheiden und nicht auch die Sexualstrebungen selbst an der Pathogeneität teilnehmen zu lassen. Geben Sie aber zu, daß die sexuellen Antriebe pathogen wirken können, so dürfen Sie diese Bedeutung nicht mehr der Onanie streitig machen, die ja nur in der Ausführung solcher sexuellen Triebregungen besteht. Gewiß werden Sie in jedem Falle, der die Onanie als pathogen zu beschuldigen scheint, die Wirkung weiter zurückführen können, auf die Triebe, die sich in der Onanie äußern, und auf die Widerstände, die sich gegen diese Triebe richten; die Onanie ist ja weder somatisch noch psychologisch etwas Letztes, kein wirkliches Agens, sondern nur ein Name für gewisse Tätigkeiten, aber trotz aller Weiterführungen bleibt das Urteil über die Krankheitsverursachung doch mit Recht an diese Tätigkeit geknüpft. Vergessen Sie auch nicht daran, die Onanie ist nicht gleichzusetzen der Sexualbetätigung überhaupt, sondern ist solche Betätigung mit gewissen einschränkenden Bedingungen. Es bleibt also auch möglich, daß gerade diese Besonderheiten der onanistischen Betätigung die Träger ihrer pathogenen Wirkung seien.

Wir werden also vom Argument weg wieder an die klinische Beobachtung gewiesen, und diese mahnt uns, die Rubrik »Schädliche Wirkungen der Onanie« nicht zu streichen. Jedenfalls haben wir es bei den Neurosen mit Fällen zu tun, in denen die Onanie Schaden gebracht hat.

Dieser Schaden scheint sich auf drei verschiedenen Wegen durchzusetzen:

a) als *organische* Schädigung nach unbekanntem Mechanismus, wobei die von Ihnen oft erwähnten Gesichtspunkte der Maßlosigkeit und der inadäquaten Befriedigung in Betracht kommen.

b) auf dem Wege der *psychischen Vorbildlichkeit*, insoferne zur Befriedigung eines großen Bedürfnisses nicht die Veränderung der Außenwelt angestrebt werden muß. Wo sich aber eine ausgiebige Reaktion auf diese Vorbildlichkeit entwickelt, können die wertvollsten Charaktereigenschaften angebahnt werden.

c) durch die Ermöglichung der *Fixierung infantiler Sexualziele* und des Verbleibens im psychischen Infantilismus. Damit ist dann die Disposition für den Verfall in Neurose gegeben. Als Psychoanalytiker müssen wir für diesen Erfolg der Onanie – gemeint ist hier natürlich die Pubertätsonanie und die über die Zeit hinaus fortgesetzte – das größte Interesse aufbringen. Halten wir uns vor Augen, welche Bedeutung die Onanie als Exekution der Phantasie gewinnt, dieses Zwischenreiches, welches sich zwischen dem Leben nach dem Lust- und dem nach dem Realitätsprinzip eingeschaltet hat, wie die Onanie es ermöglicht, in der Phantasie sexuelle Entwicklungen und Sublimierungen zu vollziehen, die doch keine Fortschritte, sondern nur schädliche Kompromißbildungen sind. Derselbe Kompromiß macht allerdings nach *Stekel*s wichtiger Bemerkung schwere Perversionsneigungen unschädlich und wendet die ärgsten Folgen der Abstinenz ab.

Eine dauernde Abschwächung der Potenz kann ich nach meinen ärztlichen Erfahrungen nicht aus der Reihe der Onaniefolgen ausschließen, wenngleich ich *Stekel* zugebe, daß sie in einer Anzahl von Fällen als bloß scheinbare zu entlarven ist. Gerade diese Folge der Onanie kann man aber nicht ohne weiteres zu den Schädigungen rechnen. Eine gewisse Herabsetzung der männlichen Potenz und der mit ihr verknüpften brutalen Initiative ist kulturell recht verwertbar. Sie erleichtert dem Kulturmenschen die Einhaltung der von ihm geforderten Tugenden der sexuellen Mäßigkeit und Verläß-lichkeit. Tugend bei voller Potenz wird meist als eine schwierige Aufgabe erfunden.

Wenn Ihnen diese Behauptung zynisch erscheint, so nehmen Sie an, daß sie nicht als Zynismus gemeint ist. Sie will nichts sein als ein Stück dürrer Beschreibung, dem es gleich gilt, ob es Wohlgefallen oder Ärgernis erwecken kann. Die Onanie hat eben auch, wie so vieles andere, *les défauts de ses vertus* und umgekehrt *les vertus de ses défauts*. Wenn man einen komplizierten sachlichen Zusammenhang in einseitig praktischem Interesse auf Schaden oder Nutzen zerfasert, wird man sich solche unliebsamen Funde gefallen lassen müssen.

Ich meine übrigens, daß wir mit Vorteil von einander trennen können, was man die *direkten* Schädigungen durch die Onanie heißen kann, und was sich in *indirekter* Weise aus dem Widerstand und der Auflehnung des Ichs gegen diese Sexualbetätigung ableitet. Auf diese letzteren Wirkungen bin ich hier nicht eingegangen. [...]

Ich könnte Sie noch auf ein Thema aufmerksam machen, welches in unseren Besprechungen zu wenig behandelt worden ist, das der sogenannten unbewußten Onanie. Ich meine die Onanie im Schlafe, in abnormen Zuständen, in Anfällen. Sie erinnern sich, wieviel hysterische Anfälle den onanistischen Akt in versteckter oder unkenntlicher Weise wiederbringen, nachdem das Individuum auf diese Art der Befriedigung verzichtet hat, und wieviel Symptome der Zwangsneurose diese einst verbotene Art der Sexualbetätigung zu ersetzen und zu wiederholen suchen. Man kann auch von einer therapeutischen Wiederkehr der Onanie sprechen. Mehrere von Ihnen werden bereits wie ich die Erfahrung gemacht haben, daß es einen großen Fortschritt bedeutet, wenn der Patient sich während der Behandlung wiederum der Onanie getraut, wenngleich er nicht die Absicht hat, dauernd auf dieser infantilen Station zu verweilen. Ich darf Sie dabei auch daran mahnen, daß eine ansehnliche Zahl gerade der schwersten Neurotiker in den historischen Zeiten ihrer Erinnerung die Onanie vermieden hat, während sich durch die Psychoanalyse nachweisen läßt, daß ihnen diese Sexualtätigkeit in vergessenen Frühzeiten keineswegs fremd geblieben war.

Doch ich denke, wir brechen hier ab. Wir sind ja alle in dem Urteil einig, daß das Thema der Onanie schier unerschöpflich ist.

Wilhelm Stekel
Die Onanie

(In: Vierzehn Beiträge zu einer Diskussion der
»Wiener Psychoanalytischen Vereinigung«)

Die Ansichten über das Wesen der Onanie sind so verschieden, daß
ich zuerst feststellen muß, was für mich Onanie bedeutet. Ich halte
dafür, daß der Ausdruck von *Havelock Ellis* »Autoerotismus« dem
veralteten und mißbräuchlich angewendeten »Onanie« vorzuziehen
wäre. Denn Onanie ist für mich im strengsten Sinne des Wortes nur
Autoerotismus. Die Onanie ist ein asozialer Geschlechtsakt. Das ist
ihr wesentliches Merkmal. Es gibt für Männer keine Onanie beim
Weibe, wenn sie ohne besondere Libido kohabitieren, wie z. B. *Ferenczi* und viele andere Autoren annehmen. Es gibt für mich auch
keine mutuelle Onanie zwischen zwei Männern oder Frauen. Meine
Definition lautet also: *Jeder sexuelle Akt, der ohne Mithilfe eines
Anderen vollzogen wird, ist Onanie.*

Dabei kommen die Vorgänge der Phantasie nicht in Betracht.
Denn in der Phantasie gibt es eigentlich sehr selten einen »autoerotischen« Akt, weil man ja dabei meistens eine oder mehrere Personen
als Objekte der Befriedigung zur Verfügung hat. (Die selteneren
Fälle ausgenommen, in denen der eigene Körper zum Sexualobjekt
wird. Narzißimus und *Sadgers* »Sekundärer Autoerotismus«.) Eigentlich ist jeder onanistische Akt Narzißmus. Denn die Lust wird
am eigenen Körper gewonnen. Überdies zeigt eine genauere
psychologische Untersuchung der Liebesbeziehungen, daß jeder
Mensch sein Ich in der Umgebung sucht und daß jede Liebe im
gewissen Sinne eine »Ichliebe« ist. Wir lieben uns in Anderen und
hassen uns in Anderen.

Wir kommen jetzt zur Beantwortung der wichtigen Frage: »Ist
diese autoerotische Betätigung schädlich oder nicht?« In dieser allgemeinen Fassung ließe sich die Frage kaum beantworten. Wir
könnten ebenso fragen: Ist die Sexualität schädlich oder nicht?

Jeder »normale« Akt kann unter bestimmten Umständen und in
bestimmter Ausführung eine Schädlichkeit werden. Ein Übermaß
von Essen, Trinken, Schlafen und vieler anderer physiologischen

Funktionen kann durch falsche Anwendungsweise und durch Übermaß schädlich werden. Meiner Erfahrung nach steht die Onanie an Schädlichkeit (wenn wir von den sekundären seelischen Begleiterscheinungen absehen) in gleicher Linie wie der sogenannte »normale« Akt. [...]

Alle Menschen onanieren. Von dieser Regel gibt es keine Ausnahme, wenn man einmal weiß, daß es eine unbewußte Onanie gibt. Man könnte sie auch die maskierte oder larvierte Onanie nennen. [...]

Schon der Umstand, daß alle Menschen onanieren oder onaniert haben, sollte uns überzeugen, daß die Onanie vollkommen unschädlich ist und keine Angstneurose erzeugt. Und schließlich müssen wir zugeben – wenn wir die unbewußte (larvierte) Onanie in Rechnung stellen –, daß alle Menschen onanieren, oder einmal onaniert haben. Gerade unter den Menschen, die angeblich nie im Leben onaniert haben, findet man massenhaft maskierte Onanisten. Aber alle diese Onanisten stehen im Kampfe gegen die Onanie. Der Wegfall der Ejakulation dient schon hypochondrischen Tendenzen, um das lebenswichtige Sperma zu ersparen. (Eine Sparsamkeit, die in vielen Fällen einer Verschwendung von Lebenskraft gleichzustellen ist!) Und doch sehen wir eine Reihe von Schädlichkeiten, die immer *nach* onanistischen Akten auftreten. Wir hören, daß die Leute gleich darnach oder am nächsten Tage sich matt und müde fühlen, daß sie über Kopf- und Kreuzschmerzen klagen, unfähig zur Arbeit scheinen usw., eine Erscheinung, die *Ferenczi »Eintagsneurasthenie«* genannt hat. Ich kann jedoch den Beweis führen, daß diese Eintagsneurasthenie ein psychogenes Gebilde ist. Ich habe viele Menschen gesehen, welche diese sogenannte Eintagsneurasthenie sofort verloren haben, nachdem sie von mir belehrt wurden, daß der onanistische Akt als solcher vollkommen unschädlich und harmlos ist und daß nur ihre *Angst* ihnen einen Schaden vorgetäuscht und dadurch auch erzeugt hat.

Man bedenke den schweren psychischen Kampf, den die Onanisten auskämpfen müssen, ehe es zum Akte kommt. Sie binden sich mit tausend Eiden, mit Gebeten, mit Versprechungen usw. Sie haben sich fest vorgenommen, nicht mehr zu fallen. Das letzte Mal sollte es das letzte Mal sein. Und trotz aller Eide und Vorsätze erliegen sie wieder dem Triebe und werden rückfällig. Der seelische Katzenjammer der Niederlage erzeugt selbstverständlich eine schwere Depression. Dazu kommt der Einfluß der bekannten Abschreckungsbücher und der wohlgemeinten Erziehungseinflüsse der Lehrer, Eltern und des Hausarztes. Es gehört heute zur sorgfältigen Erziehung des Kindes, es vor den Schäden der Onanie zu warnen. Diese Warnungen haben sicherlich viel mehr Schaden angestiftet, als die Onanie selbst. Alle diese Hemmungen bilden beim Onanisten schwere psychische Konflikte. Religiöse, ethische, hygienische Gegenvorstellungen werden von der Macht des Triebes überwunden. Aber nach dem Orgasmus melden sich die Hemmungen als Vorwürfe und erzeugen jene Depression, die selbst erfahrenen Praktikern das Bild der Neurasthenie vortäuscht, einer Krankheit, die meiner Erfahrung nach gar nicht existiert und die nur so lange existieren kann, so lange man sich nicht bemüht, hinter ihr die psychogen entstandene Angstneurose oder ein ernsteres Leiden (Dementia praecox-Cyklothymie) herauszuschälen. Klärt man die Menschen über die Harmlosigkeit des autoerotischen Aktes auf oder haben sie diese verschiedene Hemmungen nicht erhalten, so tritt auch keine Depression nach der Onanie auf, ja, man kann es wiederholt hören, daß die Leute sich nach einem autoerotischen Akte erfrischt fühlen und ihre Angstzustände und Zwangsvorstellungen zurücktreten.

Wie wären sonst die folgenden Beobachtungen zu erklären? Ein dreiundzwanzigjähriger Jüngling mit allen Zeichen einer schweren Neurose gibt an, daß er seit zwei Jahren die Onanie aufgegeben hat. Seit jener Zeit leidet er an Angstzuständen und Schlaflosigkeit. Bekanntlich hat *Freud* darauf aufmerksam gemacht, daß Onanisten der Angstneurose verfallen, wenn sie die Onanie aufgeben. Sie hätten sich unfähig gemacht, ohne Onanie zu leben. Diese feine Beobachtung kann jeder Arzt bestätigen. Wir sehen die schwersten Neurosen, wenn die Leute die lange geübte Onanie aufgeben. *Dann wird infolge eines Trugschlusses die Neurose als Folge der Onanie aufgefaßt. Es ist aber gerade das Gegenteil wahr. Die Neurose ist eine Folge der Abstinenz.*[1]

---

[1] *Da nach Freud die Onanie die Ursache der Neurasthenie ist, das Aufgeben der Onanie zur Angstneurose führt, so bliebe den armen Neurasthenikern nur die bange Wahl zwischen Neurasthenie oder Angstneurose, es sei, sie hätten sich zu einem »normalen Geschlechtsverkehre« entschlossen, welcher Weg, wie wir bald sehen werden, ihnen meistens versperrt ist.*

Kehren wir zu unserem Jüngling zurück, der die Onanie aufgegeben hat und schwer erkrankt ist. Wir geben ihm die Onanie frei, da er nicht dazu zu bringen ist, ein Weib aufzusuchen, und siehe da, der vorher kranke Mensch wird vollkommen gesund und zeigt gar keine Zeichen einer Neurasthenie oder einer anderen Neurose. Ein anderer Fall: Eine Arztesgattin, die seit dem vierten Lebensjahre fast täglich onaniert hatte, und auch in der Ehe onanieren mußte, liest im dreißigsten Lebensjahre in der Bibliothek ihres Mannes ein Buch, das von den furchtbaren Schäden der Onanie handelt. Diese Frau war ja der Ehe vollkommen frigid und hatte ihre einzige Befriedigung in einer täglich ausgeführten Onanie gefunden. Sie konnte erst einschlafen, wenn sie einen onanistischen Akt vollzogen hatte. Nach der Lektüre dieses Buches war sie fürchterlich erschrocken. Sie wußte nun, was ihr bevorstand: Rückenmarksleiden, Auszehrung, Blödsinn, Tuberkulose. (Dabei sah diese Frau blühend aus und war physisch sehr gut entwickelt.) Sie beschloß, ihrem Manne das »Laster« zu beichten, und wurde von ihm bestärkt, die Onanie aufzugeben. Nun begann ein furchtbarer Kampf, in dem sie Siegerin blieb. Aber es entwickelte sich allmählich eine schwere Depression, die sie fast zum Selbstmord trieb. Sie machte sich schwere Vorwürfe, quälte sich und ihre Umgebung in der fürchterlichsten Weise. Die ganze Neurose war durch das Aufgeben der Onanie entstanden.

Das ist eine Beobachtung, die wir immer wieder machen können. Die Neurose bricht erst aus, wenn die Menschen die Onanie aufgeben. Die Krankheit wird dann fälschlich als eine Folge der Onanie und nicht als eine Folge des Aufgebens der Onanie aufgefaßt. Man nehme sich die Mühe, die Anamnesen schwerer Fälle von Neurosen durchzusehen. Man wird häufig genug finden, daß die Kranken die Onanie aufgegeben haben, und daß dann darnach die Neurose ausgebrochen ist. In meinem Buche »Nervöse Angstzustände und ihre Behandlung« und in den Büchern *Janet's* findet sich eine ganze Menge hierher gehörender Fälle.

Dagegen kenne ich Menschen, die Jahrzehnte täglich onanieren und gar keine Spur eines Schadens zeigen. Ein 54jähriger Mann gestand mir, daß er seit seiner frühesten Jugend täglich onaniere. Manche Tage mehrere Male. Er ist verheiratet und übt überdies noch täglich den Verkehr mit der Frau aus. Seine Potenz ist vorzüglich und er zeigt keinerlei Zeichen, die man gebräuchlicherweise als neurasthenische Stigmata bezeichnet. Ein anderer Fall meiner Beobachtung betrifft einen Künstler, der seit seinem vierten Lebensjahre bis zum 16. Jahre täglich onaniert hatte. Nachher litt er an täglichen Pollutionen, die ihn fast zur Verzweiflung brachten, bis ihm ein Arzt den Rat gab, die Pollutionen durch häufigen Geschlechtsverkehr zu heilen. Solange er nur einmal in der Woche verkehrte, half das Mittel gar nichts. Erst als er das Glück hatte, eine Geliebte zu finden, die an ihn große Ansprüche stellte, verschwanden die Pollutionen, um nie wiederzukehren. Dieser Mann zeigt keinerlei Schaden an Leib und Seele und erreichte eine hohe Stelle auf der sozialen Stufenleiter. Auch seine Potenz hatte nicht gelitten und gestattete ihm die Rolle eines bekannten Don Juans.

Auch das Übermaß der Onanie, der sogen. »Onanismus«, zu dem die Onanie führen kann, scheint mir nicht so gefährlich zu sein, wie wir es lesen und hören. Die Krankengeschichten erzählen uns immer nur von Menschen, die im Kampfe mit der Onanie stehen und infolge des Katzenjammers erkranken oder die nach der Abstinenz und infolge der Onanieabstinenz erkranken. Immer ist es die Reue, das Gewissen, der Kampf, der die Onanisten krank macht. Ich kenne einen Jüngling, der durch viele Monate in geradezu exzessiver Weise onaniert hatte. Er onanierte jede Nacht mehrere Stunden hintereinander, wobei er fünf- bis sechsmal ejakulierte. Er sah nicht einmal schlecht aus und zeigte auffallend wenig somatische und geistige Störungen. Es war ein frischer und munterer Junge, den Kopf voller Schelmenstreiche und allerlei Plänen. Er gab die Onanie auf meinen Rat auf und wurde ein Frauenjäger. Er war ein sexueller Athlet und hatte großes Glück bei Frauen und das Unglück, ein Mädchen zu verführen, das er heiraten mußte. Er stellte sich mir dieser Tage als Familienvater vor. Obwohl er seit früher Jugend und wie gesagt, in den erwähnten Monaten exzessiv onaniert hatte, konnte ich keinerlei Folgen der exzessiven Onanie konstatieren. Man kann ja behaupten, dieser Jüngling habe eine außerordentlich kräftige Sexualkonstitution aufzuweisen. Sicherlich!

Diese Konstitution hat ihn ja eben zur exzessiven Betätigung getrieben. Die Onanie soll leicht zur Unmäßigkeit führen. Ich habe das nie beobachtet. Der Geschlechtstrieb läßt sich nicht unterdrükken. Aber er läßt sich auch nicht so leicht künstlich steigern, als man gemeiniglich annimmt. Wenn die Libido abgeführt wird, so entfällt der Anreiz zur Onanie. *Menschen, die sehr oft onanieren, haben ein sehr großes Bedürfnis.* Wie lächerlich ist es nach Martin Luther, den Menschen Regeln vorzuschreiben! Unsere nach ärztlichen Imperativen hungernde Zeit verlangt durchaus Vorschriften für die Häufigkeit des Verkehres. Es gibt auch da keine Vorschriften. Alles richtet sich nach dem Bedürfnis. Ich kenne Ehemänner, die durch viele Jahrzehnte den Koitus täglich ausgeführt haben, andere die sehr wenig Bedürfnis haben. Ich habe auch nie beobachten können, daß häufiger Geschlechtsgenuß die Lebensdauer abkürzt.[2] Ein starker Trieb verlangt eine stärkere Betätigung. *Ich habe immer wieder gefunden, daß die Menschen erkranken, wenn sie ihrer inneren Natur und ihren Bedürfnissen aus den verschiedensten Motiven Gewalt antun.*

Und es gibt eben Menschen, viele Menschen, die ohne die Onanie nicht leben können. Nimmt man ihnen die Onanie, so verliert das Leben für sie jeden Reiz, wie ich es in meinen Ausführungen über den Selbstmord[3] nachgewiesen habe.

Die Onanie ist für viele Menschen deshalb unersetzlich, weil sie für sie die einzige adäquate Form der Befriedigung darstellt. Freud hat uns belehrt, daß die Onanie immer mit Phantasien einhergeht. *Diese Phantasien sind teils bewußt, teils unbewußt.* Die begleitende Phantasie gibt der Onanie die psychische Wertigkeit. Diese Phantasien sind mannigfacher Natur. Sie können Inzestphantasien sein, oder verschiedene perverse Akte, Orgien, oder sich mit kriminellen Phantasien verbinden.

Diese Phantasien machen die Onanie dem Individuum, das sich an sie gewöhnt hat, unentbehrlich. Sie können in den seltensten Fällen von der Wirklichkeit erreicht und durch eine nur einigermaßen befriedigende Realität abgelöst werden. So wird die Onanie zur einzigen adäquaten Form der Befriedigung für viele Menschen. Am klarsten sehen wir das an der Homosexualität. Von der großen Bedeutung der Homosexualität für die Neurosen und unsere ganze Kultur läßt sich die Schulweisheit noch lange nichts träumen, ob-

[2] Ausführliches darüber in meiner Broschüre: »Keuschheit und Gesundheit«. (Verlag: Paul *Knepler*, Wien.)
[3] Über den Selbstmord. (Diskussionen. Heft I. J. F. *Bergmann*, Wiesbaden.)

wohl die Arbeiten unserer Schule aller Welt hätten die Augen öffnen können. *Wie viele Homosexuelle gibt es, die es selbst nicht wissen, deren ganze Neurose eine Flucht vor den homosexuellen Regungen darstellt! Für alle diese Menschen, ebenso wie für die bewußt Homosexuellen, die sich vor einem homosexuellen Akte aus verschiedenen Gründen scheuen, ist die Onanie das einzige Surrogat, das ihnen ein gewisses Ausleben der Triebe gestattet.* (Es ist ja eigentlich jede Onanie ein homosexueller Akt und dient auch beim sogenannten Normalen zur Befriedigung der nie fehlenden homosexuellen Komponente.)

Aber wie viele andere verbotene Regungen können durch die Onanie einen Ausdruck und eine Abfuhr finden! Soll ich die verschiedenen Formen des Fetischismus, des Sadismus, des Masochismus, die kriminellen Regungen erwähnen? Nimmt man diesen Menschen die Onanie, so werden sie unglücklich und sterben daran. *Es ist eine billige Phrase, solchen Kranken zu sagen, gehen sie zum Weibe oder suchen sie sich einen Mann.* Wie viele alte Jungfern, keusche Witwen, einsame Hagestolze, machen sich das Leben nur durch die Onanie erträglich, die sie wenigstens keinen sozialen Gefahren aussetzt! Ich habe zahlreichen jungen Leuten und auch älteren den Rat gegeben, den normalen Geschlechtsverkehr aufzusuchen. In vielen Fällen ist das unmöglich, weil die Onanisten vor dem Weibe impotent, die Frauen beim Verkehre anästhetisch sind. Aber nicht weil die Onanie sie impotent und anästhetisch gemacht hat. Nein! Weil sie gar nicht das Weib respektive den Mann suchen. *Emanzipieren wir uns einmal in sexuellen Dingen von dem Kanon des Normalen, der in Wirklichkeit nicht existiert!* Der Homosexuelle kann heiraten und Kinder zeugen und trotzdem unbefriedigt sein, weil er die ihm adäquate Form der Sexualbefriedigung nicht findet. Er erkrankt unter Umständen an einer Angstneurose, die er verliert, wenn er sich durch eine mäßig betriebene Onanie einen Ersatz verschafft.

Würde man die Onanie ganz unterdrücken können, die Zahl der Sexualverbrechen würde ins Unermeßliche steigen. Auch die Kriminalität würde sich rapid verbreiten. Ich will hier nur ein einziges Beispiel anführen. Ich konnte bei einem Onanisten nachweisen, daß er mit der Phantasie onaniert, seinen Vater zu erschlagen. Wohlgemerkt mit der unbewußten Phantasie. Der Penis (der Gebärvater) wurde ihm zum Symbol des Vaters, die Ejakulation war ein Blutstrom, der dem Leben des »Erzeugers« ein rasches Ende machte. Das Kollabieren des Phallus symbolisierte das Sterben.[4] Doch diese Phantasie ist eine der Phantasien aus dem Rattenkönig, die diesem Kranken zu Gebote standen. Er spielte in der Onanie alle Rollen, ähnlich wie es der geniale Entdeckerblick *Freuds* für den hysterischen Anfall nachgewiesen hat. Er war Weib und Mann zugleich (bisexuelle Tendenzen), also aktiv und passiv beteiligt. Je nach der Lage konnte er die eine oder die andere Rolle spielen, meistens beide zugleich. Erst die Psychoanalyse konnte ihn von diesen Phantasien befreien, indem sie alle ans Licht des Tages zog und ihm so den Weg zum Weibe frei machte.

Eine andere Patientin onanierte mit der Phantasie ihre Mutter zu ermorden. Sie machte sich später heftige Vorwürfe. Sie habe durch die Onanie ihre Gebärmutter ruiniert. Sie habe sich etwas »innerlich« zerrissen. Sie habe deshalb keine Kinder und sei deshalb in der Ehe frigid. Das sei die gerechte Strafe für die schwere Sünde der Onanie. Wir sehen aber, daß diese Vorwürfe sich eigentlich nicht auf den onanistischen Akt als solchen, sondern auf die den Akt begleitenden Phantasien beziehen. Das verraten uns die hypochondrischen nach dem Prinzipe der Talion aufgebauten Befürchtungen, sie habe ihre »Gebär*mutter*« ruiniert usw. Wir sehen, wie kompliziert die Frage des Schuldbewußtseins bei der Onanie ist.

Bevor wir zur Analyse des Schuldbewußtseins des Onanisten übergehen, müssen wir noch ein wichtiges Moment hervorheben. Die Onanie ist immer eine Regression *(Freud)* auf infantile Lustquellen. Sie ersetzt sogar die erste und stärkste Lust des Menschen, die Säuglingslust. Ich habe wiederholt bei den Onanisten Phantasien konstatieren können, wie, daß der Penis die Amme ist, die gemelkt wird. Der onanistische Akt bei Männern wird häufig als ein Melken bezeichnet. In meinem Buche »Die Sprache des Traumes«[5] finden sich bei den Ammenträumen und den Onanieträumen genügend Bestätigung für diese Behauptung.

---

[4] Sein tiefes Schuldbewußtsein stammte aus dieser Quelle. Er gab die Onanie auf und erkrankte an einer schweren Zwangsneurose. Es gelang ihm, die Sexualität so zu unterdrükken, daß er keine Erektion mehr hatte. Er wurde keusch – aber vollkommen lebensunfähig.

[5] J. F. *Bergmann*, Wiesbaden 1911.

Wir können schon aus diesen Ausführungen ersehen, daß es Menschen geben wird, denen die Abgewöhnung der Onanie unmöglich ist. Bei anderen geht diese Entwöhnung sehr leicht vor sich. Diese Menschen haben schon mit Phantasien aus dem normalen Geschlechtsleben – wenn ich mich zur Verständigung so ausdrücken darf – onaniert. Die Onanie war für sie nur ein Surrogat des Erreichbaren, aber damals noch nicht Erreichten.

Diese Menschen haben auch für gewöhnlich wenig Schuldbewußtsein, das ja sonst im Leben der Onanisten eine so große Rolle spielt.

Wir erleben da merkwürdige Überraschungen. Es kommen Kranke zu uns, die sich wegen der Onanie die heftigsten Vorwürfe machen. Man klärt sie auf und sagt ihnen: Eine mäßig betriebene Onanie ist unschädlich. Aber sie bleiben ungläubig und machen sich weiterhin Vorwürfe. Wir begreifen diesen Vorgang, wenn wir wissen, daß sich diese Vorwürfe auf die begleitenden Phantasien beziehen. Wir decken diese Phantasien in der Psychoanalyse auf und merken, daß die Vorwürfe noch immer nicht weichen wollen. Endlich merken wir, daß eine Affektverschiebung stattgefunden hat. *Die Onanie hat eine Reihe von Vorwürfen übernommen, die bewußtseinsfremd sind, weil sie viel peinlicher sind, als die Vorwürfe wegen der Onanie. Die Onanie ist ein Nährboden für alle Vorwürfe. Sie ist das Schuldreservoir für alle Schuld. Sie ist gewissermaßen das Symbol der Schuld.*

Daß die Onanie von dem einen glänzend vertragen wird, von dem anderen nicht, das hängt nur davon ab, ob sich mit ihr ein Schuldbewußtsein verbindet oder nicht. Wo Schuld sich an die Onanie hängt, da treten alle jene Erscheinungen auf, die wir als Folgen der Onanie beschrieben bekommen. Wo die Schuld fehlt, bleiben diese Symptome der Neurose aus. Es ist von großer Bedeutung, dies Phänomen der Schuldverschiebung zu kennen. Wir können ja die Erfahrung fast täglich in unserer Sprechstunde machen. Die Patienten geben die Onanie zu. Aber das letzte Mal vor drei Jahren und dergl. Später erfährt man, daß der letzte autoerotische Akt vor einem Tage stattgefunden hat. Ähnlich verfahren die Kranken bei einer Gonorrhoe. Sie haben die Tendenz, den schuldigen Koitus zurückzudatieren.

Dies Prinzip der Verschiebung in die Vergangenheit spielt eine große Rolle bei den Zwangsvorstellungen. [...]

Ähnlich geht es den Menschen mit der Onanie. Sie suchen in der Vergangenheit nach einem Vorfall, der ihnen gestattet, ihr Schuldbewußtsein zu fixieren. Dazu ist die Onanie besonders geeignet. *Denn kein zweiter Vorgang führt uns den Kampf zwischen Trieb und Hemmung so deutlich vor Augen. Die Onanie ist das Symbol für den Kampf zwischen Trieb und Hemmung.*[6] *Sie wird zum Verbotenen und Sündhaften schlechtweg.* Deshalb fruchten die Belehrungen über die Schadlosigkeit autoerotischer Vorgänge gar nicht. Die Vorwürfe entstammen ja anderen Quellen und können nur an diesen Quellen gefaßt und in das richtige Strombett geleitet werden.

Die Menschen haben ja alle einen Denkfehler, der sich nie ganz ausmerzen läßt. Es ist dies das teleologische Denken. Die Religion hat den Geschlechtsakt in den Dienst der Menschheit gestellt. Der lustbetonte Akt an sich ist Sünde, wenn er nicht dem höheren Zwecke der Fortpflanzung dient. In diesem teleologischen Sinne ist die Onanie eine zwecklose Vergeudung von wertvollem Material. Der Geschlechtsakt imitiert wenigstens den teleologisch geheiligten Akt. Die Onanie aber ist asozial und belastet das Gewissen des Kulturmenschen, der aus den Fragen Wozu? und Weshalb? nicht herauskommen kann. Das wäre die teleologische Quelle des Schuldbewußtseins.

Andererseits erfüllt das Schuldbewußtsein eine wichtige Funk-

---

[6] Die Kranken gestehen uns diese Verhältnisse, wenn wir es verstehen, genau auf sie zu horchen. So sagte mir eine an Zwangsneurose leidende Dame, die an der Vorstellung litt, sie werde ihren Vater oder ihre Mutter umbringen, nach einem autoerotischen Akte folgende Worte: *»Ich habe gestern nach zehn Jahren das erste Mal wieder onaniert. Jetzt habe ich eine entsetzliche Angst. Ich denke mir, daß ich jetzt auch den Mordimpulsen nachgeben werde, weil ich mich bei der Onanie auch nicht beherrschen konnte.«*
Diese Kranke war vor der Analyse arbeits- und lebensunfähig. Der ganze Tag verging im Kampfe gegen die Mordimpulse. Sie konnte das Zimmer nicht mehr verlassen und ging nie allein über die Straße. Jetzt ist sie selbständig in einem Büro tätig, wo sie tagelang allein arbeiten muß. Wie die Analyse ihrer Träume nachweisen konnte, hatte sie die ganze Zeit über bei Nacht onaniert. Aber sie wußte von der Onanie nichts und brauchte sich keinerlei Vorwürfe darüber zu machen. Sobald sie gesund wurde, fing sie an, hie und da bei Tage zu onanieren. Es war eben ein Teil ihrer Phantasien dem Bewußtsein wieder zugänglich. – Ich kümmerte mich bei der Analyse um die Onanie gar nicht. Ich erklärte ihr nur, daß die Onanie unschädlich sei und daß ihr Schuldbewußtsein anderen Motiven entspringe. Diese Kranke hatte sich in der Beherrschung der Onanie eine gewisse Beruhigung geholt. *Wenn du nicht onanieren mußt, so wirst du auch nicht töten.* Als sie infolge der Analyse ihre Mordgedanken als ein harmloses Spiel ihrer überhitzten Phantasie durchschaute und sich nicht mehr vor sich selbst fürchtete, konnte sie wieder onanieren.

tion im Dienste der Lusterhöhung. Jede Lust hat das ihr innewohnende Prinzip nach Steigerung zu verlangen. Nun verliert jede Lust durch Wiederholung einen Teil ihres Lustcharakters. Sie strebt in die Richtung der Variation oder verlangt nach einer Steigerung der Reize. Diese Steigerung wäre aber bei der Onanie schwer möglich. *Rank* hat es in seiner Studie »Der Künstler« (im Verlage von Heller, Wien) zuerst ausgesprochen, »daß wir uns die Lust durch Schaffung innerer Widerstände erhöhen wollen«. Alles, was wir leicht, spielend erreichen können, ist uns keine Lust mehr. Wir alle suchen den ewigen Kampf. Wir sind eigentlich alle Kämpfernaturen, denen der Kampf ein Bedürfnis ist. Da unsere Kultur uns nicht Gelegenheit zum Kampfe nach außen gibt, so wendet sich der Kampf nach innen. Wir schaffen uns künstliche Widerstände, um sie überwinden zu können und so die Bedeutung des Sieges zu vergrößern. *Dadurch, daß die Onanie verboten ist, erhält sie die stärkste Lustbetonung.*[7]

So wird das Schuldbewußtsein bei der Onanie zu einem stimulierenden Faktor. Wir können auch hier die »Bipolarität« aller seelischen Phänomene beobachten. Die Hemmung wird zum Reiz und der Reiz zur Hemmung. Jeder onanistische Akt wird zu einem Kampfspiel mit einem hohen Einsatz. Es ist der Entwertung durch allzuhäufige Wiederholung eine Schranke gesetzt. Das Schuldbewußtsein funktioniert dann automatisch; es steigert die Lust und schützt gegen das Übermaß.

Wenn wir aber diese komplizierten Verhältnisse überdenken, die Onanie als Schuldreservoir und die Schuld als stimulierenden Faktor, so wird es uns klar, daß bloße Belehrung über die Unschädlichkeit der Onanie den an Angst vor den Folgen der Onanie Erkrankten keine Ruhe bringt. Oder nur eine vorübergehende Ruhe, wie sie der Hypochonder genießt, wenn der Arzt ihm versichert, er wäre vollkommen gesund. Nach einigen Stunden oder Tagen kommt das Schuldbewußtsein wieder und der Kranke beginnt neu-

---

[7] Es scheint die Menschheit nicht geschaffen, Lust ohne Hemmung zu vertragen. Man glaubt ganz irrtümlich, die katholische Kirche habe das Schuldbewußtsein geschaffen, weil sie den Sexualverkehr zur Sünde machte. Man verwechselt hier Ursache und Wirkung. Hätte sich diese Religion ausbreiten können, wenn sie nicht eine Notwendigkeit gewesen wäre? Der Menschheit graute vor ihrer eigenen Lust. Das Christentum ist das böse Gewissen des Judentums.

erdings zu zweifeln und zu fürchten: Die Onanie müsse doch schädlich sein. Es stehe ja in den Büchern. Sein eigener Verstand sage es ihm usw.

Man kann nämlich sehr häufig beobachten, daß Menschen zu onanieren aufhören, ohne daß sie von fremder Seite vor den Folgen der Onanie gewarnt wurden. Eine innere Stimme sagt ihnen plötzlich: Mache das nicht, es ist eine Sünde und sehr gefährlich. Manchmal sind es alte infantile Imperative, welche sich wieder melden und als neue Überlegungen imponieren. Manchmal jedoch ist es die Angst vor der Lust, die den modernen Kulturmenschen nie verläßt. Auch hier klammert sich ein aus anderen Triebkräften stammendes Schuldbewußtsein an die Onanie. Eine Stimme, die auch bedeutet: Du bist all die Lust nicht wert. *Eine geheime Strafe des inneren Richters trifft den Menschen dort am schwersten, wo seiner die höchste Lust harrt: Bei der Onanie.*

Alle diese Menschen kann nur die Psychoanalyse oder eine tiefe Selbsterkenntnis von dem drückenden Schuldbewußtsein und von der Neurose befreien. Die Onanie ist nur der Boden, auf dem sich der Kampf zwischen Verlangtem, Begehrtem und Verbotenem abspielt. Sie führt dem Menschen immer wieder seine Schwäche vor Augen und führt ihn zu Sicherungen *(Adler)*. Sie ist aber seine beste Sicherung gegen Perversionen. So lange er onaniert, kann er auf die Ausführungen seiner Phantasien verzichten.

Aus allen meinen Ausführungen geht also hervor, daß ein an und für sich harmloser Akt teils Ursache einer Neurose werden, teils in der Dynamik der Neurose eine große Rolle spielen kann.

Ich möchte noch einige Worte über die Behandlung und Prophylaxe der Onanie sprechen. Erfahrungsgemäß onanieren alle Kinder. Ich meine die Kinderonanie in den ersten Lebensjahren. Diese Onanie hört selbst auf und erfordert gar kein Einschreiten von Seite der Eltern. Lächerlich ist es, mit Abschneiden des Gliedes, Schlägen, mit Krankheit zu drohen und das Kinderherz mit Angst zu füllen. Man sorge dafür, daß das Kind nicht zu vielen Reizungen bei der Kinderpflege ausgesetzt wird, obwohl ich im Gegensatz zu *Sadger* nicht der Ansicht bin, die Kinderpflege sei die alleinige Ursache der Onanie. Bekanntlich onanieren auch Hunde und Affen und manche andere Tiere, bei denen diese Momente nicht in Frage kommen. Wir sorgen also dafür, daß das Kind keinen erotischen Reizungen ausgesetzt wird, beschäftigen es intensiv durch anregende Spiele und lassen die Sache gehen, wie es Gott gefällt.

In den meisten Fällen hören die Kinder spontan zu onanieren auf. Die Onanie hat hier offenbar eine wichtige Funktion. In der Säuglingszeit hatte das Kind eine unerschöpfliche Quelle der Lustgefühle im Saugen und in der Wartung. Die Entwöhnung ist ein schweres Trauma. Das Kind sucht sich seine Lust, wo es sie eben findet.

Manche Kinder fangen jedoch schon in den ersten Lebenswochen zu onanieren an. Sie onanieren ohne Unterbrechung weiter. Sie zeigen gar keine Latenzperiode, die meiner Ansicht nach gar kein Gesetz, sondern nur eine häufige Erscheinung ist. Das sind Kinder mit einem außerordentlich starken Geschlechtstrieb und starken (atavistischen) Trieben. Bei diesen Kindern wird ein komplizierter Apparat aufgeboten, um sie von der Onanie zu heilen. Wenn die Schreckmittel nicht helfen, werden Maschinen und Bandagen angewendet, welche die Hände fesseln und trotzdem die Onanie nicht verhindern. Denn die Kinder onanieren dann mit der Phantasie oder durch Zusammenpressen der Schenkel, selbst durch die bekannten Schaukelbewegungen. Sicherlich finden sich unter solchen Kindern einige psychopathische Minderwertigkeiten. Fälschlich hat man die Onanie beschuldigt, die Geisteskrankheit verursacht zu haben. Aber die Onanie war nur ein Zeichen eines ungehemmten Trieblebens. Aber eben so häufig, sogar viel häufiger, findet man unter diesen Kindern die talentiertesten Köpfe, deren Frühreife alle Welt in Erstaunen setzt. Auch das Genie ist eine Rückschlagserscheinung und zeichnet sich durch ein übermächtiges Triebleben aus. Durch allzu viele Hemmungen kann eine Verkümmerung der Anlagen eintreten, da das Individuum dann alle seine seelische Energien zur Bekämpfung der Onanie verbraucht und für das praktische Leben unbrauchbar wird.

Wir müssen auch das Moment berücksichtigen, daß das Verbotene die Kinder ganz besonders reizt. Das Verbot wirkt als Lusterhöhung. Dagegen kann man viel leichter zum Ziele kommen, wenn man eine mäßige Onanie gestattet. *Ich glaube überhaupt, daß die Onanie, wenn sie gestattet wäre, den größten Reiz verlieren würde.*[8]

In ganz ähnlicher Weise verfahre ich mit den Erwachsenen. Ich kläre sie über die Ungefährlichkeit des autoerotischen Aktes auf und überlasse es ihrer Entscheidung, was sie weiter machen. Ich versuche immer, wo es nur angeht, die mir anvertrauten Kranken auf den »normalen« Weg zu bringen. Aber ohne Zwang. In einigen Fällen gelingt es. Aber nicht in allen. Man bedenke, welche Hemmungen Jünglinge haben, welche eine Infektion fürchten und mit Recht vor Lues, Gonorrhoe und ihren Folgen fürchten. Andere sind fromm und sehen jeden außerehelichen Koitus als schwere Sünde an. Für diese Menschen ist die Onanie das Hilfsmittel, das sie bis zur Ehe lebensfähig und arbeitsfreudig erhält.

Ich habe noch niemals einen mehr als eingebildeten Schaden von einer mäßig betriebenen Onanie gesehen. Manche Autoren glauben, sie verringere die Potenz und sei die Ursache einer ejaculatio präcox. Aber man macht sonderbare Beobachtungen bei den an Ejaculatio präcox leidenden Männern. Sie kommen eines Tages zu einer Frau, bei der sie außerordentlich potent sind. Oder sie probieren irgend eine Variante, welche verdrängte Libidoteile freimacht, und siehe da, sie sind überraschend potent. Alle diese Menschen sind ausgesprochen Bisexuelle oder Perverse, welche an dieser Schwäche leiden, weil sie nur mit einem Teile ihrer Sexualität arbeiten.

[...]

Ich komme zum Schlusse. *Es ist höchste Zeit, daß die Legende von der Schädlichkeit der Onanie gründlich zerstört wird. Die Ärzte können in dieser Frage kaum klar sehen, weil sie Richter und Partei zugleich sind. Das Schuldbewußtsein, das sich an jede Onanie knüpft, beeinflußt auch die Ärzte, die gleich allen anderen Menschen auch einmal onaniert haben. Deshalb werden so viele unwahre und verlogene Ansichten mit dem Brustton der vollen Überzeugung vorgetragen.*

Man kann es aber kaum ermessen, welches grenzenlose Elend

[8] Wir sehen ja z. B., daß die Homosexualität in Italien, wo sie nicht bestraft wird, eine geringere Rolle spielt, als in Deutschland. In Italien ist die homosexuelle Prostitution hauptsächlich für die Fremden da und ein blühender Erwerb, zu dem die Deutschen am meisten beitragen.

durch diese falschen Ansichten und die sogenannten Warnungsbücher unter der Menschheit erzeugt wurde. Wer einmal offenen Auges die schweren Neurosen gesehen hat, die durch die falschen Belehrungen der Ärzte entstanden sind, der muß zur Einsicht kommen, daß die Onanie das geringere Übel ist, als das Mittel, mit dem sie bekämpft wird.

Wir müssen unsere Ansichten über die Onanie gründlich ändern. Wer hätte nicht von Menschen gehört, die nach einem sogenannten »normalen« Akt onanieren mußten. Es gibt keinen normalen Geschlechtsakt. Es gibt nur eine dem Individuum adäquate Sexualbefriedigung. Und diese ist ihm häufig verschlossen. Durch seine Ethik, durch die Religion, durch die Gesetze des Landes. Hier gibt es tausend Übergänge, und wer wollte so vermessen sein zu bestimmen, wo das Normale aufhört und das Pathologische beginnt? (Das Pathologische ist nur die Steigerung und allzustarke Fixierung des Normalen.) *Freud* hat uns gelehrt, daß das Kind »polymorph pervers« ist. Aber gibt es beim Kinde eine Perversität? Ist am Kinde nicht alles normal? Mir wurde vorgeworfen, ich hätte das Kind »universell-kriminell« genannt und es gebe kein kriminelles Kind. Es gebe nur ein Kind mit seinen verschiedenen Anlagen. Ja – dann darf es auch kein polymorph-perverses Kind geben, nur ein Kind mit allen Trieben, die wir beim Erwachsenen pervers und kriminell nennen.

Die Onanie ist die Rückkehr zur infantilen Lustgewinnung. Sie ist ein Symptom des psychischen Infantilismus, an dem der Neurotiker krankt. Wenn wir aus dem Kinde einen Erwachsenen machen, dann kann er auf die infantilen Formen verzichten. Das geht aber unmöglich durch Verbote und Drohungen, sondern nur durch eine Erziehung und Befreiung, wie sie die Psychoanalyse leistet.

Das Onanieproblem ist mit dem der Neurasthenie innig verbunden. Ich habe es wiederholt ausgesprochen und wiederhole es an dieser Stelle, daß es für mich keine Neurasthenie gibt, seit ich mich gewöhnt habe, beharrlich nach den psychogenen Wurzeln neurotischer Störungen zu forschen. Ich habe diese psychischen Wurzeln überall gefunden und es gelang mir, ohne mich um die autoerotischen Erscheinungen zu kümmern, wunderbare Heilungen zu erzielen. Im dritten Bande meiner »Störungen des Trieb- und Affektlebens« will ich mein diesbezügliches Material vorbringen. Ich betrachte die heutigen Ausführungen als Aphorismen über das gewaltige Thema »Onanie«. Sie sind dazu berufen, meine Stellung zu dieser Frage bekannt zu machen. Sie sollen Unbefangene zur Nachprüfung aneifern und Unglücklichen ein Wort des Trostes sein.

Stefan Zweig
Vierundzwanzig Stunden
aus dem Leben einer Frau

Im zweiten Trauerjahr, also im zweiundvierzigsten meines Lebens,
war ich auf dieser uneingestandenen Flucht vor einer wertlos gewordenen und nicht zu erdrückenden Zeit im letzten Märzmonat
nach Monte Carlo geraten. Aufrichtig gesagt: es geschah aus Langeweile, aus jener peinigenden, wie eine Übelkeit aufquellenden Leere
des Innern, die sich wenigstens mit kleinen äußern Reizmitteln füt-
tern will. Je weniger in mir selbst sich gefühlshaft regte, um so stärker drängte michs hin, wo der Lebenskreisel sich am geschwinde-
sten dreht: für den Erlebnislosen ist ja leidenschaftliche Unruhe der
andern noch ein Nervenerlebnis wie Schauspiel oder Musik.

Darum ging ich auch öfters ins Kasino. Es reizte mich, auf den
Gesichtern anderer Menschen Beglückung oder Bestürzung unruhig hin und her wogen zu sehen, indes in mir selbst diese entsetzliche Ebbe lag. Zudem war mein Mann, ohne leichtfertig zu sein,
gern gelegentlich Gast des Spielsaales gewesen, und ich lebte mit
einer gewissen unabsichtlichen Pietät alle seine früheren Gewohnheiten getreulich weiter. Und dort begannen jene vierundzwanzig
Stunden, die erregender waren als alles Spiel und mein Schicksal auf
Jahre hinaus verstörten.

[...]

Doch schon damals fand ich zu wenig Reiz an diesem Einerlei
gleichgültiger Gesichter, bis mir dann einmal mein Mann, dessen
private Leidenschaft die Chiromantie, die Händedeutung, war, eine
ganz besondere Art des Zusehens zeigte, in der Tat viel interessanter, viel aufregender und spannender als das lässige Herumstehen,
nämlich: niemals auf ein Gesicht zu sehen, sondern einzig auf das
Viereck des Tisches und dort wieder nur auf die Hände der Menschen, nur auf ihr besonderes Benehmen. Ich weiß nicht, ob Sie zu-
fälligerweise einmal selber bloß die grünen Tische ins Auge gefaßt
haben, nur das grüne Karree allein, wo in der Mitte die Kugel wie ein
Betrunkener von Zahl zu Zahl taumelt und innerhalb der viereckig
abgegrenzten Felder wirbelnde Fetzen von Papier, runde Stücke Sil-

ber und Gold hinfallen wie eine Saat, die dann der Rechen des Croupiers sensenscharf mit einem Riß wegmäht oder als Garbe dem Gewinner zuschaufelt. Das einzig Wandelhafte werden bei einer solchen perspektivischen Einstellung dann die Hände – die vielen hellen, bewegten, wartenden Hände rings um den grünen Tisch, alle aus der immer andern Höhle eines Ärmels vorlugend, jede ein Raubtier, zum Sprung bereit, jede anders geformt und gefärbt, manche nackt, andere mit Ringen und klirrenden Ketten aufgezäumt, manche behaart wie wilde Tiere, manche feucht und aalhaft gekrümmt, alle aber angespannt und vibrierend von einer ungeheuren Ungeduld. Unwillkürlich mußte ich dann immer an einen Rennplatz denken, wo im Start die aufgeregten Pferde mit Mühe zurückgehalten werden, damit sie nicht vorzeitig losprellen: genau so zittern und heben und bäumen sie sich. Alles erkennt man an diesen Händen, an der Art, wie sie warten, wie sie greifen und stocken: den Habsüchtigen an der krallenden, den Verschwender an der lockeren Hand, den Berechnenden am ruhigen, den Verzweifelten am zitternden Gelenk; hundert Charaktere verraten sich blitzhaft schnell in der Geste des Geldanfassens, ob einer es knüllt oder nervös krümelt oder erschöpft, mit müden Handballen, während des Umlaufs liegen läßt. Der Mensch verrät sich im Spiele, [...] die Hand tut indes ihr Geheimstes ganz schamlos auf. Denn ein Augenblick kommt unweigerlich, der alle diese mühsam beherrschten, scheinbar schlafenden Finger aus ihrer vornehmen Nachlässigkeit aufreißt: in der prallen Sekunde, wo die Roulettekugel in ihr kleines Becken fällt und die Gewinstzahl aufgerufen wird, da, in dieser Sekunde macht jede dieser hundert oder fünfhundert Hände unwillkürlich eine ganz persönliche, ganz individuelle Bewegung urtümlichen Instinkts. Und wenn man, wie ich, durch jene Liebhaberei meines Gatten besonders belehrt, diese Arena der Hände zu beobachten gewohnt ist, wirkt der immer andre, immer unerwartete Ausbruch der immer andersartigen Temperamente aufregender als Theater oder Musik: ich kann es Ihnen gar nicht schildern, wieviel tausend Spielarten von Händen es gibt, wilde Bestien mit haarigen, gekrümmten Fingern, die spinnenhaft das Geld einkrallen, und nervöse, zittrige, mit blassen Nägeln, die es kaum anzufassen wagen, noble und niedrige, brutale und schüchterne, listige und gleichsam stammelnde – aber jede wirkt anders, denn jedes dieser Händepaare

263

drückt ein besonderes Leben aus, mit Ausnahme jener vier oder fünf der Croupiers. Die sind ganz Maschinen, sie funktionieren mit ihrer sachlichen, geschäftlichen, völlig unbeteiligten Präzision gegenüber den gesteigert lebendigen wie die stählern klappernden Schließen eines Zählapparats. Aber selbst diese nüchternen Hände wirken wiederum erstaunlich durch ihren Gegensatz zwischen ihren jagdhaften und leidenschaftlichen Brüdern: sie stehen, möchte ich sagen, anders uniformiert, wie Polizisten inmitten eines wogenden und begeisterten Volksaufruhrs. Dazu kommt noch der persönliche Anreiz, nach einigen Tagen mit den vielen Gewohnheiten und Leidenschaften einzelner Hände bereits vertraut zu sein; nach ein paar Tagen hatte ich immer schon Bekannte unter ihnen und teilte sie ganz wie Menschen in sympathische und feindselige ein: manche waren mir so widerlich in ihrer Unart und Gier, daß ich immer den Blick von ihnen wegwandte wie von einer Unanständigkeit. Jede neue Hand am Tisch aber war mir Erlebnis und Neugier: oft vergaß ich, das Gesicht darüber anzusehen, das, hoch oben in einen Kragen geschnürt, als kalte gesellschaftliche Maske über einem Smokinghemd oder einem leuchtenden Busen unbewegt aufgepflanzt stand.

Als ich nun an jenem Abend eintrat, an zwei überfüllten Tischen vorbei zu dem dritten hin, und einige Goldstücke schon vorbereitete, hörte ich überrascht in jener ganz wortlosen, ganz gespannten, von Schweigen gleichsam dröhnenden Pause, die immer eintritt, wenn die Kugel, schon selbst tödlich ermattet, nur noch zwischen zwei Nummern hintorkelt, da hörte ich also ein ganz sonderbares Geräusch gerade gegenüber, ein Krachen und Knacken, wie von brechenden Gelenken. Unwillkürlich staunte ich hinüber. Und da sah ich sie – wirklich, ich erschrak! – zwei Hände, wie ich sie noch nie gesehen, eine rechte und eine linke, die wie verbissene Tiere ineinander gekrampft waren und in so aufgebäumter Spannung sich ineinander und gegeneinander dehnten und krallten, daß die Fingergelenke krachten mit jenem trockenen Ton einer aufgeknackten Nuß. Es waren Hände von ganz seltener Schönheit, ungewöhnlich lang, ungewöhnlich schmal, und doch von Muskeln straff durchspannt – sehr weiß und die Nägel an ihren Spitzen blaß, mit zart gerundeten perlmutternen Schaufeln. Ich habe sie den ganzen Abend dann noch angesehen – ja angestaunt, diese außerordentlichen, geradewegs einzigen Hände – was mich aber zunächst so schreckhaft überraschte, war ihre Leidenschaft, ihr irrwitzig passionierter Ausdruck, dies krampfige Ineinanderringen und Sichgegenseitighalten. Hier drängte ein ganzer übervoller Mensch, sofort wußte ichs, seine Leidenschaft in die Fingerspitzen zusammen, um nicht selbst von ihr auseinandergesprengt zu werden. Und jetzt... in der Sekunde, da die Kugel mit trockenem dürren Ton in die Schüssel fiel und der Croupier die Zahl ausrief..., in dieser Sekunde fielen plötzlich die beiden Hände auseinander wie zwei tote Tiere, die eine einzige Kugel durchschossen. Sie fielen nieder, alle beide, wirklich tot und nicht nur erschöpft, sie fielen nieder mit einem so plastischen Ausdruck von Schlaffheit, von Enttäuschung, von Blitzgetroffenheit, von Zuendesein, wie ich ihn nicht mit Worten ausdrücken kann. Denn noch nie und seitdem niemals mehr habe ich so sprechende Hände gesehen, wo jeder Muskel ein Mund war und die Leidenschaft fühlbar fast aus den Poren brach. Einen Augenblick lang lagen sie beide dann auf dem grünen Tisch wie ausgeworfene Quallen am Wasserrand, flach und tot. Dann begann die eine, die rechte, mühsam wieder sich von den Fingerspitzen her aufzurichten, sie zitterte, zog sich zurück, rotierte um sich selbst, schwankte, kreiselte und griff schließlich nervös nach einem Jeton, das sie zwischen der Spitze des Daumens und des zweiten Fingers unschlüssig rollte wie ein kleines Rad. Und plötzlich beugte sie sich mit einem Katzenbuckel pantherhaft auf und schnellte, ja spie geradezu das Hundertfrancsjeton mitten auf das schwarze Feld. Sofort bemächtigte sich, wie auf ein Signal hin, Erregung auch der untätig schlafenden linken Hand; sie stand auf, schlich, ja kroch heran zu der zitternden, vom Wurfe gleichsam ermüdeten Bruderhand, und beide lagen jetzt schaudernd beisammen, beide schlugen mit dem Gelenk, wie Zähne im Frostfieber leicht aneinander klappern, lautlos an den Tisch – nein, nie, noch niemals hatte ich Hände mit so ungeheuerlich redendem Ausdruck gesehen, eine derart spasmatische Form von Erregung und Spannung. Alles andere in diesem wölbigen Raum, das Gesurr aus den Sälen, das marktschreierische Rufen der Croupiers, das Hin und Her der Menschen und jenes der Kugel selbst, die jetzt, aus der Höhe geschleudert, in ihrem runden, parkettglatten Käfig besessen sprang – alle diese grell über die Nerven flitzende Vielheit von flirrenden und schwirrenden Impressionen schien mir plötzlich tot und starr neben diesen beiden zitternden, atmenden, keuchenden, wartenden, frierenden, schauernden, neben diesen beiden unerhörten Händen, auf die hinzustarren ich irgendwie verzaubert war.

Aber endlich hielt es mich nicht länger: ich mußte den Menschen, mußte das Gesicht sehen, dem diese magischen Hände zugehörten, und ängstlich – ja, wirklich ängstlich, denn ich fürchtete mich vor diesen Händen! – schraubte mein Blick sich langsam die Ärmel, die schmalen Schultern empor. Und wieder schrak ich zusammen, denn dieses Gesicht sprach dieselbe zügellose, phantastisch überspannte Sprache wie die Hände, es teilte die gleiche entsetzliche Verbissenheit des Ausdrucks mit derselben zarten und fast weiblichen Schönheit. Nie hatte ich ein solches Gesicht gesehen, ein dermaßen aus sich herausgebogenes, ganz von sich selbst weggerissenes Gesicht, und mir war volle Gelegenheit geboten, es wie eine Maske, wie eine augenlose Plastik gemächlich zu betrachten; nicht zur rechten, nicht zur linken hin wandte sich nur für eine Sekunde dies besessene Auge: starr, schwarz, eine tote Glaskugel stand die Pupille unter den aufgerissenen Lidern, spiegelnder Widerschein jener andern mahagoniefarbenen, die närrisch und übermütig im runden Roulettekästchen kollerte und umsprang. Nie, ich muß es noch einmal sagen, hatte ich ein so gespanntes, ein dermaßen faszinierendes Gesicht gesehen. Es gehörte einem jungen, etwa vierundzwanzigjährigen Menschen, war schmal, zart, ein wenig lächelnd und dadurch so ausdrucksvoll. Genau wie die Hände, wirkte es nicht ganz männlich, sondern eher einem leidenschaftlich spielenden Knaben zugehörig – aber all das bemerkte ich erst später, denn jetzt verging dieses Gesicht vollkommen hinter einem vorbrechenden Ausdruck von Gier und Raserei. Der schmale Mund, lechzend aufgetan, entblößte halbwegs die Zähne: im Abstand von zehn Schritten konnte man sehen, wie sie fieberhaft aneinanderschlugen, indes die Lippen starr offen blieben. Feucht klebte eine lichtblonde Haarsträhne sich an die Stirn, vornübergefallen wie bei einem Stürzenden, und um die Nasenflügel flackerte ununterbrochenes Zucken hin und her, als wogten dort kleine Wellen unsichtbar unter der Haut. Und dieser ganze vorgebeugte Kopf schob sich unbewußt immer mehr nach vorne, man hatte das Gefühl, er würde mitgerissen in den Wirbel der kleinen Kugel; und nun verstand ich erst das krampfige Drücken der Hände: nur durch dieses Gegendrücken, nur durch diesen

Krampf hielt der aus dem Zentrum stürzende Körper sich noch im Gleichgewicht.

Nie hatte ich – ich muß es immer wieder sagen – ein Gesicht gesehen, in dem Leidenschaft dermaßen offen, so tierisch, so schamlos nackt vorbrach, und ich starrte es an, dieses Gesicht..., genau so fasziniert, so festgebannt von seiner Besessenheit, wie jene Blicke vom Sprung und Zucken der kreisenden Kugel. Von dieser Sekunde an merkte ich nichts anderes mehr im Saale, alles schien mir matt, dumpf und verschwommen, dunkel im Vergleich mit dem ausbrechenden Feuer dieses Gesichtes, und über alle Menschen hinweg beobachtete ich vielleicht eine Stunde lang nur diesen einen Menschen und jede seiner Gesten: wie grelles Licht seine Augen überfunkelte, der krampfige Knäuel der Hände jetzt gleichsam von einer Explosion aufgerissen ward und die Finger zitternd wegsprengte, als der Croupier ihrem gierigen Zugriff jetzt zwanzig Goldstücke zuschob. In dieser Sekunde wurde das Gesicht plötzlich lichthaft und ganz jung, die Falten fielen flach auseinander, die Augen begannen zu erglänzen, der vorgekrampfte Körper stieg hell und leicht empor – locker wie ein Reiter saß er mit einemmal da, getragen vom Gefühl des Triumphes, die Finger klimperten eitel und verliebt mit den runden Münzen, schnippten sie gegeneinander, ließen sie tanzen und spielartig klingeln. Dann wandte er wieder unruhig den Kopf, überflog den grünen Tisch gleichsam mit schnuppernden Nüstern eines jungen Jagdhundes, der die richtige Fährte sucht, um plötzlich mit einem raschen Ruck das ganze Büschel Goldstücke über eines der Vierecke hinzuschütten. Und sofort begann wieder dieses Lauern, dieses Gespanntsein. Wieder krochen von den Lippen jene elektrisch zuckenden Wellenschläge, wieder verkrampften sich die Hände, das Knabengesicht verschwand hinter lüsterner Erwartung, bis explosiv die zuckende Spannung in einer Enttäuschung auseinanderfiel: das Gesicht, das eben noch knabenhaft erregte, welkte, wurde fahl und alt, die Augen stumpf und ausgebrannt, und alles dies innerhalb einer einzigen Sekunde, im Hinsturz der Kugel auf eine fehlgemeinte Zahl. Er hatte verloren: ein paar Sekunden starrte er hin, beinahe blöden Blickes, als ob er nicht verstanden hätte; sofort aber bei dem ersten aufpeitschenden Ruf des Croupiers krallten die Finger wieder ein paar Goldstücke heran. Aber die Sicherheit war verloren, erst postierte er die Münzen auf das eine Feld, dann, anders besonnen, auf ein zweites, und als die Kugel schon im Rollen war, schleuderte er mit zitternder Hand, einer plötzlichen Neigung folgend, noch zwei zerknüllte Banknoten rasch in das Karree nach.

Dieses zuckende Auf und Ab von Verlust und Gewinn dauerte pausenlos ungefähr eine Stunde, und während dieser Stunde wandte ich nicht einen Atemzug lang meinen faszinierten Blick von diesem fortwährend verwandelten Gesicht, über das alle Leidenschaften strömten und ebbten; ich ließ sie nicht los mit den Augen, diese magischen Hände, die mit jedem Muskel die ganze springbrunnenhaft steigende und stürzende Skala der Gefühle plastisch wiedergaben. Nie im Theater habe ich so angespannt auf das Gesicht eines Schauspielers gesehen, wie in dieses eine Antlitz hinein, über das, wie Licht und Schatten über eine Landschaft, unaufhörlicher Wechsel aller Farben und Empfindungen ruckhaft hinging. Nie war ich mit meinem ganzen Anteil so innen in einem Spiel gewesen als im Widerschein dieser fremden Erregung. Hätte mich jemand in diesem Moment beobachtet, so hätte er mein stählernes Hinstarren für eine Hypnose halten müssen, und irgendwie ähnlich war ja auch mein Zustand vollkommener Benommenheit – ich konnte einfach nicht wegsehen von diesem Mienenspiel, und alles andere, was im Raum an Lichtern, Lachen, Menschen und Blicken durcheinanderging, umschwebte mich nur formlos, ein gelber Rauch, inmitten dessen dieses Gesicht stand, Flamme zwischen Flammen. Ich hörte nichts, ich spürte nichts, ich merkte nicht Menschen neben mir vordrängen, andere Hände wie Fühler sich plötzlich vorstrecken, Geld hinwerfen oder einkarren; ich sah die Kugel nicht und nicht die Stimme des Croupiers und sah doch alles wie im Traum, was geschah, an diesen Händen hohlspiegelhaft übersteigert durch Erregung und Übermaß. Denn ob die Kugel auf Rot fiel oder auf Schwarz, rollte oder stockte, das zu wissen, mußte ich nicht auf das Roulette blicken: jede Phase ging, Verlust und Gewinn, Erwartung und Enttäuschung, feurigen Risses durch Nerv und Geste dieses von Leidenschaft überwogten Gesichts.

Aber dann kam ein furchtbarer Augenblick – ein Augenblick, den ich in mir die ganze Zeit hindurch dumpf schon gefürchtet hatte, der über meinen gespannten Nerven wie ein Gewitter hing und plötzlich sie mitten durchriß. Wieder war die Kugel mit jenem kleinen, klapprigen Knacks in ihre Rundung zurückgestürzt, wieder zuckte jene Sekunde, wo zweihundert Lippen den Atem verhielten, bis die Stimme des Croupiers, – diesmal: »Zero« – ankündigte, indes schon sein eilfertiger Rechen von allen Seiten die klirrenden Münzen und das knisternde Papier zusammenscharrte. In diesem Augenblick nun machten die beiden verkrampften Hände eine besonders schreckhafte Bewegung, sie sprangen gleichsam auf, um etwas zu haschen, was nicht da war, und fielen dann, nichts in sich als zurückflutende Schwerkraft, wie tödlich ermattet, nieder auf den Tisch. Dann aber wurden sie plötzlich noch einmal lebendig, fieberhaft liefen sie vom Tisch zurück auf den eigenen Leib, kletterten wie wilde Katzen den Stamm des Körpers entlang, oben, unten, rechts und links, nervös in alle Taschen fahrend, ob nicht irgendwo noch ein vergessenes Geldstück sich verkrümelt habe. Aber immer kamen sie wieder leer zurück, immer hitziger erneuten sie dieses sinnlose, nutzlose Suchen, indes schon die Roulettescheibe wieder umkreiselte, das Spiel der anderen weiterging, Münzen klirrten, Sessel rückten und die kleinen hundertfältig zusammengesetzten Geräusche surrend den Saal füllten. Ich zitterte, von Grauen geschüttelt: so deutlich mußte ich all das mitfühlen, als wärens meine eigenen Finger, die da verzweifelt nach irgendeinem Stück Geld in den Taschen und Wülsten des zerknitterten Kleides wühlten. Und plötzlich, mit einem einzigen Ruck stand der Mensch mir gegenüber auf – ganz so, wie jemand aufsteht, dem unvermutet unwohl geworden ist, und sich hochwirft, um nicht zu ersticken; hinter ihm polterte der Stuhl krachend zu Boden. Aber ohne es nur zu bemerken, ohne der Nachbarn zu achten, die scheu und erstaunt dem Schwankenden auswichen, tappte er weg von dem Tisch.

Ich war bei diesem Anblick wie versteinert. Denn ich verstand sofort, wohin dieser Mensch ging: in den Tod.

[...]

[...] in dieser Sekunde *konnte* ich nicht anders: ich mußte noch einen Blick auf das Gesicht dieses fremden Menschen werfen, der in mein Leben wie ein Stein vom Gesims gestürzt war. Nur einen bloßen Blick wollte ich hinwerfen, aber... es war sonderbar, denn der fremde, junge Mann, der dort schlummernd lag – war *wirklich* ein fremder Mensch für mich: im ersten Augenblick erkannte ich gar nicht das Gesicht von gestern. Denn wie weggelöscht waren die von

Leidenschaft vorgetriebenen, krampfig aufgewühlten, gespannten Züge des tödlich Aufgeregten – dieser da hatte ein anderes, ein ganz kindliches, ganz knabenhaftes Gesicht, das geradezu *strahlte* von Reinheit und Heiterheit. Die Lippen, gestern verbissen und zwischen die Zähne geklemmt, träumten weich auseinander gefaltet, und halb schon zu einem Lächeln gerundet; weich lockten sich die blonden Haare die faltenlose Stirn herab, und linden Wellenspiels ging ruhig der Atem von der Brust über den ruhenden Körper hin.

Sie können sich vielleicht entsinnen, daß ich Ihnen früher erzählte, ich hätte noch nie so stark, in einem so verbrecherisch starken Unmaß den Ausdruck von Gier und Leidenschaft an einem Menschen beobachtet als bei diesem Fremden am Spieltisch. Und ich sage Ihnen, daß ich nie, selbst bei Kindern nicht, die doch im Säuglingsschlaf manchmal einen engelhaften Schimmer von Heiterkeit um sich haben, jemals einen solchen Ausdruck von reiner Helligkeit, von wahrhaft *seligem* Schlummer gesehen habe. In diesem Gesicht formten sich eben mit einziger Plastik alle Gefühle heraus, nun ein paradiesisches Entspanntsein von allinnerlicher Schwere, ein Gelöstsein, ein Gerettetsein. Bei diesem überraschenden Anblick fiel wie ein schwerer, schwarzer Mantel von mir alle Angst, alles Grauen ab – ich schämte mich nicht mehr, nein, ich war beinahe froh. Das Furchtbare, das Unfaßbare hatte plötzlich für mich Sinn bekommen, ich *freute* mich, ich war *stolz* bei dem Gedanken, daß dieser junge, zarte, schöne Mensch, der hier heiter und still wie eine Blume lag, ohne meine Hingabe zerschellt, blutig, mit einem zerschmetterten Gesicht, leblos, mit kraß aufgerissenen Augen irgendwo an einem Felsenhang aufgefunden worden wäre: ich hatte ihn gerettet, er war gerettet. Und ich sah nun – ich kann es nicht anders sagen – mit einem *mütterlichen* Blick auf diesen Schlafenden hin, den ich noch einmal – schmerzvoller als meine eigenen Kinder – in das Leben zurückgeboren hatte. Und mitten in diesem verbrauchten, abgeschmutzten Zimmer, in diesem ekligen, schmierigen Gelegenheitshotel, überkam mich – mögen Sie es noch so lächerlich im Worte finden – ein Gefühl wie in einer Kirche, ein Beseligtsein von Wunder und Heiligung. Aus der furchtbarsten Sekunde eines ganzen Lebens wuchs mir schwesterhaft eine zweite, die erstaunlichste und überwältigendste zu.

[...]

Bin ich jemals im Leben glücklicher gewesen als in jener Stunde? Ich weiß es nicht. Neben mir im Wagen saß dieser junge Mensch, gestern noch verkrallt in Tod und Verhängnis, und nun staunend vom weißen Sturz der Sonne übersprüht: ganze Jahre schienen von ihm gleichsam weggeglitten. Er schien ganz Knabe geworden, ein schönes, spielendes Kind mit übermütigen und gleichzeitig ehrfurchtsvollen Augen, an dem nichts mich mehr entzückte als sein wachsinniges Zartgefühl: klomm der Wagen zu steil aufwärts und hatten die Pferde Mühe, so sprang er gelegentlich ab, von rückwärts nachzuschieben. Nannte ich eine Blume oder deutete ich auf eine am Wege, so eilte er, sie abzupflücken. Eine kleine Kröte, die, vom gestrigen Regen verlockt, mühselig auf dem Wege kroch, hob er auf und trug sie sorgsam ins grüne Gras, damit sie nicht vom nachfahrenden Wagen zerdrückt werde; und zwischendurch erzählte er übermütig die lachendsten, anmutigsten Dinge: ich glaube, in diesem Lachen war eine Art Rettung für ihn, denn sonst hätte er singen müssen oder springen oder Tolles tun, so beglückt, so berauscht gebärdete sich sein plötzlicher Überschwang.

Als wir dann auf der Höhe ein winziges Dörfchen langsam durchfuhren, lüftete er plötzlich im Vorübergehen höflich den Hut. Ich staunte: wen grüßte er da, der Fremde unter Fremden? Er errötete leicht bei meiner Frage und erklärte, beinahe sich entschuldigend, wir seien an einer Kirche vorbeigefahren, und bei ihnen in Polen, wie in allen streng katholischen Ländern, werde es von Kindheit an geübt, vor jeder Kirche und jedem Gotteshaus den Hut zu senken. Diese schöne Ehrfurcht vor dem Religiösen ergriff mich tief, gleichzeitig erinnerte ich mich auch jenes Kreuzes, von dem er gesprochen, und fragte ihn, ob er gläubig sei. Und als er mit einer ein wenig verschämten Gebärde bescheiden zugab, er hoffe, der Gnade teilhaftig zu sein, überkam mich plötzlich ein Gedanke: ›Halten Sie!‹ rief ich dem Kutscher zu und stieg eilig aus dem Wagen. Er folgte mir verwundert: ›Wohin gehen wir?‹ Ich antwortete nur: ›Kommen Sie mit.‹

Ich ging, von ihm begleitet, zurück zur Kirche, einem kleinen Landgotteshaus aus Backstein. Kalkig, grau und leer dämmerten innere Wände, die Tür stand offen, so daß ein gelber Kegel von Licht scharf hinein ins Dunkel schnitt, darin Schatten einen kleinen Altar blau umbauschten. Zwei Kerzen blickten, verschleierten Auges, aus der weihrauchwarmen Dämmerung. Wir traten ein, er lüftete den Hut, tauchte die Hand in den Kessel der Entsündigung, bekreuzte sich und beugte das Knie. Und kaum war er aufgestanden, so faßte ich ihn an. ›Gehen Sie hin‹, drängte ich, ›zu einem Altar oder irgendeinem Bild hier, das Ihnen heilig ist, und leisten Sie dort das Gelöbnis, das ich Ihnen vorsprechen werde.‹ Er sah mich an, erstaunt, beinahe erschreckt. Aber schnell verstehend trat er hin zu einer Nische, schlug das Kreuz und kniete gehorsam nieder. ›Sprechen Sie mir nach‹, sagte ich, selbst zitternd vor Erregung, ›sprechen Sie mir nach: Ich schwöre‹ – ›Ich schwöre‹, wiederholte er, und ich setzte fort: ›daß ich niemals mehr an einem Spiel um Geld teilnehme, welcher Art es immer sei, daß ich nie mehr mein Leben und meine Ehre dieser Leidenschaft aussetzen werde.‹

Er wiederholte zitternd die Worte: deutlich und laut hafteten sie in der vollkommenen Leere des Raumes. Dann ward es einen Augenblick still, so still, daß man von außen das leise Brausen der Bäume hören konnte, denen der Wind durch die Blätter griff. Und plötzlich warf er sich wie ein Büßender hin und sprach mit einer Ekstase, wie ich es nie gehört hatte, rasche und wirr hintereinander gejagte Worte polnischer Sprache, die ich nicht verstand. Aber es mußte ein ekstatisches Gebet sein, ein Gebet des Dankes und der Zerknirschung, denn immer wieder beugte die stürmische Beichte sein Haupt demütig zum Pulte herab, immer leidenschaftlicher wiederholten sich die fremden Laute, und immer heftiger ein und dasselbe mit unsäglicher Inbrunst herausgeschleuderte Wort. Nie vordem, nie nachdem habe ich in einer Kirche der Welt so beten gehört. Seine Hände umklammerten krampfig dabei das hölzerne Betpult, sein ganzer Körper war geschüttelt von einem inneren Orkan, der ihn manchmal aufriß, manchmal wieder niederwarf. Er sah, er fühlte nichts mehr: alles in ihm schien in einer anderen Welt, in einem Fegefeuer der Verwandlung oder in einem Aufschwung zu einer heiligeren Sphäre. Endlich stand er langsam auf, schlug das Kreuz und wandte sich mühsam um. Seine Knie zitterten, sein Antlitz war blaß wie das eines schwer Erschöpften. Aber als er mich sah, strahlte sein Auge auf, ein reines, ein wahrhaft *frommes* Lächeln hellte sein fortgetragenes Gesicht; er trat näher heran, beugte sich russisch tief, faßte meine beiden Hände, sie ehrfürchtig mit den Lippen zu berühren: ›Gott hat Sie mir gesandt. Ich habe ihm dafür gedankt.‹ Ich wußte nichts zu sagen. Aber ich hätte gewünscht, daß plötzlich über dem niederen Gestühl die Orgel anhebe zu brausen, denn ich fühlte, mir war alles gelungen: diesen Menschen hatte ich für immer gerettet.

Wir traten aus der Kirche in das strahlende, strömende Licht dieses maihaften Tages zurück: nie war mir die Welt schöner erschienen. Zwei Stunden fuhren wir noch im Wagen langsam den panoramenhaften, an jeder Kehre neuen Ausblick schenkenden Weg über die Hügel entlang. Aber wir sprachen nicht mehr. Nach diesem Aufwand des Gefühls schien jedes Wort Verminderung. Und wenn mein Blick zufällig den seinen traf, so mußte ich beschämt ihn wegwenden: es erschütterte mich zu sehr, mein eigenes Wunder zu sehen.

[...]

So ging ich zunächst in den Spielsaal, den Tisch zu suchen, wo er gesessen, und dort unter all den Händen die seinen mir zu erdenken. Ich trat ein: es war, ich wußte es noch, der linke Tisch gewesen im zweiten Zimmer, wo ich ihn zuerst erblickt. Noch deutlich stand jede seiner Gesten vor mir: traumwandlerisch, mit geschlossenen Augen und vorgestreckten Händen hätte ich seinen Platz gefunden. Ich trat also ein, ging gleich quer durch den Saal. Und da... wie ich von der Tür aus den Blick gegen das Gewühl wandte... da geschah mir etwas Sonderbares... da saß genau an der Stelle, an die ich mir ihn hingeträumt, da saß – Halluzination des Fiebers! – ... er wirklich... Er... Er... genau so, wie ich ihn eben träumend gesehen... genau so, wie gestern, stier die Augen auf die Kugel gerichtet, geisterhaft bleich... aber Er... Er... unverkennbar Er...

Mir war, als müßte ich aufschreien, so erschrak ich. Aber ich bezähmte meinen Schrecken vor dieser unsinnigen Vision und schloß die Augen. ›Du bist wahnsinnig... du träumst... du fieberst‹, sagte ich mir. ›Es ist ja unmöglich, du halluzinierst... Er ist vor einer halben Stunde von hier weggefahren.‹ Dann erst tat ich die Augen wieder auf. Aber entsetzlich: genau so wie vordem, saß er dort, leibhaft unverkennbar... unter Millionen hätte ich diese Hände erkannt... nein, ich träumte nicht, er war es wirklich. Er war nicht weggefahren, wie er mir geschworen, der Wahnwitzige saß da, er hatte das Geld, das ich ihm zur Heimreise gegeben, hierhergetragen an den grünen Tisch und vollkommen selbstvergessen in seiner Leidenschaft hier gespielt, indes ich verzweifelt mir das Herz nach ihm ausgerungen.

Ein Ruck stieß mich vorwärts: Wut überschwemmte mir die Augen, rasende rotblickende Wut, den Eidbrüchigen, der mein Vertrauen, mein Gefühl, meine Hingabe so schändlich betrogen hatte, an der Gurgel zu fassen. Aber ich bezwang mich noch. Mit gewollter Langsamkeit (wie viel Kraft kostete sie mich!) trat ich an den Tisch gerade ihm gegenüber, ein Herr machte mir höflich Platz. Zwei Meter grünes Tuch standen zwischen uns beiden, und ich konnte, wie von einem Balkon herab in ein Schauspiel, hinstarren in sein Gesicht, in eben das Gesicht, das ich vor zwei Stunden überstrahlt gesehen hatte von Dankbarkeit, erleuchtet von der Aura der göttlichen Gnade, und das nun ganz wieder in allen Höllenfeuern der Leidenschaft zuckend verging. Die Hände, dieselben Hände, die ich noch nachmittags im heiligsten Eid an das Holz des Kirchengestühls verklammert gesehen, sie krallten jetzt wieder gekrümmt im Geld herum wie wollüstige Vampire. Denn er hatte gewonnen, er mußte viel, sehr viel gewonnen haben: vor ihm glitzerte ein wirrer Haufen von Jetons und Louisdors und Banknoten, ein schütteres, achtloses Durcheinander, in dem die Finger, seine zitternden, nervösen Finger sich wohlig streckten und badeten. Ich sah, wie sie streichelnd die einzelnen Noten festhielten und falteten, die Münzen drehten und liebkosten, um dann plötzlich mit einem Ruck eine Faustvoll zu fassen und mitten auf eines der Karrees zu werfen. Und sofort begannen die Nasenflügel jetzt wieder diese fliegenden Zuckungen, der Ruf des Croupiers riß ihm die Augen, die gierig flakkernden, vom Gelde weg und hin zu der splitternden Kugel, er strömte gleichsam von sich selber fort, indes die Ellenbogen dem grünen Tisch mit Nägeln angehämmert schienen. Noch furchtbarer, noch grauenhafter offenbarte sich sein vollkommenes Besessensein als am vergangenen Abend, denn jede seiner Bewegungen mordete in mir jenes andere, wie auf Goldgrund leuchtende Bild, das ich leichtgläubig nach innen genommen.

Zwei Meter weit voneinander atmeten wir so beide; ich starrte auf ihn, ohne daß er meiner gewahr wurde. Er sah nicht auf mich, er sah niemanden, sein Blick glitt nur hin zu dem Geld, flackerte unstet mit der zurückrollenden Kugel: in diesem einen rasenden grünen Kreise waren alle seine Sinne eingeschlossen und hetzten hin und zurück.

Die ganze Welt, die ganze Menschheit war diesem Spielsüchtigen zusammengeschmolzen in diesen viereckigen Fleck gespannten Tuches. Und ich wußte, daß ich hier Stunden und Stunden stehen konnte, ohne daß er eine Ahnung meiner Gegenwart in seine Sinne nehmen würde.

Aber ich ertrug es nicht länger. Mit einem plötzlichen Entschluß ging ich um den Tisch, trat hinter ihn und faßte hart mit der Hand seine Schulter. Sein Blick taumelte auf – eine Sekunde starrte er mit glasigen Augäpfeln mich fremd an, genau einem Trunkenen gleich, den man mühsam aus dem Schlaf rüttelt und dessen Blicke noch grau und dösig vom inneren Qualme dämmern. Dann schien er mich zu erkennen, sein Mund tat sich zitternd auf, beglückt sah er zu mir empor und stammelte leise mit einer wirr-geheimnisvollen Vertraulichkeit:

›Es geht gut... Ich habe es gleich gewußt, wie ich hereinkam und sah, daß Er hier ist... Ich habe es gleich gewußt...‹

Ich verstand ihn nicht. Ich merkte nur, daß er betrunken war vom Spiel, daß dieser Wahnwitzige alles vergessen hatte, sein Gelöbnis, seine Verabredung, mich und die Welt. Aber selbst in dieser Besessenheit war seine Ekstase für mich so hinreißend, daß ich unwillkürlich seiner Rede mich unterwarf und betroffen fragte, wer denn hier sei.

›Dort, der alte russische General mit dem einen Arm‹, flüsterte er, ganz an mich gedrückt, damit niemand das magische Geheimnis erlausche. ›Dort, der mit den weißen Kotelettes und dem Diener hinter sich. Er gewinnt immer, ich habe ihn schon gestern beobachtet, er muß ein System haben, und ich setze immer das gleiche... Auch gestern hat er immer gewonnen... nur habe ich den Fehler gemacht, weiterzuspielen, als er wegging... das war mein Fehler... er muß gestern zwanzigtausend Franken gewonnen haben... und auch heute gewinnt er mit jedem Zug... jetzt setze ich ihm immer nach... Jetzt...‹

Mitten in der Rede brach er plötzlich ab, denn der Croupier rief sein schnarrendes ›Faites votre jeu!‹ und schon taumelte sein Blick fort, und gierte hin zu dem Platz, wo gravitätisch und gelassen der weißbärtige Russe saß und bedächtig erst ein Goldstück, dann zögernd ein zweites auf das vierte Feld hinlegte. Sofort griffen die hitzigen Hände vor mir in den Haufen und warfen eine Handvoll

Goldstücke auf die gleiche Stelle. Und als nach einer Minute der Croupier ›Zéro!‹ rief und sein Rechen mit einer einzigen Drehung den ganzen Tisch blankfegte, starrte er wie einem Wunder dem wegströmenden Gelde nach. Aber meinen Sie, er hätte sich nach mir umgewendet: nein, er hatte mich vollkommen vergessen; ich war herausgesunken, verloren, vergangen aus seinem Leben, seine ganzen angespannten Sinne starrten nur hin zu dem russischen General, der, vollkommen gleichgültig, wieder zwei Goldstücke in der Hand wog, unschlüssig, auf welche Zahl er sie placieren sollte.

Ich kann Ihnen meine Erbitterung, meine Verzweiflung nicht schildern. Aber denken Sie sich mein Gefühl: für einen Menschen, dem man sein ganzes Leben hingeworfen hat, nicht mehr als eine Fliege zu sein, die man lässig mit der lockeren Hand wegscheucht. Wieder kam diese Welle von Wut über mich. Mit vollem Griff packte ich seinen Arm, daß er auffuhr.

›Sie werden sofort aufstehen!‹ flüsterte ich ihm leise, aber befehlend zu. ›Erinnern Sie sich, was Sie heute in der Kirche geschworen, Sie eidbrüchiger, erbärmlicher Mensch.‹

Er starrte mich an, betroffen und ganz blaß. Seine Augen bekamen plötzlich den Ausdruck eines geschlagenen Hundes, seine Lippen zitterten. Er schien sich mit einem Mal alles Vergangenen zu erinnern, und ein Grauen vor sich selbst, ihn zu überkommen.

›Ja… ja…‹, stammelte er. ›O mein Gott, mein Gott… Ja… ich komme schon, verzeihen Sie…‹

Und schon raffte seine Hand das ganze Geld zusammen, schnell zuerst, mit einem zusammenreißenden, vehementen Ruck, aber dann allmählich träger werdend und wie von einer Gegenkraft zurückgeströmt. Sein Blick war neuerdings auf den russischen General gefallen, der eben pointierte.

›Einen Augenblick noch…‹, er warf rasch fünf Goldstücke auf das gleiche Feld… ›Nur noch dieses eine Spiel… Ich schwöre Ihnen, ich komme sofort… nur noch dieses eine Spiel … nur noch…‹

Und wieder verlosch seine Stimme. Die Kugel hatte zu rollen begonnen und riß ihn mit sich. Wieder war der Besessene mir, war er sich selber entglitten, hinabgeschleudert mit dem Kreisel in die glatte Mulde, innerhalb derer die winzige Kugel kollerte und sprang. Wieder rief der Croupier, wieder scharrte der Rechen die fünf Goldstücke von ihm weg; er hatte verloren. Aber er wandte sich nicht um. Er hatte mich vergessen, wie den Eid, wie das Wort, das er mir vor einer Minute gegeben. Schon wieder zuckte seine gierige Hand nach dem eingeschmolzenen Gelde, und nur zu dem Magnet seines Willens, zu dem glückbringenden Gegenüber hin flackerte sein betrunkener Blick.

Meine Geduld war zu Ende. Ich rüttelte ihn nochmals, aber jetzt gewaltsam. ›Auf der Stelle stehen Sie jetzt auf! Sofort! ... Sie haben gesagt, dieses Spiel noch...‹

Aber da geschah etwas Unerwartetes. Er riß sich plötzlich herum, doch das Gesicht, das mich ansah, war nicht mehr das eines Demütigen und Verwirrten, sondern eines Rasenden, eines Bündels Zorn mit brennenden Augen und vor Wut zitternden Lippen. ›Lassen Sie mich in Ruhe!‹ fauchte er mich an. ›Gehen Sie weg! Sie bringen mir Unglück. Immer, wenn Sie da sind, verliere ich. So haben Sie es gestern gemacht und heute wieder. Gehen Sie fort!‹

Ich war einen Augenblick starr. Aber an seiner Tollheit wurde nun auch mein Zorn zügellos.

»Ich bringe Ihnen Unglück?« fuhr ich ihn an, »Sie Lügner, Sie Dieb, der Sie mir geschworen haben...« Doch ich kam nicht weiter, denn der Besessene sprang von seinem Platze auf, stieß mich, gleichgültig um den sich regenden Tumult, zurück. »Lassen Sie mich in Frieden«, schrie er hemmungslos laut. »Ich stehe nicht unter Ihrer Kuratel... da... da... da haben Sie Ihr Geld«, und er warf mir ein paar Hundertfrankenscheine hin... »Jetzt aber lassen Sie mich in Ruhe!«

Ganz laut, wie ein Besessener hatte er das gerufen, gleichgültig gegen die hundert Menschen ringsum. Alles starrte, zischelte, deutete, lachte, ja vom Nachbarsaal selbst drängten neugierige Leute herein. Mir war, als würden mir die Kleider vom Leibe gerissen und ich stünde nackt vor allen diesen Neugierigen...

»Silence, Madame, s'il vous plaît!« sagte laut und herrisch der Croupier und klopfte mit dem Rechen auf den Tisch. Mir galt das, mir, das Wort dieses erbärmlichen Gesellen. Erniedrigt, von Scham übergossen, stand ich vor der zischelnd aufflüsternden Neugier wie eine Dirne, der man Geld hingeschmissen hat.

[...]

Sigmund Freud
Dostojewski und die Vatertötung

[...]

Welches Stück längst verschütteten Kinderlebens sich im Spielzwang Wiederholung erzwingt, läßt sich unschwer in Anlehnung an eine Novelle eines jüngeren Dichters erraten. Stefan Zweig, der übrigens Dostojewski selbst eine Studie gewidmet hat (»Drei Meister«), erzählt in seiner Sammlung von drei Novellen »Die Verwirrung der Gefühle« eine Geschichte, die er »Vierundzwanzig Stunden aus dem Leben einer Frau« betitelt. Das kleine Meisterwerk will angeblich nur dartun, ein wie unverantwortliches Wesen das Weib ist, zu welchen es selbst überraschenden Überschreitungen es durch einen unerwarteten Lebenseindruck gedrängt werden kann. Allein die Novelle sagt weit mehr, stellt ohne solche entschuldigende Tendenz etwas ganz anderes, allgemein Menschliches oder vielmehr Männliches dar, wenn man sie einer analytischen Deutung unterzieht, und eine solche Deutung ist so aufdringlich nahe gelegt, daß man sie nicht abweisen kann. Es ist bezeichnend für die Natur des künstlerischen Schaffens, daß der mir befreundete Dichter auf Befragen versichern konnte, daß die ihm mitgeteilte Deutung seinem Wissen und seiner Absicht völlig fremd gewesen sei, obwohl in die Erzählung manche Details eingeflochten sind, die geradezu berechnet scheinen, auf die geheime Spur hinzuweisen. In der Novelle Zweigs erzählt eine vornehme ältere Dame dem Dichter ein Erlebnis, das sie vor mehr als zwanzig Jahren betroffen hat. Früh verwitwet, Mutter zweier Söhne, die sie nicht mehr brauchten, von allen Lebenserwartungen abgewendet, geriet sie in ihrem zweiundvierzigsten Jahr auf einer ihrer zwecklosen Reisen in den Spielsaal des Kasinos von Monaco und wurde unter all den merkwürdigen Eindrücken des Orts bald von dem Anblick zweier Hände fasziniert, die alle Empfindungen des unglücklichen Spielers mit erschütternder Aufrichtigkeit und Intensität zu verraten schienen. Diese Hände gehörten einem schönen Jüngling, – der Dichter gibt ihm wie absichtslos das Alter des ersten Sohnes der Zuschauerin, – der, nachdem er alles verloren, in tiefster Verzweiflung den Saal verläßt, voraussichtlich um im Park sein hoffnungsloses Leben zu beenden. Eine unerklärliche Sympathie zwingt sie, ihm zu folgen und alle Versuche zu seiner Rettung zu unternehmen. Er hält sie für eine der am Orte so zahlreichen zudringlichen Frauen und will sie abschütteln, aber sie bleibt bei ihm und sieht sich auf die natürlichste Weise genötigt, seine Unterkunft im Hotel und endlich sein Bett zu teilen. Nach dieser improvisierten Liebesnacht läßt sie sich von dem anscheinend beruhigten Jüngling unter den feierlichsten Umständen die Versicherung geben, daß er nie wieder spielen wird, stattet ihn mit Geld für die Heimreise aus und verspricht, ihn vor Abgang des Zuges auf dem Bahnhof zu treffen. Dann aber erwacht in ihr eine große Zärtlichkeit für ihn, sie will alles opfern, um ihn zu behalten, beschließt, mit ihm zu reisen, anstatt von ihm Abschied zu nehmen. Widrige Zufälligkeiten halten sie auf, so daß sie den Zug versäumt; in der Sehnsucht nach dem Verschwundenen sucht sie den Spielsaal wieder auf und findet dort entsetzt die Hände wieder, die zuerst ihre Sympathie entzündeten; der Pflichtvergessene ist zum Spiel zurückgekehrt. Sie mahnt ihn an sein Versprechen, aber von der Leidenschaft besessen, schilt er sie Spielverderberin, heißt sie gehen und wirft ihr das Geld hin, mit dem sie ihn loskaufen wollte. In tiefster Beschämung muß sie fliehen und kann später in Erfahrung bringen, daß es ihr nicht gelungen war, ihn vor dem Selbstmord zu bewahren.

Diese glänzend erzählte, lückenlos motivierte Geschichte ist gewiß für sich allein existenzfähig und einer großen Wirkung auf den Leser sicher. Die Analyse lehrt aber, daß ihre Erfindung auf dem Urgrund einer Wunschphantasie der Pubertätszeit ruht, die bei manchen Personen selbst als bewußt erinnert wird. Die Phantasie lautet, die Mutter möge selbst den Jüngling ins sexuelle Leben einführen, um ihn vor den gefürchteten Schädlichkeiten der Onanie zu retten. Die so häufigen Erlösungsdichtungen haben denselben Ursprung. Das »Laster« der Onanie ist durch das der Spielsucht ersetzt, die Betonung der leidenschaftlichen Tätigkeit der Hände ist für diese Ableitung verräterisch. Wirklich ist die Spielwut ein Äquivalent des alten Onaniezwanges, mit keinem anderen Wort als »Spielen« ist in der Kinderstube die Betätigung der Hände am Genitale benannt worden. Die Unwiderstehlichkeit der Versuchung, die heiligen und doch nie gehaltenen Vorsätze, es nie wieder zu tun, die betäubende Lust und das böse Gewissen, man richte sich zugrunde (Selbstmord), sind bei der Ersetzung unverändert erhalten geblieben. Die Zweigsche Novelle wird zwar von der Mutter, nicht vom Sohne, erzählt. Es muß dem Sohne schmeicheln zu denken: wenn die Mutter wüßte, in welche Gefahren mich die Onanie bringt, würde sie mich gewiß durch die Gestattung aller Zärtlichkeiten an ihrem eigenen Leib vor ihnen retten. Die Gleichstellung der Mutter mit der Dirne, die der Jüngling in der Zweigschen Novelle vollzieht, gehört in den Zusammenhang derselben Phantasie. Sie macht die Unzugängliche leicht erreichbar; das böse Gewissen, das diese Phantasie begleitet, setzt den schlechten Ausgang der Dichtung durch. Es ist auch interessant zu bemerken, wie die der Novelle vom Dichter gegebene Fassade deren analytischen Sinn zu verhüllen sucht. Denn es ist sehr bestreitbar, daß das Liebesleben der Frau von plötzlichen und rätselhaften Impulsen beherrscht wird. Die Analyse deckt vielmehr eine zureichende Motivierung für das überraschende Benehmen der bis dahin von der Liebe abgewandten Frau auf. Dem Andenken ihres verlorenen Ehemannes getreu, hat sie sich gegen alle ihm ähnlichen Ansprüche gewappnet, aber – darin behält die Phantasie des Sohnes Recht – einer ihr ganz unbewußten Liebesübertragung auf den Sohn war sie als Mutter nicht entgangen, und an dieser unbewachten Stelle kann das Schicksal sie packen. Wenn die Spielsucht mit ihren erfolglosen Abgewöhnungskämpfen und ihren Gelegenheiten zur Selbstbestrafung eine Wiederholung des Onaniezwanges ist, so werden wir nicht verwundert sein, daß sie sich im Leben Dostojewskis einen so großen Raum erobert hat. Wir finden doch keinen Fall von schwerer Neurose, in dem die autoerotische Befriedigung der Frühzeit und der Pubertätszeit nicht ihre Rolle gespielt hätte, und die Beziehungen zwischen den Bemühungen, sie zu unterdrücken, und der Angst vor dem Vater sind zu sehr bekannt, um mehr als einer Erwähnung zu bedürfen.[9]

---

[9] Die meisten der hier vorgetragenen Ansichten sind auch in der 1923 erschienenen trefflichen Schrift von Jolan *Neufeld*, »Dostojewski, Skizze zu seiner Psychoanalyse« (Imago-Bücher, Nr. IV), enthalten.

Sigmund Freud
Vorlesungen zur Einführung
in die Psychoanalyse

XXII. Vorlesung

Gesichtspunkte der Entwicklung und Regression
Ätiologie

[...]

Um Ihnen den Einfluß der Ichentwicklung auf die Konfliktbildung und somit auf die Verursachung der Neurosen zu demonstrieren, möchte ich Ihnen ein Beispiel vorführen, das zwar durchaus erfunden ist, aber sich in keinem Punkte von der Wahrscheinlichkeit entfernt. Ich will es in Anlehnung an den Titel einer *Nestroy*schen Posse mit der Charakteristik »Zu ebener Erde und im ersten Stock« versehen. Zu ebener Erde wohnt der Hausbesorger, im ersten Stock der Hausherr, ein reicher und vornehmer Mann. Beide haben Kinder, und wir wollen annehmen, daß es dem Töchterchen des Hausherrn gestattet ist, unbeaufsichtigt mit dem Proletarierkind zu spielen. Dann kann es sehr leicht geschehen, daß die Spiele der Kinder einen ungezogenen, das heißt sexuellen Charakter annehmen, daß sie »Vater und Mutter« spielen, einander bei den intimen Verrichtungen beschauen und an den Genitalien reizen. Das Hausmeistermädchen, das trotz seiner fünf oder sechs Jahre manches von der Sexualität der Erwachsenen beobachten konnte, mag dabei die Rolle der Verführerin übernehmen. Diese Erlebnisse reichen hin, auch wenn sie sich nicht über lange Zeit fortsetzen, um bei beiden Kindern gewisse sexuelle Regungen zu aktivieren, die sich nach dem Aufhören der gemeinsamen Spiele einige Jahre hindurch als Masturbation äußern. Soweit die Gemeinsamkeit; der endliche Erfolg wird bei beiden Kindern sehr verschieden sein. Die Tochter des Hausbesorgers wird die Masturbation etwa bis zum Auftreten der Periode fortsetzen, sie dann ohne Schwierigkeit aufgeben, wenige Jahre später einen Geliebten nehmen, vielleicht auch ein Kind bekommen, diesen oder jenen Lebensweg einschlagen, der sie vielleicht zur populären Künstlerin führt, die als Aristokratin endigt. Wahrscheinlich wird ihr Schicksal minder glänzend ausfallen, aber jedenfalls wird sie ungeschädigt durch die vorzeitige Betätigung ihrer Sexualität, frei von Neurose, ihr Leben erfüllen. Anders das Töchterchen des Hausherrn. Dies wird frühzeitig und noch als Kind die Ahnung bekommen, daß es etwas Unrechtes getan habe, wird nach kürzerer Zeit, aber vielleicht erst nach hartem Kampf, auf die masturbatorische Befriedigung verzichten und trotzdem etwas Gedrücktes in seinem Wesen behalten. Wenn sie in den Jungmädchenjahren in die Lage kommt, etwas vom menschlichen Sexualverkehr zu erfahren, wird sie sich mit unerklärtem Abscheu davon abwenden und unwissend bleiben wollen. Wahrscheinlich unterliegt sie jetzt auch einem von neuem auftretenden unbezwingbaren Drang zur Masturbation, über den sich zu beklagen sie nicht wagt. In den Jahren, da sie einem Manne als Weib gefallen soll, wird die Neurose bei ihr losbrechen, die sie um Ehe und Lebenshoffnung betrügt. Gelingt es nun durch Analyse Einsicht in diese Neurose zu gewinnen, so zeigt sich, daß dies wohlerzogene, intelligente und hochstrebende Mädchen seine Sexualregungen vollkommen verdrängt hat, daß diese aber, ihr unbewußt, an den armseligen Erlebnissen mit ihrer Kinderfreundin haften.

Die Verschiedenheit der beiden Schicksale trotz gleichen Erlebens rührt daher, daß das Ich der einen eine Entwicklung erfahren hat, welche bei der anderen nicht eingetreten ist. Der Tochter des Hausbesorgers ist die Sexualbetätigung später ebenso natürlich und unbedenklich erschienen wie in der Kindheit. Die Tochter des Hausherrn hat die Einwirkung der Erziehung erfahren und deren Ansprüche angenommen. Ihr Ich hat aus den ihm dargebotenen Anregungen Ideale von weiblicher Reinheit und Unbedürftigkeit gebildet, mit denen sich die sexuelle Betätigung nicht verträgt; ihre intellektuelle Ausbildung hat ihr Interesse für die weibliche Rolle, zu der sie bestimmt ist, erniedrigt. Durch diese höhere moralische und intellektuelle Entwicklung ihres Ich ist sie in den Konflikt mit den Ansprüchen ihrer Sexualität geraten.

Quellenverzeichnis

Die Bibel oder die ganze Heilige Schrift des Alten und Neuen Testaments nach der deutschen Übersetzung D. Martin Luthers. Stuttgart o. O. u. J. S. 45.

Thomas Mann: Joseph und seine Brüder. IV. Joseph, der Ernährer. Frankfurt/M. 1965, S. 1162ff.

ders.: Buddenbrooks. Verfall einer Familie. Frankfurt/M. 1965, S. 505ff.

Simon-André-David Tissot: Von der Onanie, oder Abhandlung über die Krankheiten, die von der Selbstbefleckung herrühren. Wien 1782, S. 1ff., S. 91ff.

ders.: Versuch von denen Krankheiten, welche aus der Selbstbefleckung entstehen. Frankfurt und Leipzig 1771, S. 1ff., 38ff. und 132.

Jean-Jacques Rousseau: Julie oder Die neue Héloïse. Briefe zweier Liebender aus einer kleinen Stadt am Fuße der Alpen. München 1978, S. 242f.

ders.: Emile oder Von der Erziehung. München 1979, S. 432ff.

ders.: Die Bekenntnisse. Frankfurt/M. 1961, S. 89ff. und 57ff.

Christian Gotthilf Salzmann: Carl von Carlsberg oder über das menschliche Elend. Neudruck. Erster Teil. Bern/Frankfurt/M./Las Vegas 1977, S. 128ff., 141f., 148ff., 157ff., 273f., 282; zweiter Teil, S. 111, 191ff., 204f.; dritter Teil, S. 258ff.; vierter Teil, S. 1ff.

ders.: Ueber die heimlichen Sünden der Jugend. Leipzig 1787, S. 1ff., 32f., 57ff., 174ff., 189f.

Johann Friedrich Oest: Versuch einer Beantwortung der pädagogischen Frage: wie man Kinder und junge Leute vor dem Leib und Seele verwüstenden Laster der Unzucht überhaupt, und der Selbstschwächung insonderheit verwahren, oder, wofern sie schon davon angesteckt waren, wie man sie davon heilen könne? Eine gekrönte Preisschrift. Allen Eltern, Erziehern und Jugendfreunden gewidmet. In: J. H. Campe: Allgemeine Revision des gesammten Erziehungswesens von einer Gesellschaft practischer Erzieher. Sechster Theil. Wolfenbüttel 1787, S. 296ff.

Joachim Heinrich Campe: Zusätze, ebd., S. 217ff.

Immanuel Kant: Die Metaphysik der Sitten. Darmstadt 1968, S. 556ff.

ders.: Über Pädagogik. Hg. v. Friedrich Theodor Rink. In: Kants gesammelte Schriften. 1. Abtlg.: Werke, Bd. IX. Berlin/Leipzig 1923, S. 496ff.

Friedrich Hölderlin: Sämtliche Werke. Hg. v. Friedrich Beißner. Bd. VI,1: Briefe, Texte. Stuttgart 1954, S. 146ff.

Wilhelm Waiblinger: Die Tagebücher 1821–1826. Hg. v. Herbert Meyer. Stuttgart 1956, S. 290 f.

Heinrich von Kleist: Briefe 1793–1804. Hg. v. Helmut Sembdner. München 1964, S. 93 ff.

Denis Diderot: Das Gespräch zwischen d'Alembert und Diderot. Fortsetzung des Gesprächs. In: Philosophische Schriften, Bd. II. Berlin/DDR 1967, S. 573 ff.

Encyclopédie, Bd. X, Neufchastel 1765, Neudruck Stuttgart-Bad Cannstatt 1966, S. 51 ff. Deutsche Übersetzung von Ludger Vorberg.

Allgemeine Encyklopädie der Wissenschaften und Künste. Hg. Johann Samuel Ersch und Johann Gottfried Gruber. Dritte Sektion, dritter Theil. Leipzig 1832, S. 398 ff.

Thésée Pouillet: Essai médico-philosophique sur les formes, les causes, les signes, les conséquences et le traitement de l'onanisme chez la femme. Paris 1877², Tableau Synoptique. Deutsche Übersetzung von Ludger Vorberg.

Arthur Schopenhauer: Der handschriftliche Nachlaß. Hg. v. Arthur Hübscher. Bd. I, Frankfurt/M. 1966, S. 87 f., 282.

ders.: Ueber das Sehn und die Farben. In: Kleinere Schriften. Werke in fünf Bänden. Nach den Ausgaben letzter Hand hg. von Ludger Lütkehaus. Bd. III, Zürich 1988, S. 703 f.

ders.: Der handschriftliche Nachlaß. Hg. v. Arthur Hübscher. Bd. III, Frankfurt/M. 1970, S. 92, 145 f.

ders.: Ueber die Grundlage der Moral. In: Kleinere Schriften. Werke Bd. III, Zürich 1988, S. 482 ff.

ders.: Parerga und Paralipomena. Werke Bd. V, S. 283.

Friedrich Nietzsche. Jugendschriften. In: Werke und Briefe. Historisch-kritische Gesamtausgabe. Bd. I. Hg. v. Hans Joachim Mette. München 1934, S. 119.

ders.: Schriften der Studenten- und Militärzeit. Werke und Briefe, Bd. III. Hg. v. Hans Joachim Mette und Karl Schlechta. München 1935, S. 298 f.

Briefwechsel zwischen Richard Wagner (bzw. Hans von Wolzogen) und Nietzsches Arzt Dr. Otto Eiser im Oktober 1877. In: Curt von Westernhagen: Richard Wagner. Sein Werk. Sein Wesen. Seine Welt. Zürich 1956, S. 524 ff.

Friedrich Nietzsche: Briefwechsel. Kritische Gesamtausgabe. Hg. Giorgio Colli und Mazzino Montinari. Dritte Abt., 1. Bd. Berlin/New York 1981, S. 364 f.

Eugen Kretzer: Erinnerungen an Dr. Otto Eiser. In: Begegnungen mit Nietzsche. Hg. v. Sander L. Gilman. Bonn 1985², S. 344 f.

Mark Twain: Some Thoughts on the Science of Onanism. Verschiedene Privatdrucke; hier nach der Kopie Nr. 28 der Ausgabe Charlottesville,

Va., mitgeteilt von den Mark Twain Papers an der University of California Library in Berkeley. Deutsche Übersetzung von Hermann Rasche. Varianten und Ergänzungen nach: Mark Twain Speaking. Hg. v. Paul Fatout. Iowa City 1976, S. 125 ff.

Gustave Flaubert: Bouvard und Pécuchet. Berlin/DDR 1980, S. 329 f.

August Strindberg: Der Lohn der Tugend. In: Heiraten. Zwanzig Ehegeschichten. München und Leipzig 1912[5], S. 1 f., 8 f., 12 f., 23 ff., 39 ff. (dort in der Übersetzung von Emil Schering noch unter dem Titel »Asra«).

Leo Tolstoj: Die Kreutzersonate. Reinbek 1961, S. 18.

Frank Wedekind: Frühlings Erwachen. In: Werke in drei Bänden. Hg. v. Manfred Hahn. Dramen I. Berlin und Weimar 1969, S. 125 ff.

Protokolle der Wiener Psychoanalytischen Vereinigung. Hg. v. Herman Nunberg und Ernst Federn. Frankfurt/M. 1976–1981. Bd. 1, S. 105 ff.

Sigmund Freud: Briefe an Wilhelm Fließ. Hg. Jeffrey Mousaieff Masson. Deutsche Fassung von Michael Schröter. Frankfurt/M. 1986, S. 312 ff.

ders.: Schlußwort der Onanie-Diskussion. In: Gesammelte Werke. Bd. VIII. London 1969[5], S. 344 ff.

Wilhelm Stekel: Die Onanie. Vierzehn Beiträge zu einer Diskussion der »Wiener Psychoanalytischen Vereinigung«. Nachdruck der Ausgabe Wiesbaden 1910–1912, Amsterdam 1965, S. 29 ff.

Stefan Zweig: Vierundzwanzig Stunden aus dem Leben einer Frau. In: Verwirrung der Gefühle. Drei Novellen. Leipzig 1927, S. 32 ff., 64 ff., 76 ff., 90 ff.

Sigmund Freud: Dostojewski und die Vatertötung. In: Gesammelte Werke, Bd. XIV. London/Frankfurt/M. 1972[5], S. 415 ff.

ders.: Vorlesungen zur Einführung in die Psychoanalyse. In: Gesammelte Werke, Bd. XI. London/Frankfurt/M. 1969[5], S. 365 ff.

Namenregister